中国货币政策规则与相机抉择效应研究

贾凯威　著

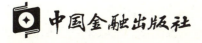

责任编辑：黄海清
责任校对：李俊英
责任印制：丁淮宾

图书在版编目（CIP）数据

中国货币政策规则与相机抉择效应研究（Zhongguo Huobi Zhengce Guize yu Xiangji Jueze Xiaoying Yanjiu）／贾凯威著．—北京：中国金融出版社，2015.7
ISBN 978 - 7 - 5049 - 8025 - 0

Ⅰ.①中⋯ Ⅱ.①贾⋯ Ⅲ.①货币政策—研究—中国 Ⅳ.①F822.0

中国版本图书馆 CIP 数据核字（2015）第 150077 号

出版
发行　中国金融出版社
社址　北京市丰台区益泽路 2 号
市场开发部　（010）63266347，63805472，63439533（传真）
网 上 书 店　http://www.chinafph.com
　　　　　　（010）63286832，63365686（传真）
读者服务部　（010）66070833，62568380
邮编　100071
经销　新华书店
印刷　北京松源印刷有限公司
尺寸　169 毫米×239 毫米
印张　17
字数　300 千
版次　2015 年 7 月第 1 版
印次　2015 年 7 月第 1 次印刷
定价　48.00 元
ISBN 978 - 7 - 5049 - 8025 - 0/F.7585
如出现印装错误本社负责调换　联系电话（010）63263947

目　录

第1章 绪　　论

1.1　选题背景及研究意义

该题目是在极其复杂的国内外经济环境下提出的。一方面，我国目前处于后危机时期，宽松货币政策的适时退出已经成为当前研究的热点话题；另一方面，在国际货币政策操作出现"双转变"的背景下，复杂多变的国际经济形势以及货币政策执行环境的变化必将影响我国的相机抉择操作策略，从而逐步实现向规则转变。

在我国货币政策相机抉择操作框架下，2009年中央银行相机的宽松政策创下了29.7%的M2增长率，远远高出经济增长（8.7%）与物价上涨（-0.7%）之和约21个百分点，原来的"适度宽松"现在看来已经变成"过度宽松"，这种政策在复苏经济的同时也加剧了经济发展的不确定性，主要表现在房地产市场价格的异常上涨。单从这次的货币政策操作来看，大多数学者认为宽松货币政策的退出已经成为必然，只是目前在退出时机的选择上存在着争论。表面上看，上述"过度宽松"的货币政策是央行为应对金融危机采取的强力度政策，但是其更深层次的原因应当归咎于我国相机抉择的操作策略。相机抉择操作在复苏经济、维持经济平稳的同时，也越来越暴露出其自身的弊端，相机抉择向规则的转变在我国已成为必然。在这个转变过程中，我国货币政策的变化就有两种来源：一种变化是货币当局按照一定的反馈规则根据对经济形势的判断而作出的系统性变化；另一种变化则是由于相机抉择的任意性、欠精确性及短视性所导致的未被预期到的货币政策变动。

在我国纯粹的相机抉择框架下，货币政策完全按照相机抉择制定与执行，因此不存在货币政策成分的分解问题，从而货币政策效应研究并不涉及货币政策的成分划分问题。但是，当我国逐步向规则转变时，货币政策的成分分解及相应成分的效应研究则成为必然。精确地度量货币政策中规则成分与相机抉择成分，并对其效应进行比较分析对于我们深刻理解当前货币政策操作模式的特征及内部结构提供了定量支撑。此外，我国在前两年的金融危机中适时地、相机地出台了宽松的货币政策及财政政策以刺激经济发展，当前在经济企稳及通货膨胀压力略有回升的情况下，宽松政策的退出受到人们关注，其中退出时机的选择成为争论的焦点。货币政策相机抉择滞后效应及时滞结构的研究对宽松货币政策的适时退出及审时度势出台新的政策具有重要的参考价值。

当下，我国货币政策操作模式的转变已经成为必然，同时也初步具备了转化的初始条件。一方面，货币政策效应逐渐低下（后文的分析支撑了这一观点），货币政策执行环境的恶化以及货币政策面临的挑战使得我国货币政策操作模式的转变成为必然，并出现了一些迹象。另一方面，利率市场化进程的深入、多层次资本市场的建立、金融市场监管的健全及汇率形成机制的进一步合理都为货币政策操作模式的转变提供了条件，使其具备了可行性。1996 年，人民银行按照"先外币、后本币，先贷款、后存款，存款先大额长期、后小额短期"的基本步骤开始了利率市场化进程，其目的是逐步建立由市场供求决定金融机构存、贷款利率水平的利率形成机制，最终使市场机制在金融资源配置中发挥主导作用。在逐步放宽存贷款利率的同时，2005 年 7 月 21 日开始的人民币汇率形成机制的改革，使我国的汇率形成更加合理。2007 年 1 月上海银行间同业拆放利率（Shanghai Interbank Offered Rate，Shibor）的公布及正式启用在利率市场化进程中迈出了极为重要的一步，实现了银行间利率的完全市场化，但是金融机构存贷款利率仍未实现市场化。在资本市场的建立与健全方面，2009 年 12 月 23 日，创业板（Growth Enterprizes Markets，GEM）的开板使我国具备了自己的 NASDAQ 市场，从而进一步完善了资本市场，逐步形成了多层次的资本市场。这些变化都为货币政策操作模式的转变、货币政策传递机制的畅通及货币政策效应的提高创造了有利条件。2010 年 4 月 16 日，我国第一只股指期货沪深 300 上市交易。2015 年 4 月 16 日，上证 50 与中证 500 两只股指期货上市。这对发现金融资产价格、降低市场波动、提高货币政策的效应具有重要的意义。在此背景下，研究货币政策对资本市场（股票市场）的影响对于维护资本市场稳定、促进资本市场服务于实体经济具有重要的现实意义。

新的形势急切需要新的思路和方法来测量货币政策的效应，本书以此为契机，结合国外的研究及相关理论，从货币政策规则与货币政策相机抉择的视角对我国的货币政策效应进行科学、系统的研究，这对于央行制定与执行货币政策，把握政策力度、方向与时机，选择合适的货币政策操作模式具有十分重大的理论及现实意义。比如，我国在应对金融危机中实施了宽松的货币政策，但是经济复苏路径的曲折性决定我国当前执行稳健的货币政策，并且当前仍然存在通货紧缩风险，此时的货币政策导向对于稳定经济增长预期、引导资金合理流向至关重要。因此，只有清楚地把握了货币政策规则与相机抉择效应的时滞结构才能做到审时度势。

1.2　文献综述

1.2.1　国外研究现状

国外关于货币政策规则与相机抉择效应的研究是一个逐渐深入的过程，其研究大致分为四个阶段：第一阶段，货币政策中性命题的辩论阶段，此时的争论是在相机抉择的框架下进行的；第二阶段，货币政策规则与相机抉择之间的争论阶段，最终，规则的观点逐渐盛行；第三阶段，在确定规则优于相机抉择后，转向不同规则的适用性研究以及不同规则下的效应研究；第四阶段，金融危机之后，西方国家的货币政策利率规则（泰勒规则）受到考验与挑战，此时，量化宽松的货币政策逐渐为发达国家所采用，货币政策的实施更注重宏观审慎。

第一个阶段是 20 世纪 70 年代以前。在这个时期，相机抉择的货币政策操作模式居于绝对性的统治地位，此时的研究主要集中在货币政策中性命题的探讨与争论，此时的效应研究可以看做是相机抉择效应的研究。从 20 世纪 30 年代的"大萧条"到 70 年代的"滞胀"，凯恩斯的需求管理理论占据着统治地位，相机抉择的货币政策操作模式也因此适应了当时西方国家的需要。此时，对货币政策效应的研究主要表现为货币存量或利率水平的变化对产出、物价水平及就业的影响，很少涉及对汇率影响的研究[①]。这段时期对货币政策效应进行系统性论述的有米尔顿·弗里德曼，M & Swachtz（1963）。他们的研究表明货币政策对经济具有较大的推动作用，能够起到调节供给平衡的作用。弗里德曼还特别主张实行单一的货币供给规则，初步具备了规则的萌芽。

第二阶段是从 20 世纪 70 年代中期的"滞胀"到 20 世纪 90 年代初。这个时期是西方发达国家逐渐由相机抉择向规则转变的时期。"滞胀"严重动摇了凯恩斯需求管理理论的地位，历史又进入了各种理论"百家争鸣"的时期。其中，颇具影响力的有以卢卡斯为代表的理性预期学派以及货币主义的单一规则观点。

---

① 在这个时期，各国基本上维持着固定汇率制度，货币政策的调控主要表现在对国内需求的调控，对汇率的干预较少。

理性预期学派从货币政策成分的角度解释货币政策对经济调控无力的原因，该学派认为货币政策可以划分为系统性货币政策与非系统性货币政策，前者是可以预期到的，具有规则性，而后者则无法预期到，具有相机抉择性。罗伯特·卢卡斯（Robert Lucas）（1972，1973）、托马斯·萨金特（Thomas Sargent）和尼尔·华莱士（Neil Wallce）（1975）、罗伯特·巴罗（Robert Barro）（1977）、弗雷德里克·S. 米什金（Frederic S. Mishkin）（1982）等均认为并不是所有的货币政策变动均能有效地影响经济，只有未预期到的货币政策变动才能够影响经济，从而开辟了货币政策成分划分（Monetary Policy Isolation）与研究的先河。

但是，由于理性预期并不能为货币政策的制定与执行提供一个明确的规则框架，操作性较差，且有一定的随意性，因此其在实践领域的应用空间较小。Kydland & Prescott（1977）开启了货币政策规则与相机抉择的探讨与争论，西方发达国家也逐渐开始了对规则的研究与应用。因此，对货币政策效应的研究也就由上个时期的相机抉择效应转为规则效应研究，从而再次出现货币政策规则效应与相机抉择效应研究不同步的现象。国外多数学者将精力放在了对货币政策规则的设计与规则的适用性研究上，而鲜有人再涉足货币政策相机抉择效应的研究。其中一个主要原因在于，货币政策相机抉择的识别与界定是以反馈规则的确定为基础的，只有确定了合适有效的货币政策规则框架，才能在此基础上将货币政策相机抉择分离出来。尽管这一时期的效应研究并没有过多地涉及货币政策相机抉择，但是至少此时的效应研究具备了明确的规则框架。这一时期的经典研究成果有 Kydland 和 Prescott（1977）、Barro 和 Gordon（1983）。基德兰德（Kydland）和普雷斯科特（Prescott）（1977）将动态非一致性问题引入货币政策分析。他们指出，央行在短期内时时刻刻面临着违背长期最优而实现短期最优的各项激励，从而具备了实现短期最优的动机，这种激励与动机最终使得长期最优路径出现偏差并降低了社会福利。Barro 和 Gordon（1983）表明，央行具有将目标失业率的制定低于自然失业率动机，根据短期菲利普斯曲线，低失业则会带来高通胀，于是产生了通货膨胀偏差（Inflation Bias）。

第三阶段是从 20 世纪 90 年代中期至次贷危机爆发。伴随着货币政策规则与相机抉择争论的持续，理论界对货币政策规则与相机抉择的认识更为深入，尤其是对两者之间的相互关系有了更进一步的认识：货币政策规则与相机抉择并不完全对立，两者可以实现相容。规则能够约束央行的行为实现长期最优，但是其缺乏灵活性的特点在应对突然的经济冲击方面不如相机抉择灵活；相机抉择虽然具有灵活性，但是其滞后性及过分的灵活性又会加剧经济的震荡。因此，越来越多的央行和学者认识到执行相对灵活的规则的效果可能会优于严格的规则或相机抉择，后来各国的货币政策操作实践也表明各国央行执行的是折中的模式。这个时期货币政策效应的研究也就包括了对规则效应的研究与相机抉择效应的研究，只是不同的研究有着不同的重点。在实践方面，规则由于能够消除动态非一致性及通货膨胀偏差逐渐受到各国货币当局的偏好，大多数发达国家及部分发展中国家先后执行了规则模式，如美国、加拿大、英国及新西兰等。此时，西方发达国家将重点放在了货币政策规则效应及相机抉择效应的研究上，而发展中国家则重点研究适合本国的反馈规则。与前一阶段不同的是，此时期的研究具有明确的规则框架。

第四阶段，量化宽松货币政策。美国次贷危机后，欧美等发达国家陆续推出了量化宽松政策。在市场零利率的情况下，通过购买中长期国债以扩大基础货币供给，向市场注入流动性，以达到刺激经济的目的。一般情况下，这种政策是当利率等常规工具失效的情况下才推出的。可以看出，量化的规模及量化的时机仍然具有很深厚的相机抉择味道。

1.2.1.1 货币政策规则与相机抉择效应的研究方法综述

在研究方法上，国外对货币政策规则效应与相机抉择效应的研究主要有三种实证方法。

一是陈述法，也称分析法（Narrative Approach）。Friedman 和 Swachtz（1963）以及罗默（Romer）（1998）利用陈述法分别对美国 1867—1960 年、1970—1988 年两个时期的货币政策相机抉择及其效应进行了识别与研究。这种方法建立在央行透明的决策机制及健全的信息披露制度的基础上，依赖于货币当局定期或不定期公布的货币政策决策信息，同时这种方法所分析的时间窗口较长。更为重要的是，这种方法受分析者本人专业技术、理论基础及经验的影响较大，因此其主观性较强。同时，这种方法不依赖于最优规则的确定，大多在相机抉择的框架内进行，因此其研究的时间区间大多数在美国实施规则之前。

二是结构建模的方法，即从经济理论出发建立复杂或简单的结构性模型，并借此分析货币政策规则与相机抉择的效应。该方法首先依据良好的分解模型与方法将货币政策分解为规则成分与相机抉择成分，然后将规则成分与相机抉择成分同时纳入效应估计方程以估计不同成分的即时效应。因此，第一步就是要选择良好的分解模型与方法，这显得至关重要。由于要对货币政策的成分进行分解，因此分解方法与模型的选择实际上是选择能够较好地刻画或拟合该国货币政策执行特征的反馈规则。而反馈规则的建立具有一定的任意性，这种任意性是指工具选择与盯住目标选择的任意性。广义的规则具有较大的任意性，狭义规则由于具有明确的条令框架受到各国央行的青睐。第二步就是将分解的各成分放入单方程框架中采用合适的估计方法估计不同成分的即时效应，即不同成分的当期变化如何影响当期的产出等宏观变量。这种方法以 Lucas（1973）、Barro（1977）及 Mishkin（1982）等的做法为代表。这种研究思路将货币政策的规则效应及相机抉择效应放在同等重要的位置，着重考察货币政策规则与货币政策相机抉择的即时影响。其优点是能够同时比较和观察两种效应的大小，其缺点是只能考察货币政策规则及货币政策相机抉择对某个宏观变量的影响，而不能同时考察对多个变量的影响，并且不能观测货币政策相机抉择的滞后影响及时滞结构，从而不能为货币政策的前瞻性及微调提供政策建议。

第三种方法即非结构建模方法，它不严格依赖于经济理论，而是从数据的统计特征出发，通过非结构建模的思路来估计货币政策相机抉择的效应。这种方法的典型代表是非结构 VAR 模型的应用，西姆斯（Sims）（1980）开启了非结构建模研究货币政策相机抉择效应的先河。通过 VAR 方法的应用来识别货币政策相机抉择，严格依赖于不同的识别假设（Identifying Assumptions），将 VAR 的简化式残差项转化为具有经济意义的结构性相机抉择。在传统的 VAR 模型中，得到的只是复合性的货币政策相机抉择，该相机抉择包含着各个变量之间的当期关系，因此这种模型下的相机抉择并不精确。基于此，国外大量的研究主要是围绕着如何施加约束，从而构建结构 SVAR 模型来识别货币政策相机抉择。这种方法虽然能在某种程度上弥补第二种方法的不足，但是不同学者对 SVAR 模型中的识别约束存在着较大的争议。因此，如何将结构建模（第二种方法）与非结构建模（第三种方法）结合起来，既能研究对多个变量的滞后效应又能使 SVAR 模型中识别约束符合经济理论成为现在的热点问题，而这也是本书在方法研究上要重点解决的问题。

1.2.1.2 货币政策规则效应文献综述

关于货币政策规则效应的研究，首先是最优规则的选择，从狭义角度考虑通货膨胀目标制、泰勒规则、McCallum 规则。

通货膨胀目标制是一种受限的相机抉择性货币政策规则，其特征是公开宣布正式量化的通货膨胀目标（或通货膨胀区间），而且是跨越一个或几个时间轴，并向公众正式公开承诺：低而稳定的通货膨胀率是货币当局唯一追求的目

标 [伯南克（Bernanke）等，1999]。许多国家如英国、新西兰等均采用了这样的框架，但是由于该规则具有非常苛刻的实施条件，因此很多国家不具备这样的条件。同时，该规则由于仅关注通货膨胀率，而不关注资产价格的变化，这就使得在通货膨胀率与资产价格变化不同向或不同步时，增加了当局的决策难度。

国外对泰勒规则的研究在争议中逐渐趋于成熟，人们对标准的泰勒规则在不同的方面进行了扩展和修正。例如一些人将预期通货膨胀率代替平均通货膨胀率，而另一些人对潜在产出采用不同的估计方法，或直接用滞后一期的产出代替潜在产出。值得注意的是，一个重要的修正就是将滞后一期的利率值 FFR_{t-1} 包括在规则的右侧项（Right - Hand Side，RHS），将其作为当前利率的一个决定因子。这一修正反应出了利率平滑（Interest Rate Smoothing）的事实，利率平滑行为在央行的操作中应用非常广泛。欧菲尼德斯（Orphanides）（1997，1999）等一系列重要的研究以潜在产出及通货膨胀率为最终目标估计了泰勒规则。Orphanides（1997）认为当前时期的潜在产出 Y_t^* 只有在 t 期末才能知道，它认为原始宏观经济数据在初次发布后经常被大规模修正的事实应当引起人们的重视。Orphanides（1999）认为，由于这些问题如此严重以至于严格遵行泰勒规则不会阻止 20 世纪 70 年代的通货膨胀，泰勒（Taylor）（1999）证明了这一结论。此外，还有学者认为，产出缺口调整因素考虑了未来通胀的可能性，所以提出的政策建议具有一定前瞻性。之后，人们又对泰勒规则进行不同的修正，从而得到了不同版本的泰勒规则，称为"泰勒型规则"（Taylor - type rules），即一系列将联邦基金率的目标值设定为通货膨胀率缺口以及实际产出缺口的函数的利率规则。如前瞻性泰勒规则（Chang - Jin Kim，Charles R. Nelson，2006）、后瞻性泰勒规则、具有时变参数的泰勒规则。在泰勒规则的估计方面，由于泰勒规则的估计存在着较大的不确定性，因此对泰勒规则的估计方法也是国内外学术界着重研究的对象之一。贾德（Judd）和 Rudebusch（1998），Clarida（2000），Orphanides（2004）经过实证估计，认为美国自 1979 年开始改变了其利率政策。科格利（Cogley）和 Sargent（2001，2003），博伊文（Boivin）（2001）在时变参数模型的框架内验证了美国的政策反应对经济状态具有显著的时变性。Sims（2001），Sims 和 Zha（2006）在运用汉密尔顿（Hamilton）（1989）马尔科夫链（Markov - switching）证明了时变方差要比时变参数更能影响泰勒规则的估计。Chang - Jin Kim 和查尔斯·R. 纳尔逊（Charles. R. Nelson）（2006）利用事后数据（ex post data）估计了带有时变参数的前瞻性泰勒规则，用两步法解决了泰勒规则中内生解释变量的问题。杜珀（Dupor）（2001）是第一个将资本及内生投资引入货币政策模型并对均衡决定的必要条件进行分析的人，他认为均衡决定的必要条件是货币政策是消极的或被动的，即利率对通货膨胀的反映必须小于1∶1的比例。在 Dupor（2001）的分析中，满足泰勒规则的货币政策可能会导致非均衡，也可能会导致多重均衡，从而没有稳定均衡。Dupor（2001）的分析是在连续时间模型的框架中进行的，因为早期的分析（忽略了投资支出）曾分别在连续时间及离散时间模型中作过，并具有可比性的结果。Carlstrom 和富尔斯特（Fuerst）（2005）利用一个具有内生投资的模型说明均衡决定的必要条件是货币政策必须满足"泰勒规则"。只要价格不是极端黏性，他们认为现有的满足"泰勒规则"的货币政策能产生均衡。与 Dupor（2001）不同，Carlstrom 和 Fuerst（2005）认为不是对现在的通货膨胀率反应，而是对预期的通货膨胀率作出反应才能创造均衡的决定。Carlstrom 和 Fuerst（2005）进一步阐明了为什么 Dupor（2001）的连续时间模型及其离散时间模型会产生明显不同的结果，关键在于两个模型当中投资的 Euler 方程不同。在连续时间模型中，资本的当期边际产出率必须等于即时的利息率，而在离散时间模型中，资本下个时期的边际产出率必须等于利息率。由于资本是前定变量，因此，连续模型中有一个额外的前定变量，而在离散模型中没有这个变量。Carlstrom 和 Fuerst（2005）为其离散时间模型进行了辩论与修改，在其模型中增加了若干个内生的假设，而这些假设在连续时间模型中正在不经意的出现着。概括地说，这两篇论文表明满足"泰勒规则"的货币政策未必能保证均衡的单一性。Carlstrom 和 Fuerst（2005）阐述了前瞻性（forward-looking）规则的危险。斯魏恩（Sveen）和 Weinke（2005）认为即便是现瞻（now-looking）性规则也可能是危险的，因为公司的特定资本（Specific Capital）使经济中的价格表现出严重的黏性。最后，本哈比（Benhabib）和欧赛皮（Eusepi）（2005）认为局部确定性（local determinacy）对于全局确定性（global determinacy）是远远不够的。虽然 Sveen 和 Weinke（2005）以及 Benhabib 和 Eusepi（2005）给出了利率规则显著减少局部及全局多重均衡可能性的方法，但是结论是否稳定还有待观察（Benhabiba，Carlstrom 和 Fuerst，2005）。这些论文均对"泰勒规则对于均衡确定是充分的"假设产生了一个疑问。

对于 McCallum 规则的研究也非常多。它在某种程度上继承了弗里德曼的思想，它以稳定名义收入为目标（这一点符合我国将经济发展作为货币政策目标的事实），以基础货币的变化为操作工具，同时考虑金融自由化及创新等因素带来的货币流通速度的变化及通货膨胀的不确定性，因此也称为名义收入盯住目标规则。迈尔策（Meltzer）（1987），Gordon（1985），Hall 和曼昆（Mankiw）（1994）以及费尔德斯坦（Feldstein）和斯托克（Stock）（1994）建议采用名义 GDP 盯住的货币政策规则。但是，古德哈特（Goodhart）（1994），布林德（Blinder）（1994）认为 McCallum 基础货币盯住规则的稳定性不太理想，从而提出对该规则的反对意见。在提出 NIT 规则的基础上，麦克勒姆（McCallum）（1997，1998）又进一步研究了货币政策名义收入盯住规则中目标变量、增长率及增长率目标路径的选择与确定等问题，标志着名义收入盯住规则的成熟。Orphanides（1999），McCallum（2000）提出了一个与泰勒规则相似的名义收入盯住规则（并非以基础货币为政策工具），该规则以美国的联邦基金率 FFR 为政策工具，但是该修正的 McCallum 规则并不以产出缺口作为解释变量，而是以名义 GDP、通货膨胀及均衡实际利率作为规则的右侧项（RHS）。虽然 Rudebusch（2001）认为该规则的稳定性仍然不理想，但是美联储的研究（Orphanides, Porter, Reifschneider, Tetlow, Finan, 2000）认为在难以判断和评价当前经济状况的情况下，该规则要优于泰勒规则，而当容易判断当前的经济形势时，泰勒规则优于修正的 McCallum 规则。McCallum（2001）对此问题也进行了研究，并得出了相同的结论。其他的修正包括将汇率波动因素加入到规则中去（Judd, Motley, 1991）等。

1.2.1.3　货币政策相机抉择效应文献综述

国外学者（Fedish，1985）将货币政策相机抉择解释为未预期到的货币政策变动。国外有些学者认为，货币政策相机抉择就是在以货币供给量或利率作为政策变量时，引入理性预期假设后，货币供给或利率变动的未预料部分。该定义将货币供给等政策变量的变化分割成预料到和未预料到的两部分（Lucas，1972，1973；Mishkin，1982）。但是由于对理性预期的合理性无法统一共识，且其缺少明确的规则框架，因此，国外学者（Chritinario, et al.，1998；Bernanke，1999）在货币政策相机抉择成分的界定上并不一致，但是在统计角度上有较大的相似性。它们将货币政策相机抉择成分表示为某方程式（$S_t = f(\Omega_t) + \sigma_s \varepsilon_t^s$）的不确定性部分，即随机误差部分 $\sigma_s \varepsilon_t^s$。这里，S_t 为货币当局的工具，比如说联邦基金率或某个货币量。f 是一个线性函数，该反应函数将工具变量 S_t 与 t 时期的信息集 Ω_t 联系起来。随机变量 $\sigma_s \varepsilon_t^s$ 为货币政策相机抉择。这里，ε_t^s 被正规化后具有单位方差，并且称 σ_s 为货币政策相机抉择的标准离差。对 f 及 Ω_t 的一种解释是它们分别表示货币当局的反馈规则以及信息集。但是它们对货币政策相机抉择的定义过于数学化，不易于理解。由此可见，要想确定货币政策规则成分，首先要确定最优反馈规则。

当前，在众多的货币政策相机抉择效应研究中，除了单方程研究外，大部分均以 VAR 为基础。其施加的约束条件为短期约束，即对 VAR 系统中的变量施加即期零约束，也就是说货币政策相机抉择对一个变量或多个变量的当期影响为零。艾肯鲍姆（Eichenbaum）和埃文斯（Evans）（1995），Kim 和鲁比尼（Roubini）（2000），Kim（2001）在开放经济条件下，分别利用短期约束识别了货币政策相机抉择，并研究了该相机抉择下的宏观经济效应。这种约束的优点是能够从经济理论出发制定合乎情理的约束条件。但是许多学者也对该短期约束提出了质疑，认为 SVAR 模型所依赖的各种假设条件并不十分可信，即便可信，也只是短期内可信，在长期内并不稳健 [克里斯蒂亚诺（Christiano），1997]。同时，由于 VAR 模型待估参数非常多，模型识别需要的条件也非常多，因此常常存在着模型不可识别或识别不唯一的缺陷。因此，Sims（1990），Christiano 等（1996，1997）分别提出了递归约束，利用 VAR 模型的残差估计量具有正定对称的性质，通过乔斯利（Cholesky）分解出下三角矩阵 A_0，从而实现 VAR 误差项 μ_t 到货币政策结构性相机抉择 ε_t^i 的转化。递归约束的实质是实现政策相机抉择与各个宏观经济变量之间的正交，CCE（1996）认为其经济含义就是 t 时期的宏观经济变量不对 t 时期的货币政策相机抉择作出即时响应。例如，Christiano 等（1996，1997）假设美联储在确定 t 期的货币政策工具变量值时，其关注的目标变量是当期的产出及价格水平。在递归假设下，这意味着当期的价格与产出对货币政策相机抉择没有即期响应，而是存在着滞后响应。基于递归约束的 SVAR 货币政策相机抉择识别被证明是完全恰好识别的（Christiano et al.，1996），因此受到了极大的推崇。尽管目前国外研究主要是基于递归约束来识别货币政策相机抉择，但是很多学者认为该约束通过估计 VAR 协方差阵的下三角矩阵对各个变量强加了顺序，具有一定的主观性和任意性，该方法的运用尚存在争议（Bernanke，1986；Sims，1986；Sims & Zha，1995；Leeper，Sims & Zha，1996）。Bernanke（1986），Sims（1986），Sims & Zha（1995）及 Leeper，Sims & Zha（1996）等分别提出了替代性的假设来识别货币政策相机抉择。尽管放弃递归假设有一定的优点，但是正如 Christiano et al.（1997）所说的那样，放弃递归假设也会付出极大的代价，并且其所施加的约束也未必完全可信。例如，Sims & Zha（1995）假设美联储在确定货币政策工具变量值时，并不关注当期产出及当期物价水平的变化，并且假设当期的利率变动并不直接影响总产出。很明显，这两个假设存在着很大的争议。乔恩·浮士德（Jon Faust）和约翰·H. 罗杰斯（John H. Rogers）等（2002）在 VAR 框架内识别出货币政策相机抉择的基础上，利用高频欧元汇率数据估计了货币政策相机抉择对汇率的效应。该研究抛弃了强制性的递归假设，在充分利用美国联邦储备局公开市场委员会（FO-MC）有关货币政策动态信息的基础上识别出了货币政策的奇异变动成分（Surprise Component）。Christiano 等（1998）分别采用了递归假设约束与替代约束，并对不同约束下的货币政策效应进行了比较，结果表明递归假设约束要优于其他的替代约束。

1.2.2 国内研究现状

伴随着我国货币政策执行环境的日益复杂以及国际经济形势的深刻变化，在世界大多数国家逐渐采取规则策略的背景下，我国货币政策规则与相机抉择之间的争论也日益高涨，并且一致认为我国应当逐步实现向规则的转变，而对于实现什么样的规则仍存在较大的争议。

我国货币政策执行环境的变化与我国经济转轨是分不开的，具体包括利率市场化的进行、金融创新与金融一体化的纵深发展、货币需求的稳定性日益下降、货币供给的内生性日益明显等。在这样的背景下，货币需求的可预测性逐渐下降，央行对货币供给的控制力与影响力也逐渐下降，通过货币政策对宏观经济的调控越来越被动。由于货币当局无法根据经济形式的变化作出有效的反馈，或者在作出有效反馈的基础上无法做到精确操作，这种反映在货币政策上的反馈误差及执行误差其实就是货币政策相机抉择的一种表现，即货币政策中的随机成分或相机抉择成分（刘金全，2005），这种随机成分反映了货币政策的相机抉择（刘金全，2005），具有相当大的随意性。

1.2.2.1 货币政策规则效应研究

关于货币政策规则效应的研究，我国目前主要集中在各规则的适用性上（即国外研究的第二阶段），但是在最优规则的设计与确定上尚无法统一。因此，通过结构建模（国外研究的第一种思路）来研究货币政策规则效应与相机抉择效应显得尤为重要。

黄先开、邓述慧（1999）在理清货币供给量与国家宏观经济总量（物价与产出）之间因果关系的基础上，利用动态规则法推导出了我国最优货币供给规则，结果表明实际货币供给量 RM1 或 RM2 能够很好地预示经济的波动，并利用似不相关估计法（SUR）及动态规则法得出了最优的货币供给增长率，即狭义货币 M1 增长率为 16% ~ 17% ，广义货币供给增长率为 19% ~ 20% ，但是现在看来，这种规则并无法满足我国当局对经济的调控。随着货币供给量与宏观经济变量的联系性弱化，货币供给规则逐渐失去了主导地位。2009 年的目标货币供给增长为 17% ，但是我国实际的 M2 供给量却创下了历史最高纪录 29.7% 。杨英杰（2002）对泰勒规则与麦克勒姆规则在中国的适用性进行了研究，结果表明麦克勒姆规则不适合中国，原因在于基础货币不适合作为货币政策的操作目标；泰勒规则可以为我国的货币政策提供一个尺度，但是由于利率市场化进程缓慢，对产出及通货膨胀的调整程度低，因此泰勒规则的估计效果不好。因此，货币政策工具的适宜性成为阻碍我国货币政策规则实施的主要障碍。陆军、钟丹（2003）利用协整技术，以泰勒规则为框架，检验了我国银行间拆借利率的走势，结果表明泰勒规则可以充当货币当局的决策参考依据。在此基础上，他们将预期通货膨胀率缺口代替了通货膨胀率缺口，发展了具有前瞻性的泰勒规则。此后，对泰勒规则的研究还有卢卉（2005）、王胜，邹恒甫（2006）、王建国（2006）等。在对工具规则研究的同时，关于目标规则的研究也日益增多。刘璞（2004）用包含前瞻性菲利普斯曲线和前瞻性 IS 曲线的新凯恩斯模型通货膨胀目标与名义收入目标在中国的适用性，结果表明如果能够准确地确定参数，目标规则将有利于实现货币政策的长期动态一致性。但是，由于当前利率市场化进程并未结束，利率市场化尚未完成，货币政策传导机制还不畅通，因此目标规则在中国的实践仍然存在困难。卞志村（2007）认为从利率走势的预测能力来看，通货膨胀目标制远远优于泰勒规则，货币当局应当为通货膨胀目标制创造条件。由以上的研究可以看出，各种规则在中国的适用性研究方法单一而结论不一，对不同规则下的货币政策相机抉择的研究更鲜有涉及。所有的这些研究只是针对货币政策规则的适用性进行的研究，并没有进一步分析每种规则下的货币政策相机抉择的性质及其对经济的影响，从而无法从量上判断我国当前货币政策操作中规则与货币政策相机抉择哪种成分占主要地位。

1.2.2.2　货币政策相机抉择效应研究

关于货币政策相机抉择的界定上，目前国内（刘金全，2005；刘斌，2001）大多数沿用国外的做法，将其定义为方程 $S_t = f(\Omega) + \sigma \varepsilon_t^s$ 中的 $\sigma \varepsilon_t^s$ ，但是该定义有点太过于数学化。

利用非结构建模（国外研究的第二种思路）来研究货币政策相机抉择效应

的成果也非常少，目前只有刘斌（2001）[①]，但是其对货币政策相机抉择效应的研究并不全面，没有将规则纳入货币政策相机抉择的识别中。

由上可见，国内关于货币政策效应的研究相对滞后，并且没有明确的规则框架，效应的研究比较模糊。虽然很多学者也对货币政策规则进行了研究，但是大多数均止步于规则的适用性研究，而没有上升到效应研究的高度。在货币政策相机抉择的识别及研究方面，国内更是滞后。由于没有明确的规则，因此，货币政策相机抉择的识别也就比较困难和模糊。目前，国内关于货币政策相机抉择效应的代表性研究只有陆军和舒元（2002）、刘斌（2001）、刘金全（2005）、卞志村（2009）。

陆军、舒元（2002）以 Barro（1977）的研究为基础，从理性预期的角度将中国的货币供给量 M1 划分为可预期到的 M1 及不可预期到的 M1，然后利用普通最小二乘法估计了我国货币政策的效应，否定了货币政策的中性命题。虽然这种方法有其借鉴之处，但是也存在很多缺陷。一是理性预期假设无明确的规则框架，过于理论化，难以付诸实践操作。它主要受预期主体对信息的获得能力及自身经验的影响，也具有一定的主观性。二是该单方程的研究框架只能同时研究货币政策相机抉择对某一个宏观经济变量的效应，而不能同时研究货币政策相机抉择对多个宏观经济变量的效应。如果保持解释变量不变，只变更被解释变量，则这种做法存在着效应重复（虚增或虚减）问题。三是在研究货币政策相机抉择对单个宏观经济变量的影响时，无法准确估计效应的时滞结构（如相机抉择在何时达到最大，累计影响是多大）。四是理性预期假设是否适用于中国，陆军、舒元（2002）并未进行论证与检验。刘斌（2001）利用 VAR 方法对货币政策相机抉择进行了识别，并研究了货币政策相机抉择对投资、消费、物价及金融变量 M、M1 的效应，值得借鉴，但是其研究并没有将最优规则纳入相机抉择的识别中，更没有涉及货币政策相机抉择对汇率及产出的影响。更为重要的是，其对 SVAR 模型的识别是以递归约束为基础的，从而导致模型的估计具有任意性，稳健性不足。刘金全（2005）将货币政策分为规则成分与随机成分，在此基础上假设实际经济产出的波动来自货币政策相机抉择及实际产出相机抉择，并通过状态空间模型及卡尔曼滤波对货币政策相机抉择进行了识别与检验。这种做法为识别货币政策相机抉择提供了借鉴，但是它的研究存在着两点不足：一是其研究并没有明确的规则框架，因此即便能够识别出货币政策

[①] 刘斌.《货币政策相机抉择的识别及我国货币政策有效性的实证研究》，载《金融研究》，2001（7）：1–9。

相机抉择也无法对产生这一相机抉择的规则进行有效界定及经济解释；二是此研究并没有进一步研究货币政策相机抉择的效应，从而无法对当前的货币政策操作模式的完善提供政策建议。

1.2.3　国内外研究的不足

从以上研究可以看出，尽管国外对于货币政策规则与相机抉择效应的研究领先于国内，但是仍然存在着以下缺陷：第一，历史陈述法的应用条件比较苛刻，尤其是对于我国应用有限。第二，第二种方法尽管能够将货币政策规则与相机抉择隔离并研究各个成分对产出、通货膨胀等变量的效应，但是不能同时研究两种成分对产出及通货膨胀等宏观经济变量的影响，更不能研究这两种成分对经济的滞后影响，而我们最关注的是货币政策规则或货币政策相机抉择对经济的滞后影响以及货币政策效应将收敛于某个常数还是发散。因此，从这方面讲第二种方法也存在着缺陷。第三，第三种方法虽然能够弥补第二种方法的不足，能够研究出货币政策规则与相机抉择成分的时滞效应，但是这要依赖于SVAR模型的良好约束与识别，而这恰恰是当前国内外仍然没有达成一致的地方。目前流行的递归识别约束尽管能够解决货币政策相机抉择与反馈规则中各变量的相关性问题，使其正交化（Cholesky 分解），但是这样做等于对 VAR 模型中各个变量强制排序，具有非常大的任意性（Terasvirta，1998），从而影响了模型的经济含义与稳健性。

如何即能同时研究货币政策规则与货币政策相机抉择对各个宏观变量的即期影响与滞后影响，又能使模型的任意性降到最低成为当前国内外正在探索的问题。为了解决这个问题，本书将第二种方法与第三种方法结合起来，以第二种方法识别出的最优或次优规则作为第三种方法的约束条件纳入 SVAR 模型的构建中，通过经济理论对 SVAR 施加约束以达到恰好识别，既避免了变量顺序的任意性，又能研究货币政策规则与相机抉择的时滞效应，更能够得到相机抉择与规则对我国通货膨胀率、经济增长及汇率波动等宏观经济变量的影响程度，从而弥补了以往研究的不足。

1.3　研究内容、框架与思路

1.3.1　研究内容

理论上：如何量化我国当前的货币政策模式特征，规则成分与相机抉择成分的相对比重是多少，在将货币政策进行分解的过程中，哪种规则能更好地刻画我国当前的操作模式？货币政策规则成分与相机抉择成分对经济的即时效应孰大孰小？在我国以相机抉择为主模式下，相机抉择时滞效应及其时滞结构如何？规则效应与相机抉择效应是收敛的还是发散的？由相机抉择向规则转变对货币政策效应及经济波动的影响如何？此外，通过 SVAR 模型我们可以全面刻画我国货币政策的传递机制。

方法上：目前多数运用 VAR 模型的研究均忽略了模型中各个变量的排序问题，不同的排序得到的动态脉冲响应是不同的，因此研究具有任意性，不具有稳健性。本书在确定最优规则的基础上，将最优规则的反馈系数作为约束条件纳入 SVAR 模型，根据经济理论来确定变量间的顺序，从而使研究更为稳健、更为可信，最大限度地减少了随意性；在 VAR 模型的构建过程中，模型滞后阶数的选择对于最终的结果也是非常重要的，在面对很多选择准则的情况下，如何去确定最优的滞后阶数。

1.3.2　框架与思路

本书的第 1 章是绪论。阐述了选题的背景及研究意义，就国内外对该领域的研究现状及存在的问题进行了回顾与概括，在此基础上提出了研究框架及思路，明确了本书的研究重点与拓展空间。

第 2 章回顾了有关货币政策、货币政策模式及货币政策效应的基本理论，界定了本书的研究范围（货币政策规则效应与货币政策相机抉择的效应）及对象。在这一章，探讨了货币政策的成分问题，即规则成分与相机抉择成分。在此基础上，界定了不同成分所对应的效应，即规则效应与相机抉择效应。我们重点对当前较为流行的反馈规则从定性的角度进行了初步甄别，包括通货膨胀目标制、泰勒规则及 McCallum 规则，并排除了通货膨胀目标制在我国的可行性。

第 3 章，阐述我国当前货币政策执行环境的特征，深入分析货币政策制定与执行所面临的挑战及我国货币政策操作模式由相机抉择向规则转变的可行性、征兆及货币政策相机抉择的表现，并初步认为当前我国货币政策特征是含有规则成分的相机抉择。

第 4 章，通过定性与定量分析相结合的方法，对不同分解模型与方法（货币政策规则）在中国的适用性进行研究，并基于拟合效果确定最优的规则框架。以此为基础，将货币政策分为规则成分与相机抉择成分，分别体现了规则与相机抉择两种模式的折中。

第5章，首先，将货币政策规则成分与相机抉择成分纳入圣路易斯单方程框架，对货币政策的规则及相机抉择的即时效应进行实证分析，结果表明货币政策规则即时效应远远大于相机抉择即时效应，这是由于货币政策相机抉择的时滞性引起的，从而为相机抉择型货币政策转为规则型货币政策提供了实证支持。负向相机抉择效应（紧缩效应）大于正向相机抉择效应（扩张效应），货币政策对产出的效应大于对通货膨胀的效应，并对这些效应特征进行了解释。其次，在分析了货币政策规则及相机抉择的即时效应的基础上，我们借鉴非结构建模的思路，将最优的规则纳入 SVAR 模型，通过脉冲响应函数继续考察货币政策相机抉择对各个宏观经济变量的滞后效应及其传递机制，从而为把握好货币政策的力度、方向与时机提供建议。同时，通过方差分解能够从定量的角度理解当前我国的货币政策、货币政策规则与货币政策相机抉择对产出、通货膨胀及汇率波动的影响程度分别是多少，货币政策相机抉择效应是发散的还是收敛的。在这一章中，我们重点研究并解决了当前用 VAR 模型研究这一问题时无法确定变量顺序的问题，从而去除建模时的任意性，保证模型估计结果更加稳健与合理，并能实现复合性相机抉择向结构性相机抉择的转化，使得能够对结构性相机抉择进行经济解释。在此基础上，对单方程下的相机抉择与 SVAR 下的相机抉择进行了比较。

第6章，为了比较货币政策操作范式转变前后对经济的影响，本书通过建立标准差更小的货币政策相机抉择成分，进一步模拟了货币政策由相机抉择为主转向以规则为主的操作范式后，货币政策规则与货币政策相机抉择对经济治理的影响程度，结果表明降低相机抉择的程度能够提高货币政策的效应，并能大大降低各宏观经济变量的波动程度。

第7章，对全书进行总结并就完善货币政策操作框架、提高货币政策效应提出政策建议。

1.4 创新与进一步研究的方向

1.4.1 创新

本书注重理论与方法研究相结合、实证研究与规范研究相结合、定性研究与定量研究相结合。

第一，货币政策效应研究角度上的创新。从货币政策模式（规则与相机抉择）的角度研究货币政策效应能够让我们洞悉货币政策效应的模式结构特征，有利于比较当前我国货币政策规则效应与相机抉择效应的大小，从而能够为模式的转变提供定量的依据。

第二，货币政策效应研究不但研究不同成分的即时效应，同时注重研究不同成分的滞后效应及时滞结构，从而使得效应研究更为系统、全面。

第三，本书从基本的反馈规则着手，基于拟合优度与经济合理性确定货币政策成分分解的最优模型，从而实现了货币政策中规则成分与相机抉择成分的量化与比较。

第四，注重比较研究。在得到货币政策规则效应大于相机抉择效应结论的基础上，我们模拟了以规则为主的货币政策模式的产出效应、通货膨胀效应及汇率稳定效应，并模拟了模式转变前后经济波动的变化程度，从而为由相机抉择向规则转变提供了更进一步的量化支持。

第五，本书的研究实现了非结构建模与结构建模相结合的研究方法，并使研究更具有逻辑性。在效应研究中，首先通过比较研究的方法选择出能够较好地描述和刻画当前我国货币政策模式特征的反馈规则，在实现货币政策成分分解的基础上深入研究货币政策不同成分的即时效应。然后，将该规则的参数估计值作为非零约束纳入 SVAR 模型的识别条件中，从而使得以 SVAR 模型为基础的货币政策时滞效应研究更符合经济理论。同时，根据经济理论施加非零约束避免了模型的任意性，弥补了递归约束的缺陷。

第六，结论更注重系统性和科学性。以往关于提高货币政策效应的结论涉及面很多，但是不系统、不规范。本书在定性研究与定量研究的基础上，从完善货币政策框架、实现货币政策模式转变的角度系统提出了提高货币政策效应的有关政策建议。从增强货币政策独立性到规则的逐步外显化，工具变量的选择到政策传递机制的健全，从货币政策目标的单一化到相关政策的协调，从国内经济结构的调整到货币政策的国际性协调，等等。

1.4.2　不足及进一步研究的方向

第一，限于数据的可得性及篇幅，本书的月度产出缺口由工业增加值缺口代替，短期利率取自市场加权平均利率，潜在产出及汇率均衡水平的计算采用 HP 滤波法。这些细节虽然不会严重影响模型估计的稳健性，但是对这些细节多加注意可能会有更好的效果。

　　第二，将工具型政策与价格型政策相协调，前者负责总量预调，后者负责结构微调，预调与微调相结合，最终实现总量与结构双均衡是我国货币政策框架完善的最终取向。在利率完全市场化后，通过 McCallum 规则来调控基础货币的增长率，通过价格型规则（如泰勒规则）科学决定利率的货币政策操作模式值得去进行研究，而这将成为下一步的研究方向。

第 2 章　货币政策模式与货币政策效应

货币政策作为需求管理政策的一种，自 20 世纪以来一直受到各国政府的重视。由于各国的国情存在着差异，各国对货币政策模式的认识、研究与应用也存在着差异。我国自 20 世纪 80 年代中期才具备真正意义的货币政策，在 20 多年的操作实践中，我国对货币政策的制定与操作经历了一个由生疏到熟练的过程，其对货币政策的操作也更富于艺术性。

2.1　货币政策目标与工具概述

2.1.1　货币政策定义

货币政策的定义，不同的学者给出的解释基本上是相同的。其内涵就是货币当局在判断当前及未来经济形势的基础上，为了实现特定的目标，而对货币供给量、利率等变量施加影响与控制的行为及策略的总称。不难看出，货币政策的制定与操作者是货币当局，货币当局通过利率等变量影响最终目标的过程就是货币政策的传递机制。货币政策中介目标的选择是否合适，传递机制是否畅通，最终目标是否单一等都直接影响着货币政策的效应。学术界分三个层次对货币政策目标进行界定，即最终目标、中间目标和操作目标。这三个层次的区别在于货币当局对其控制能力、影响方式上存在着差异。

2.1.2　货币政策目标的确定

2.1.2.1　货币政策最终目标及其选择

货币政策效应最终体现在货币政策的最终目标上。货币政策最终目标的实现不仅是货币当局制定与实施货币政策的初衷与最终目的，其自身也直接影响着货币政策的效应。一般来说，货币政策最终目标越多，货币政策效应的不确定性就越大。各国国情的差异导致最终目标也存在着差异，大多数学者认为货币政策应当具备四大目标①：稳定物价、经济增长、充分就业和国际收支平衡。我国自 1984 年就确定了"稳定货币、发展经济"的双重目标。虽然 1995 年 3 月的《中国人民银行法》对最终目标作出新的解释，但是从 20 多年来的货币政策操作实践看，其实质仍然是多目标的货币政策②。

稳定物价与充分就业之间的关系。尽管菲利普斯（Philips）（1958）认为，就业率与通货膨胀率之间存在着此消彼长的交替关系，但是这种交替关系并不稳定，长期内会逐渐消失，这就使得货币当局只能在物价稳定与充分就业之间作出选择或妥协。长期的 Philips 曲线为央行在长期内确定单一的货币政策目标提供了理论根据。

稳定物价与经济增长之间的关系。随着各国经济环境的变化，通货膨胀与经济增长之间的关系也逐渐变得不确定。比较一致的观点是，较快的经济增长必然会带来通货膨胀压力的上升，而我国的货币政策操作实践支持了这一观点。许多学者也认为，适度的通货膨胀对经济增长具有积极意义与推动作用，但是当通货膨胀超出人们的预期与承受能力时，就会严重地损害社会福利与经济增长。因此，两者之间的关系复杂且不稳定，同时将两者作为货币政策的最终目标会经常陷入进退维谷的境地。

稳定物价与国际收支平衡之间的关系。稳定物价在很大程度上取决于本国货币政策的执行力度与导向，而国际收支平衡至少要涉及两个国家的货币政策。因此，一般情况下，两者很难同时实现。例如，人民币目前的名义汇率已经升值约 22%，实际有效汇率也升值约 16%，但是在这种情况下，我国国际收支失衡的现状并没有得到明显改善。

经济增长与国际收支平衡的关系。从某种角度说，经济增长有利于国际收支平衡的实现。但是，从物质交换的角度来讲，由于国际收支平衡取决于一个国家进口与出口是否相等以及是否以同等比例增加。由于资源禀赋及经济结构存在着差异，因此仅通过经济增长实现国际收支均衡是很难做到的。

从以上分析可以看出，尽管在短期内各国货币政策具有多目标性，但是单一的目标必将成为各国央行的长期追求。我国货币政策最终目标可以理解为：对内保持物价稳定，对外保持汇率的稳定，最终保证经济的持续平稳增长，具

---

① "西方发达国家尤其是美联储将央行货币政策的最终目标确定为 6 个：高就业、经济增长、物价稳定、利率稳定、金融市场稳定、外汇市场稳定。"江城武：《中西货币政策目标及中间目标选择之异同》，载《广西民族学院学报》，2003（6）：105。

② 1984—1995 年的最终目标是显性的双重目标，而 1995 年以来则实行的是隐蔽的双重目标，但是可以看出央行朝单一目标努力的意图与步伐。

有明显的多目标性。

2.1.2.2　货币政策的中介目标及其选择

2.1.2.2.1　中介目标选取的标准

具有良好的易测度性、易管理和控制性、与最终目标密切的联系性是货币政策中介目标选择的重要标准。易测度性有两个层面的意义：首先，中介目标应当具有比较明确、清晰的定义，如基础货币、M1、长期利率、短期利率等；其次，货币当局应当及时、精确、定期地获得有关中介目标的所有数据，以便从数据中获取政策是否合适以及是否调整的信息，货币当局根据这些信息重新制定或执行新的政策，对原有的政策进行强化或弱化，以实现最终目标。易控制性及易管理性是指货币当局能够通过合适、有效的货币政策工具及其组合快速有效地影响中介目标，以实现货币当局的意图与目标。由此可见，货币政策中介目标的选择必须同时考虑到货币政策工具是否有效、货币政策中介目标是否可行以及两者之间的传递是否畅通。例如，当前我国通过调整基准利率来影响金融市场利率的做法效果较好，但是对存贷款利率的影响效果不好，原因在于虽然我国金融机构之间的利率实现了市场化，但是金融机构与公众之间的存贷款市场利率仍然受到管制，从而不能完全根据市场需求自由波动，因此，长期以来我国一直以 M2 作为中介目标。货币政策之所以能够实现对经济的调控完全依赖于中介目标与最终目标之间存在着某种必然的联系，从而能够使央行的政策意图通过合适的政策工具操作影响中介目标，并最终影响最终目标，这种联系性是通过货币政策传递机制的畅通性及有效性体现出来的。一般来说，不同的中介目标对应着不同的传递机制，从而其与最终目标之间的联系性也不同。货币政策中介目标、货币政策工具及货币政策传递机制的变化都会影响到这种联系性。目前，货币当局能否有效识别这种联系性以及对不同传递机制的识别程度直接关系到政策的效果，而这也彰显了货币政策操作的艺术性。

2.1.2.2.2　可供选择的中介目标

货币供给量指标的选择。我国在很长一段时期内是以银行间接融资作为主要融资手段的，在货币乘数保持稳定、货币供给量与产出的关系稳定的情况下，以货币供给量作为我国的中介目标具有合理性和可行性。由于中央银行可以容易地控制基础货币，稳定的货币乘数意味着中央银行可以很好地控制 M1 及 M2，从而通过 M1、M2 对产出、通货膨胀等宏观经济变量施加影响以调控经济。20世纪 60 年代，西方发达国家的金融业务非常发达，大多数国家采用货币供给量作为中介目标，但是伴随着金融自由化的深入发展，货币供给量与产出、通货膨胀等变量之间的联系性弱化，货币乘数波动加剧，很多国家相继放弃或弱化了这一指标。

利率指标在我国越来越受到重视，但是目前其应用仍然受到限制，原因在于这一指标要依赖于高度发达的金融市场、多样化的金融工具及健全的金融监管，而我国还未具备这样的条件。此外，利率的内生性与外生性判断也是这一指标的一个前提条件，在利率外生的前提下，通过利率可以有效地调节国民经济的发展，但是这必须在相机抉择的框架体系内进行。

超额准备金直接决定着银行的资产规模，该指标在以间接融资为主体的环境中起着重要的作用。但是，超额准备金不同于法定准备金，其自身受到商业银行的存贷意愿和财务状况的限制，因此央行对其控制显得很被动。

基础货币是流通中的现金与银行的法定准备金之和，由央行发行和控制，因此具有很好的可控性与可测性，在其具有很好的外生性的环境下，是央行理想的中介目标。

2.1.3 货币政策工具

中央银行运用货币政策工具对中介目标实施影响，最终影响实际经济变量。我国自1998年取消贷款规模控制后，逐步过渡到市场经济条件下的间接调控手段为主，主要有公开市场操作、准备金率、中央银行基准利率、信贷政策、再贷款、再贴现等。

2.1.3.1 存款准备金率

在我国，存款准备金率分为超额准备金率及法定准备金率，两者都能造成基础货币的增加或减少。从理论上讲，上调法定存款准备金率，一方面直接冻结银行的流动性，另一方面它具有乘数效应，可以多倍收缩货币供应量。近年来，准备金率出现了高频率调整的现象，其使用趋于常规化。但是由于国情不同，我国对超额准备金支付利率以减轻商业银行的负担，这在资金紧张的情况下有利于减轻这种紧缩，但是在流动性过剩时则助长了通货膨胀的压力。同时，这种利率的存在也影响了利率的正常形成，并最终降低了货币政策的效果①。

---

① 卢庆杰（2007）认为央行对商业银行准备金支付利率客观上增加了其对基础货币的投放量，同时向准备金支付利率也影响了市场利率的自由波动，降低了央行公开市场操作的效果。

表 2 - 1　　　　　　　　2004—2008 年法定准备金调整情况

第 n 次	时间	调整前	调整后	调整幅度	第 n 次	时间	调整前	调整后	调整幅度
7	2004. 4. 25	7.0%	7.5%	0.5%	17	2007. 9. 6	12.0%	12.5%	0.5%
8	2006. 7. 5	7.5%	8.0%	0.5%	18	2007. 10. 25	12.5%	13.0%	0.5%
9	2006. 8. 15	8.0%	8.5%	0.5%	19	2007. 11. 26	13.0%	13.5%	0.5%
10	2006. 11. 15	8.5%	9.0%	0.5%	20	2007. 12. 25	13.5%	14.50%	1.0%
11	2007. 1. 15	9.0%	9.5%	0.5%	21	2008. 1. 25	14.5%	15.0%	0.5%
12	2007. 2. 25	9.5%	10.0%	0.5%	22	2008. 3. 25	15.0%	15.5%	0.5%
13	2007. 4. 16	10.0%	10.5%	0.5%	23	2008. 4. 25	15.5%	16.0%	0.5%
14	2007. 5. 5	10.5%	11.0%	0.5%	24	2008. 6. 15	16.0%	16.5%	0.5%
15	2007. 6. 5	11.0%	11.5%	0.5%	25	2008. 6. 25	16.5%	17.0%	0.5%
16	2007. 8. 15	11.5%	12.0%	0.5%					

数据来源：中国人民银行网站。

2.1.3.2　再贴现、再贷款政策

再贴现与再贷款政策是央行增加自身债权及资产规模的重要手段。货币当局向存贷款金融机构提供信贷，在增加货币当局自身资产规模的同时也增加了商业银行等金融机构的债务规模。如果商业银行以现金的形式接受中央银行的部分信贷，商业银行持有的库存现金也会增加，使净国内资产、银行储备和基础货币扩张。相反，偿还现有贷款以减少商业银行的储备，同时减少中央银行对它们的债权，收缩基础货币。

2.1.3.3　公开市场操作与公开市场类操作

公开市场买入提高了银行储备、净国内资产和基础货币；公开市场卖出则减少银行储备、净国内资产和基础货币。公开市场类操作与公开市场操作的区别是前者发生在一级市场，而后者在二级市场上进行。公开市场类操作可通过政府或中央银行的证券发行来实现。票据正的净发行与负发行同时改变了央行与商业银行的资产负债规模。央行净卖出在增加央行负债规模的同时增加了商业银行体系的流动性，基础货币增加；央行净买入在增加央行资产规模的同时紧缩了商业银行的流动性，基础货币减少。但是，这种工具受到货币当局资产负债规模的影响，当经济处于低迷时期时，为了刺激经济，需要央行对票据进行净买入以增加流动性，当把所有的票据都买入时则无法进一步通过公开操作增加流动性。在当前人民币升值压力再次高涨、经济企稳有待于进一步巩固的前提下，为了维持汇率的稳定就需要净卖出票据，而这不利于经济企稳的进一步巩固，因此公开市场操作同样无法避免多目标性所带来的尴尬。

2.2 货币政策操作模式及货币政策成分

2.2.1 严格相机抉择操作及其特征

货币政策相机抉择与货币政策规则是目前货币政策操作的两种模式（汴志村，2007）。相机抉择是凯恩斯需求管理理念的精髓及核心内容，其具体含义是指：货币当局根据对当前经济形势及相关宏观经济目标的判断，为实现既定的货币政策目标，通过合适的货币政策工具（包括公开市场操作、贴现率及法定准备金率等措施）相机实行扩张性或紧缩性货币政策。相机抉择的货币政策曾对世界经济的持续稳定发展产生了巨大的推动作用，许多西方国家均采用此种模式，相机抉择的操作模式对我国的经济调控也起到了重要的作用。

相机抉择的典型特征有：仅关注货币政策的最终目标，而对货币政策及货币当局的信誉重视不够，从而使得货币政策的调整具有相当大的随意性；由于相机抉择的货币政策是根据经济形势的变化相机地作出扩张或紧缩的反应，因此具有较大的时滞性；同时，相机抉择的货币政策策略较为单一，即在不考虑财政政策搭配的前提下，要么是紧缩型的，要么是扩张型的。这种策略在应对由需求导致过热或萧条是比较有利的，但是当经济遇到供给冲击的复杂环境时（如通货膨胀压力加大，而 GDP 等经济指标却有下行风险），相机抉择的操作模式就难以适应经济调控的需要。

2.2.2 严格规则操作及其特征

2.2.2.1 货币政策规则及特征

货币政策规则的本质是一种应变计划或模式，央行根据该计划模式作出决策。它以货币政策为理论基础，是在理性预期及价格黏性的基础上运用新动态随机货币模型进行优化操作的结果。虽然设计货币政策规则的初衷在于规范货币政策的操作模式或框架，但是大量的理论与实践表明，货币政策规则能够在很大程度上解释、预测或帮助理解宏观经济与金融的波动现象，也能够很好地解释利率与汇率之间的相关性以及利率期限结构对产出及通货膨胀变化的响应。

有经验表明，相机抉择与规则两种模式的选择是与国内的经济环境分不开的。当一国金融市场越发达、利率市场化程度越高、金融监管越健全、货币政策越透明时，规则要优于相机抉择；当一国金融市场不发达、利率受到严重管制、金融监管不太健全时，相机抉择的货币政策操作模式比较合适。

货币政策的规则模式具有以下特征：货币政策调节注重连续性与系统性；与相机抉择的单向长期调整不同，规则更注重连续微调，从而使得货币政策效果受政策时滞的影响尽量最小化。

为了系统研究我国的货币政策规则效应与相机抉择效应，本书首先着手选择适合于我国的最优反馈规则。当前，具有反馈规则特征的规则有：泰勒类型规则、McCallum 规则及通货膨胀目标制。

2.2.2.2　通货膨胀目标制

通货膨胀目标制是一种受限的相机抉择性货币政策规则，其特征是公开宣布正式量化的通货膨胀目标（或通货膨胀区间），而且是跨越一个或几个时间轴，并向公众正式公开承诺：低而稳定的通货膨胀率是货币当局唯一追求的目标（Bernanke et al.，1999）。

我们不将通货膨胀目标制列入被选择的范围，原因在于：第一，通货膨胀目标制以通货膨胀作为货币政策的目标，而我国的通货膨胀本身并没有反映资产的价格，从而使得货币政策无法对资产价格的波动作出有效的调控，此次金融危机也表明了以通货膨胀为目标的操作模式是存在问题的（李稻葵[①]，2010）。事实表明，仅仅着眼于物价水平而忽视资产价格波动的操作模式在此次金融危机中的弊端是很明显的：房地产价格的上涨与 CPI 的负增长，而前者的增长势必会导致最终的 CPI 增长过度。第二，斯文森（Svensson）和伍德福德（Woodford）（2003）认为通货膨胀目标制必须在满足一定的条件时，才能作为一国的货币政策框架，这些条件如表 2 - 2[②]所示。从该表可以看出，通货膨胀目标制的实行要具备非常苛刻的条件，而我国目前无法同时满足这些条件，因此该规则不适合于我国的现状[③]。

[①]　李稻葵，清华大学经济管理学院金融系主任、清华大学中国与世界经济研究中心主任，2010 年 3 月 29 日成为央行货币政策委员会成员。

[②]　该表引自张雪兰和徐水安：《通货膨胀目标制是我国当前的最优货币政策选择吗？》，载《财贸经济》，2008（8）：46。

[③]　请参考张雪兰和徐水安：《通货膨胀目标制是我国当前的最优货币政策选择吗？》，载《财贸经济》，2008（8）：44 - 49。

表 2 – 2   实行通货膨胀目标制须具备的制度条件及经济条件

先决条件	基本描述及支持文献
制度条件	
货币政策工具是否独立	央行需要自主地达成既定的通货膨胀目标［谢克特（Schaechter）等，2000］
货币政策工具是否有效	央行至少拥有一个主要的工具，让市场了解其对货币政策的态势，特别是影响市场的预期（思科洛斯（Siklos）和阿贝尔（Abel），2002）
是否存在单一的名义锚	以价格稳定为首要目标（Bernanker，1999）
货币当局的责任是否明确并得到有效监督	应明确央行实现既定目标的责任（Faust，1999）
央行的决策过程是否透明	央行应与政府、市场及公众保持沟通（Geraats，2001）
货币政策与财政政策的协调程度如何	财政政策应与货币政策兼容，否则无法确保其顺利运行（Siklos 和 Abel，2002）
政策是否受到公众支持	采取的策略必须是公众认为最优的
是否具备发达的金融体系	金融市场成熟且有足够的流动性，公众具有良好的通胀保预期（Fry，1996）
经济条件	
是否存在并能够选择一个恰当的价格指标	通货膨胀目标广为理解，且代表购买力的变化（Balt 和 Sheridan，2005）
通货膨胀目标广度和范围的选择	通货膨胀目标可靠且兼具灵活性，但是灵活程度应告知公众（库特纳（Kuttner），2004）
是否有畅通的对货币政策传导机制	决策者应当知道货币工具能够多快，在多大程度上影响总体经济（Siklos 和 Abel，2002）
通货膨胀的预测是否精确，传递是否及时有效	央行能够前瞻并对通货膨胀作出反应；金融市场良好，能为央行决策发出及时、有效的信号（Siklos 和 Abel，2002）

注：该表引自张雪兰和徐水安（2008）。

2.2.2.3 传统货币供给规则

货币政策的首要目标就是要维护宏观经济的稳定，不能大起大落。而货币供给量能够引起经济的波动，因此，弗里德曼主张实行单一的供给规则。在此制度下，我国先后采用过 1:8 规则、定额法及增长率法，但是随着我国改革开放的深入以及金融深化，这些规则已经不能适用于我国货币供给量的确定。近年来，我国货币供给增长率远远大于 GDP 增长率与通货膨胀率之和，并且这种差异有进一步扩大的趋势。因此，传统的货币政策规则已经不能再用于确定我国货币供给量的确定。

2.2.2.4　泰勒规则

泰勒规则认为，在各种影响物价水平和经济增长率的因素中，真实利率是唯一能够与物价和经济增长保持长期稳定关系的变量［泰勒（Taylor），1993］。Taylor（1993）认为，调整真实利率，应当成为货币当局的主要操作方式。泰勒规则所确立的中性原则既继承了单一货币增长规则的主旨精神，又比单一规则更具灵活性，其优点是显而易见的。该规则以规则性和相机抉择为基础将两种政策模式配合起来，相互协调，以规则性保证政策的连续性，以相机抉择为货币政策增加一定的灵活性和应变性。货币当局一方面通过规则性的货币政策作用于人们的预期，另一方面可通过微调操作进行渐进调整，在达到政策目的的同时，又能在很大程度上减缓经济系统的震荡，因此该规则受到了众多学者的重视，并为越来越多的中央银行所接受。

虽然我国银行间利率已经完全实现了市场化，但是金融机构与民众之间的存贷款利率仍然未实现市场化，这严重制约了泰勒规则在我国的应用。目前，对于该规则在我国的适用性争论仍然不止。

2.2.2.5　McCallum 规则

McCallum 规则是工具规则的一种，它在某种程度上继承了弗里德曼的思想，它以稳定名义收入为目标（这一点符合我国将经济发展作为货币政策目标的事实），以基础货币的变化为工具，同时考虑金融自由化及创新等因素带来的货币流通速度的变化及通货膨胀的不确定性，因此也称为名义收入盯住目标规则。McCallum（1997，1998）又进一步研究了货币政策名义收入盯住规则中目标变量、增长率及增长率目标路径的选择与确定等问题，标志着名义收入盯住规则的成熟。他们指出，货币政策的最终目标是稳定名义收入，因此主张货币增长率应随着产出缺口动态变化，同时还要考虑到货币流通速度和通货膨胀率。

从以上规则的描述来看，通货膨胀目标制与传统单一货币供给规则不符合我国当前的实际，因此，本书不再进行可行性研究，而将焦点放在目前争论较大的泰勒规则与 McCallum 规则的适用性研究上。

2.2.3　混合模式及其特征

尽管相机抉择与规则是货币政策操作的两种策略，但是这两种策略在某种程度上是相容的。20 世纪末，学术界及理论界达成了这样的共识，即按规则操作与按相机抉择操作是货币政策操作模式区间的两个临界值，分别处于灵活性操作策略的下界与上界，而大多数国家采用的则是折中的做法（张纯威，2008）。从各国货币政策的操作实践看，大多数西方国家并不执行严格的规则，而是执行相对灵活的规则。相机抉择操作具有灵活性，货币当局能够根据经济形势的变化而相机调整其政策措施，但是这种操作也是有代价的，那就是增加了政策的时滞性及不连续性，使得货币政策缺乏前瞻性，影响了市场主体预期机制的形成。规则操作能够在相当程度上避免相机抉择操作的任意性及其时滞性，其微调能够正确地引导市场预期机制的形成，使政策更具有连续性。但是严格的规则使得货币政策缺少了灵活性，因此目前各国央行都是在执行相对灵活的货币政策规则，从而在保证货币政策操作连续性的同时兼顾一定程度的灵活性（卢宝梅，2008；刘金全，2006；袁靖，2008）①。

混合模式操作策略使得货币政策中既含有规则成分也含有相机抉择成分。当货币政策中相机抉择成分占主要地位时，我们称此时的货币政策为相机抉择型货币政策；当货币政策规则占主要地位时，我们称此时的货币政策为规则型货币政策。

2.2.3.1 货币政策的规则成分

货币政策规则（也就是货币政策工具反应函数），是央行对宏观经济状态变动（如出现通货膨胀、高失业、低增长或汇率的失调等）所作出的政策行为反应，可以将其抽象地描述为

$$S_t = f(X_1, X_2, \cdots, X_n) \qquad (2-1)$$

其中，S_t 表示货币政策工具（如利率、不同层次的货币供给量或信贷规模等）；$X_1, X_2, \cdots, X_n$ 用来刻画经济状态。

但从实践角度来看，货币政策工具 S_t 的变动并非由经济状态完全决定，还受其他随机因素的影响，这种随机因素的影响可以用 $\sigma \varepsilon_t$ 来表示；这样我们就得出了如下模型

$$S_t = f(X_1, X_2, \cdots, X_n) + \sigma \varepsilon_t \qquad (2-2)$$

货币政策的规则成分是指货币当局在设定货币政策工具的值时，按照一定的规则（泰勒规则、货币供给规则或麦克勒姆规则）或反馈机制［理性预期假

---

① 卢宝梅（2008）认为现在的通货膨胀目标制规则也是一种含有限制性相机抉择的规则。刘金全和刘金刚（2006）认为我国货币政策可以分为可观测部分与不可观测部分，前者反映了规则性，后者反映了相机抉择性。袁靖（2008）也认为当前世界各国的货币政策操作是将规则与相机抉择结合了起来，这种混合模式对央行施加约束的同时，也使其操作具有一定的灵活性。

设（何晓晴和钟羽，2007；Roush, J. E., 2007）[①][②] 等］确定的值，用公式表示为 $\hat{S}_t = S_t - \sigma \varepsilon_t$。该成分是货币当局对当前及过去经济形势的系统反馈，包含了对当前及过去经济信息的判断以及对未来的预期等，规则成分也被称为系统性成分或预期到的货币政策。

2.2.3.2　货币政策的相机抉择成分

货币政策相机抉择成分是指由于受到不可控或突发因素（数据收集及整理误差、货币需求稳定性下降、货币需求内生性增强、经济转轨等）的影响，使得最终的货币政策工具值偏离了按照规则制定的货币政策，这种偏差称为货币政策相机抉择。由于这种偏差是货币当局无法预期到的，是货币政策的非系统性反映，因此也被称为未预期成分、非系统性成分或奇异成分（Christiano et al., 1998）。

在全文中，用方程中的扰动项来表示货币政策相机抉择，反应在公式（2 - 2）中就是 $\sigma \varepsilon_t$。具体到我国，由于我国以货币供给量为操作的中介目标，因此这里的 S_t 则表示某个层次的货币供给量或基础货币，f 则是货币政策反馈规则（feedback rule），不同的规则会产生不同的货币政策相机抉择。

值得注意的是，美国以短期利率（联邦基金率）作为货币政策中介目标，同时我国与美国的货币政策传递机制也在存在着巨大的差异，因此我国的货币政策相机抉择与美国的货币政策相机抉择不同。这就决定了在研究货币政策相机抉择效应时不能照搬美国的研究方法[③]，而应当根据我国的实际及相关经济理论建立适合自己的模型，在此基础上进行研究。

2.3　货币政策规则效应与相机抉择效应

2.3.1　货币政策效应

所谓货币政策效应，就是指货币供应量（或其他的政策工具）变动引起总

---

① 国内外学者均认为理性预期假设都体现或继承了规则的内涵。这方面的研究文献有：何晓晴、钟羽：《货币政策规则：理论、模型与应用》，载《金融经济》，2007（12）：103 - 104。

② Roush, J. E. Expectation Theory Works for Monetary Policy Shocks [J]. *Journal of Monetary Economics*, 2007, 54（1）：1631 - 1643

③ 美国对货币政策相机抉择效应的研究有两个特点：一是非常偏重于用递归约束去识别 SVAR 模型，在此基础上形成 Cholesky 分解的脉冲响应函数；二是非常注重通过短期利率如联邦基金率 FFR 来表示货币政策相机抉择。前者在进行 Cholesky 分解时并没有关注对汇率的效应，而后者要依赖于利率传递机制的畅通与利率的完全市场化。显然这两点在我国目前仍不具备。

需求和总收入水平等宏观经济变量的变化情况。由于货币政策可划分为规则部分与相机抉择部分，其效应也可以划分为规则效应与相机抉择效应。所谓的规则效应是指货币政策规则对于我国的适用性以及规则成分对经济的影响；相机抉择效应是指单位货币政策相机抉择对宏观经济变量的影响情况。

2.3.2 货币政策规则效应

由定义（2.1.1）可知，货币政策的规则效应就是货币政策的规则成分的变动对经济变量的影响，即 $f(X)$ 对产出、价格水平、汇率、就业等因素的影响。其中，产出与就业就像是一枚硬币的两面，两者具有极大的相关性，潜在产出也就是零失业率时的产出，同时由于失业率数据难以得到，因此本书只研究货币政策规则与相机抉择对产出、价格水平及汇率的效应。

要研究货币政策的规则效应，首先应当将货币政策的规则成分与相机抉择成分进行分解，这就要依赖于合适的分解模型。因此，比较、选择最合适的分解模型成为研究规则效应与相机抉择效应的关键。本书将以不同的规则为基础建立分解模型，以此为基础，求得货币政策的规则成分，最后判断不同规则的效应如何。

20 世纪 70 年代中期，虽然出现了规则与相机抉择的争论，但是由于缺乏坚实的理论基础及实践经验，因此极少有文献对货币政策的规则效应进行研究[①]。但是由于理性预期学派的兴起，使学者们能够用理性预期假设近似规则成分，判断货币政策的预期成分与非预期成分如何影响经济，这就是货币政策规则效应研究的雏形。这类研究包括 Lucas（1972；1973）、Mishkin（1982；1983）、Barro（1977）等，这些研究均认为预期到的货币政策变动对经济的影响微乎其微。

20 世纪 90 年代，伴随着西方发达国家对规则研究的深入及操作实践的成熟，已经具备了研究货币政策规则效应的条件。但是，这个阶段的研究重点并不是货币政策规则效应，而是各种规则的适用性及有效性。原因有二：一是货币政策规则的适用性或有效性本身也是效应的一种表现形式，这种效应并不是直接表现在对产出等变量的影响上，而是表现在规则本身为经济发展所提供的良好的货币、金融环境及对经济体的适用性，这种效应难以进行量化；二是有经验表明，由于货币政策相机抉择真正体现了当前的货币政策态势[②]，因此关注

[①] 当时对规则的研究仅限于弗里德曼的固定货币供给规则对经济的效应研究。

[②] Bernanke & Mihow. Measuring Monetary Policy [J] . *The Quarterly Journal of Economics*, August 1998, pp. 869–897.

货币政策相机抉择对产出及价格等变量的效应也具有现实意义及指导意义。

为了考察我国货币政策执行过程中按相机抉择与按规则行事分别对经济的波动造成多大的影响，同时识别货币政策相机抉择需要以规则为基础，因此在研究货币政策相机抉择效应的同时，我们对规则效应也进行了研究，从而使得研究更为系统。

2.3.3　货币政策相机抉择效应

货币政策相机抉择效应是指货币政策中的相机抉择成分对我国产出、通货膨胀、汇率等宏观经济变量的影响，它在某种程度上体现了相机抉择的操作模式对经济的影响。这里进一步将货币政策相机抉择效应分为即时效应与滞后效应，即时效应是指相机抉择发生时对宏观经济变量的当期影响。但是，理论上讲，货币政策相机抉择发生时由于价格黏性等因素的影响使对宏观经济变量的影响并不能立刻产生，因此严格意义上的即时效应并不存在。这里的即时影响是指相机抉择发生后在当月、当季或当年末的效应，这也要取决于研究问题所采用的数据频率。相对于即时效应，滞后效应备受关注，因为货币政策效应的长期走势才是决策者所关心的，比如效应在什么时候达到最大，什么时候最小，长期内效应是收敛的还是发散的。只有对货币政策相机抉择效应有明确、清晰地把握才能适时调整货币政策的力度、方向，才能适时强化或退出。比如，我国在应对金融危机中实施了宽松的货币政策，目前在经济企稳回升、通货膨胀压力略有提高的情况下，适时、适当地退出刺激计划对经济的平稳发展具有重要的意义。一方面，如果不退出，2009 年以来创下的天量贷款及货币量势必助推物价上涨及资产泡沫；另一方面，退出时机不对又可能加剧经济的波动：退出过早可能会造成经济的二次探底，形成 W 形路径，退出过晚可能造成通货膨胀压力增大等后果。因此，只有清楚地把握了货币政策相机抉择效应的时滞结构才能做到审时度势。

第3章　中国含规则成分的
相机抉择货币政策模式特征

3.1　货币政策执行环境的改变

《中国人民银行法》总则第三条明确规定我国货币政策的目标是维持币值稳定，借此实现经济的稳定增长。从 1984 年我国具有真正意义上的货币政策到 2009 年，人民银行对货币政策的预测、决策，再到操作执行已经逐渐走向成熟。在这期间，货币政策对调控国民经济、实现经济平稳快速发展起到了重要的作用。但是，我们也看到，在货币政策取得较大成就的同时，我国货币政策的执行环境和面临的形势也越来越复杂，货币政策面临着很多挑战。

3.1.1　货币政策执行环境及其变化

3.1.1.1　货币政策执行环境

国内外学者并没有对货币政策执行环境作出统一的定义与描述。各国货币当局利用货币政策执行环境来描述当前货币政策的制定、执行过程中面临的各种经济形势及环境，因此货币政策执行环境是一个具有极大内涵的概念。本书对货币政策执行环境的解释为：在货币政策的制定、执行及反馈过程中，影响货币政策目标、货币政策工具、货币政策传递机制、货币政策效应等因素的国内环境与国外环境的统称。

在金融一体化及经济全球化趋势下，我国的经济转轨也在向纵深推进。在这个过程中，国内因素与国外因素相互影响、相互渗透，最终使得我国的货币政策执行环境在不断地发生着变化。

3.1.1.2　我国货币政策执行环境的变化

3.1.1.2.1　货币政策最终目标交替变化，目标之间的冲突日趋明显和频繁

我国货币政策的调控目标具有多重性，即维持币值稳定与促进经济增长，其中币值的稳定包括对外稳定与对内稳定。在不同的历史时期，这些目标都是

兼顾的，并结合具体的经济形势给予不同的权重与倾向。货币政策目标轻重地位的转换是根据具体的经济形势作出的，Chistinao 等（1998）认为货币政策相机抉择的一个重要来源就是货币政策执行委员会（FOMC）各成员在制定货币政策时，对各个目标的偏好的改变造成的。我国自 1997 年也成立了货币政策委员会，但它只是一个咨询机构，并不是决策机构。尽管如此，我们认为委员会成员的学术观点依然能够或多或少地对当局的决策造成影响，这可以从近年来我国货币政策委员会成员的调整体现出来①。我国加入世界贸易组织后，经济开放度进一步加深，国际资本的大规模流动加剧了我国金融市场的虚拟化，经济的外部均衡成为货币当局越来越重视的目标。

我国自 1984 年具有真正的货币政策以来，促进经济增长一直是我国货币政策的重要目标。但是在这一过程中，通货膨胀及通货紧缩的治理也频频受到高度重视。改革开放前很多人认为，中国是一个既无外债又无内债，物价、币值最稳定的国家，中国没有通胀问题（张占涛，李钟山，2002）。但改革开放后中国在保持持续快速经济增长的过程中，交替出现了通胀和紧缩。到目前，中国先后出现过四次大的通货膨胀（1979—1984 年，1985—1989 年，1993—1994 年，2007—2008 年）以及两次大的通货紧缩（1997—1999 年、2009 年至今），20 世纪 90 年代以来我国 CPI 的趋势图如图 3 - 1 所示。

同时，保持汇率的稳定与控制通货膨胀也时常相互矛盾，以 2003—2006 年为例，由于外需强劲，我国外贸出口及外汇储备攀升，人民币升值预期增强，大量热钱注入，国内通货膨胀压力日益增大。此时，若要降低人民币升值的压力，就应当购买美元，发行人民币，从而抑制人民币升值；若要控制国内通货膨胀，就应当抛售美元，回笼本币，有效冻结流动性。因此，此时货币政策的调控出现了矛盾。

我国货币政策最终目标的多重性决定了决策者在不同目标的偏好上有所不同，这是可以理解的。但是，目标之间的冲突与相抵在近年来演变得越来越明显，并逐渐趋于频繁。2003—2008 年的货币政策目标冲突主要表现在维持汇率的稳定与国内物价上涨压力增加之间的矛盾。当前，在我国经济企稳向好的时

---

①　央行 2010 年 3 月 29 日宣布，樊纲任职到期不再任货币政策委员会委员职务，同时增补周其仁、夏斌、李稻葵为委员。目前，三位专家已参加开完第一季度货币政策委员会会议。根据三个人平常的学术观点，不少观察家借此判断中国的货币政策是否会就此发生转变。较为一致的意见是，原来一直执行的"适度宽松"的货币政策会被整体上"从紧"的政策所取代。至于究竟是"适度从紧"还是对货币进行较大收缩，则见仁见智。而市场似乎也早有准备，就等着加息或提高存款准备金率这只鞋子扔下来。当然也还包括人民币在未来一段时间内升值的可能。

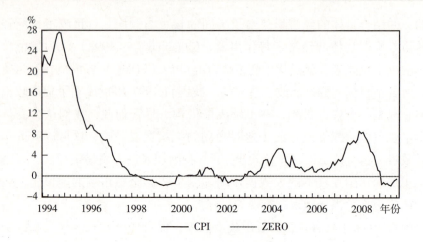

图 3 - 1　通货膨胀变化趋势图

候，货币政策最终目标之间的矛盾主要表现为经济增长与物价上涨、汇率升值压力增大之间的矛盾。多个目标之间的冲突使得央行的决策难以取舍与权衡，很多情况下缺乏最优的政策以协调好各个目标之间的关系，从而使得央行对不同目标的协调显得日渐被动。

3.1.1.2.2　货币供给内生性日益明显，其作为中介目标的可行性备受争议，而利率还不完全具备中介目标的资格，我国货币政策中介目标处于一种空位时期，没有一个完全适用的中介目标

20 世纪 90 年代，由于我国的经济转轨仍处于初级阶段，金融一体化及经济全球化对我国经济的影响尚不明显，在货币流通速度稳定及利率未市场化的背景下，为了弥补信贷量作为货币政策中介目标的缺陷，中国人民银行正式将货币供给量作为货币政策的中介目标。但是，伴随着我国经济在世界经济中的融入程度的加深，尤其是我国于 2001 年 11 月加入世界贸易组织后，我国经济与世界经济之间的互相作用日益加深，贸易在 GDP 中的比重日益上升，经济的对外依存度越来越严重。在外需强劲、内需疲软的背景下，外贸顺差迅速扩大，强制结售汇制度使得我国的外汇储备急剧攀升，外汇占款在货币供给中的比重日益增加，货币供给的可控性越来越差；另外，商业银行在存贷款上的倒逼机制也使得央行越来越难以准确地控制货币供给量，最终使得货币供给的内生性越来越明显。此外，货币供给量主要宏观经济变量之间的相关性也有趋弱的迹象。在这种背景下，国内学者纷纷展开了货币供给作为货币政策中介目标的可行性的争议，这种争议目前仍然在持续，结论并不唯一。总体来看，我国当前不存在唯一的、完全适用的中介目标，只能综合参考、使用各个目标，针对不同的

问题使用不同的中介目标。

3.1.1.2.3　货币需求的稳定性日益下降，利率对货币需求的调控作用仍不明显

货币需求过程是公众依据收入、财富等规模变量和资产预期收益率等机会成本变量进行资产组合的过程，货币需求函数也就体现为货币需求总量与规模变量、机会成本变量之间的函数关系。货币需求函数的稳定性就是指上述变量关系的稳定性，也就是货币需求对规模变量、机会成本变量弹性系数的稳定性或者说函数结构的稳定性。显然，如果能够在理论和实证中建立这种稳定的变量关系，则可以依据这一关系对货币需求总量作出预测，并相应调整货币供应量目标，从而可实现名义产出和通货膨胀目标。正因为如此，自从中国人民银行确立货币供应量为货币政策的中介目标以来，我国货币需求函数的稳定性一直是学术界研究的热点问题。这主要是因为，中央银行是事先根据特定的货币需求函数预测货币需求总量，在此基础上调整货币供应量目标，以实现产出目标和价格总水平稳定的目标。如果货币需求函数不稳定，中央银行则难以准确预测上述变量的变动趋势，从而也就无法合理设定货币供应量目标。从货币经济学的发展过程来看，货币需求函数的稳定性命题也是凯恩斯学派和货币主义学派争论的焦点之一。如果像凯恩斯所设想的那样：货币需求不仅不稳定，而且具有不可预测性，那么，货币需求量就不可能像货币主义学派所认为的那样与总支出有着紧密的联系。在货币政策机制中，就必须以利率而不是以货币量作为操作目标。相反，如果货币需求函数是稳定的，则说明以货币量作为货币政策操作目标会优于利率目标，从而证明货币主义理论的正确性。

3.1.1.2.4　经济对外依赖性日益严重，货币政策面临着经济内外发展的双重压力

我国自 20 世纪 90 年代以来，资本账户与经常账户一直保持着"双顺差"的局面[①]，国际收支失衡程度日益扩大。巨额外汇储备迫使央行不得不加大基础货币的投放力度，从而从制度上导致了流动性长期过剩的局面。由于外贸企业与非外贸企业的产品在国际市场上处于不同的需求地位，前者更易获得资金支持。在流动性过剩背景下，紧缩流动性对外贸企业和对非外贸企业的影响并不一样，因外需强劲而受益的外贸企业受到的影响并不大，因此不但没有解决流

---

　① 尽管受金融危机的影响，我国在 2009 年若干月份及 2010 年 3 月出现了贸易逆差现象，但这只是零星的表现，并不意味着我国双顺差局面的完全扭转。只要我国居民收入低于 GDP 增长速度，内需的扩大就缺乏强劲的购买力支持，国内经济的发展就不得不大力依靠外需的扩大。

动性过剩，更加剧了国内非贸易企业的流动性不足。在扩张性货币政策下，国内非外贸企业在受益的同时，外贸企业的流动性更充裕，客观上进一步鼓励了外向型经济的发展，从而不利于经济结构的调整及内需的扩大。

3.1.2 货币政策所面临的挑战

尽管货币政策在过去的 20 多年里为我国经济的发展作出了巨大的贡献，但是货币政策执行环境的变化使我国货币政策的制定与执行面临着挑战。汇率政策的可持续性、货币政策模式的适宜性及信贷分配的合理性一直困扰着我国的货币当局。

3.1.2.1 汇率安排对货币政策独立性的挑战

改革开放之前，我国执行的是固定汇率制度，汇率的调整由政府进行人为干预，不存在市场形成机制。1978 年的改革开放揭开了汇率制度改革的序幕。1981 年 1 月我国开始实行双重汇率制度，在贸易部门实行内部结算价。但是由于官方汇率远远背离了内部结算价（2.8 元人民币/美元），双重汇率制度于1985 年 1 月 1 日宣告结束。1988 年，外汇持有的配额控制政策被废除，从而不再限制企业进入外汇交换市场，本国公司才开始享受与外资公司相同的待遇。1991 年取消本国企业及居民向互换市场出售外汇的限制。1994 年 1 月 1 日，交换率与官方汇率之间的缺口伴随着汇率制度的改革而被取消，两种汇率均定价为 8.7 元人民币/美元。1996 年 12 月，人民币实现了经常账户下的完全兑换，从而限制了央行通过控制经济账户来保持汇率稳定的做法，人民币的升贬值压力成为货币政策调整及物价波动的潜在重要因素[①]。例如，1994 年，中国国际收支出现 305 亿美元的盈余，这迫使中央银行只能通过购买美元来达到平衡，结果使我国的外汇储备上升 3 倍，达到 779 亿美元。尽管 779 亿美元相对于 2007 年第一季度的 10220 亿美元非常小，但是这种货币操作后果不容忽视。2007 年及 2008 年的外汇注入使货币供给增长达到近 20%，1994 年的外汇干预由于将消费价格从 14.6% 提高了 24.2%，从而增加了通货膨胀的压力。两次通货膨胀的不同关键在于：2002 年以后，资产市场的扩张性压力要比商品市场的通货膨胀压力表现得更加明显。

2002 年以后，美元相对于其他世界货币逐渐趋弱。尽管如此，中国一直采取 1994 年以来的严格盯住美元策略。1994 年将汇率调整为 8.62 元人民币/美

---

① 自此，我国也成为输入型通货膨胀的易发国家。

元，到 1998 年人民币渐进调整到 8.28 元人民币/美元，至此，8.28 的汇率一直保持了 7 年的时间。尽管 1994 年允许汇率的日波动幅度为 0.3%，但是该波动幅度非常有限，并且央行为了使汇率波动达到最小化，对其屡次干预，该有效区间不断缩小。到 2004 年年末，汇率的波动幅度基本为零，几乎无异于完全的固定汇率机制（安德森（Anderson），2006）。

人民币在亚洲金融危机期间贬值的压力是在紧缩性货币政策及信贷紧缩下制止的，人民银行对外汇市场进行了干预，对人民币进行大量回购，人民币在资本账户下的不兑换对这一行为也起到了辅助作用。但是，紧缩性的货币政策在维持了固定汇率的同时，却使我国在 1998 年后期进入了通货紧缩的状况中。由于我国的价格水平从 1998 年至 2001 年呈现下降态势，我国商品在国际市场上的竞争力增强，人民币贬值的压力得到了缓解，人民币实际汇率的上升趋势得到了逆转。但是，由于不确定性增加以及信贷市场紧缩，储蓄率相对于消费率明显增加，高额储蓄逐渐形成，高储蓄导致消费不及投资、出口的增加，经济发展的对外依存度与投资依存度逐渐提高，经济发展的可持续性逐渐下降。我国在获得了美元管理的好处的同时，也为维持汇率的稳定付出了代价。

2002 年以后，美元持续趋弱，中国的实际汇率也在下降，从而使中国的商品在非美元区越来越便宜，各国对人民币的需求急剧增加，在外需强劲的背景下人民币面临着升值的压力。为了维持汇率的稳定，人民银行不得不大量地收购美元、抛售本币。这使人民币流动性日益充裕而美元稀缺，从而化解了人民币升值的压力。但是，不断的冲销操作使本国积聚了大量的流动性，也构成了通货膨胀的潜在压力。广义货币供给累计增长率在 2003 年达到了 20%，2004 年回落到 15%，2005 年又达到了 17.6%，2006 年保持在 16.9%，到 2007 年第一季度，增长率达到了 17.3%。人民银行试图通过出售债券以及压制信贷创造来吸收流通中的货币供给，但是由于债券到期数目非常大，在出售债券的同时也要还本付息，效果并不理想。同时，由于投机者认为人民币对美元的升值会产生资本收益，从而导致大量热钱注入，进一步加剧了通货膨胀的压力。2005 年 7 月 21 日人民币小幅升值后，进一步刺激了人民币升值的预期，2005 年年末，热钱急剧注入，导致储备急剧构筑，并使央行控制货币供给及信用创造的难度进一步加大。

小川町（Ogawa）和坂根（Sakane）（2006）在 6 个月的时间窗口内运用日数据的估计结果表明，7 月 21 日前后，人民币对美元的反应程度只有较小的降低，人民币对美元变化的反应系数由 1 下降到了 0.91。同时，在市场汇率形成过程中，对欧元、日元及韩元的参考权重只有较小的增加，而对其他货币的参考权重总体上不显著。下表列出了汇率改革前后各货币之间的相关系数，其中，人民币与美元的相关系数由改革前的 1 下降到改革后的 0.97，与日元及韩元的相关系数变化不显著，与欧元的变化在 2005 年 7 月以后则存在着负相关。

表 3 - 1   **世界主要货币汇率相关系数**

	人民币	美元	日元	韩元	欧元
样本期：2004 年 1 月至 2005 年 6 月					
人民币	1	0.99	0.81	0.86	0.21
美元	0.99	1	0.81	0.85	0.20
日元	0.81	0.81	1	0.66	0.51
韩元	0.86	0.85	0.66	1	0.17
欧元	0.21	0.20	0.51	0.17	1
样本期：2005 年 7 月至 2009 年 8 月					
人民币	1	0.96	0.81	0.92	−0.71
美元	0.96	1	0.67	0.87	−0.57
日元	0.81	0.67	1	0.82	−0.78
韩元	0.92	0.87	0.82	1	−0.75
欧元	−0.71	−0.57	−0.78	−0.75	1

数据来源：IFS。

因此，长期来看，美元仍然主宰着人民币汇率的走势（Goldstein 和 Lardy's，2006），央行对美元的频频干预在很大程度上是对美国经济的响应，而不是对本国经济的响应，我们认为当前的汇率安排仍然使我国货币政策的独立性[①]受到了影响。

3.1.2.2 　中国的外汇储备攀升及收支失衡对货币政策的挑战

一方面，我国外汇储备的急剧攀升及人民币单向升值预期的增长不仅使得外汇占款在基础货币投放中的比率大量增加，更使大量的热钱流入，从 2003 年到 2007 年，我国积聚了大量的流动性，对通货膨胀起到了推波助澜的作用。更令人担心的是，有证据表明我国的流动性有脱离实体经济领域而大量进入股市及房地产市场的迹象及趋势[②]，从而使股票市场及房地产市场忽冷忽热，扰乱了正常的市场秩序及公众预期，这必将对我国的宏观调控及货币政策的作用提出

---

① 　巴曙松（2005）也认为我国当前的汇率制度对货币政策的独立性构成相当的威胁。
② 　Wu（2003）认为甚至在 2001 年之前，房市及股市就在吸收大量的流动性。

极大的挑战。

　　另一方面，大量的数据证明，美国近年来对中国的贸易逆差①呈扩大趋势，严重的收支失衡带来的贸易摩擦日益加剧②。我国本着对全球负责任的态度，将人民币汇率进行了适当的调整，但是正如斯蒂格利茨指出的那样，中国的汇率升值不仅不会改善美国的贸易逆差，而且会助长这种趋势（斯蒂格利茨（Stiglitz），2005）。Jin 和 Li（2007）认为由于中国在亚洲产业链中的位置，美国与中国的双边贸易失衡会伴随着其与中国香港、韩国及日本等国或地区贸易均衡的恶化而上升（胡弗鲍尔（Hufbauer），Yong 和谢思（Sheth），2006），这就使人民币的单边升值不可能解决美国的贸易逆差问题。Zhang，Fung 和 Kummer（2006）通过可计算的一般均衡模型（CGE）认为，当人民币对美元的升值达到12%时，美国的贸易逆差会继续恶化。人民币单边升值最可能的结果就是将亚洲产品加工厂由中国转向另一个低成本国家，尤其是劳动力成本低的国家，从而形成这个国家对美国的巨额贸易顺差，不能改变美国的逆差现状。同时，巴雷尔（Barrell），Holland 和赫斯特（Hurst）（2007）在其世界模型中模拟了人民币10%的升值对中国贸易余额的影响，结果表明人民币升值对其失衡的改善效果不显著，从而得出了"中国的经常账户盈余是由政策驱动性因子造成的，而与中国的汇率制度无关"的结论。拉迪（Lardy）（2005）作了更激进的验证，在人民币对美元升值15%，甚至25%的情况下，并不能有效抑制美国对中国贸易逆差的增势。

　　中国的外汇储备增加与美国的逆差扩大其本身是新兴经济体经常账户盈余持续扩大的一种表现形式。2006 年，中国的国际收支盈余达 2385 亿美元，中东为 2124 亿美元，与中国相当。而欧洲及拉美地区分别为 956 亿美元、487 亿美元。由此可见，中国的盈余不是个别现象，而是全球新兴经济体的普遍现象（Bernanke，2005）。Bernanke（2005）认为，中国过高的储蓄及美国完善的资本市场是大量资金注入美国的根本原因，从而使美国再次成为"复活的布雷顿森林体系"。美元作为国际储备货币在吸引国外资金进入美国市场中起到了助推作

---

　　①　包括美国、日本、中国台湾、中国香港、欧盟等发达国家及地区在内的外资注入中国，FDI 在中国的公司对美国的出口其实是美国自身的消费，再加上许多美国产品经过香港中转，存在着最终目的地的计算错误，因此导致美国的逆差被严重高估，大约为 30%（Nakamoto，2007）。

　　②　Hufbauer，Yong 和 Sheth（2006）认为中国总出口的 55% 以及对美国总出口的 65% 代表了对进口方产品的再出口，因此，中国对美国的贸易顺差其实质是整个亚洲地区对美国的顺差，美国对中国的贸易顺差的实质是美国对全球国家及地区，尤其是日本、韩国、中国台湾及中国香港的逆差，不能将逆差的责任完全归咎于中国。

用，2004 年美国共有 4980 亿美元注入，占其当年贸易逆差的 75%。而中国等国家央行储备美元资产的意愿在很大程度上防止了美元在 2002—2007 年的进一步贬值。中国 2006 年成为美国国债的第二大持有者，是 2004 年 7 月美国国债持有量的 2 倍（从 2007 年 7 月的 3410 亿美元到 2006 年 7 月的 6990 亿美元）。巨额美元国债的持有在增加了外汇资产的风险与成本的同时，使得货币政策更加被动，也使我国的经济安全面临考验。

由此可见，允许人民币升值不能完全改观我国国际收支失衡的现状，也不会对美国的逆差形势起到积极作用，并且会加剧热钱的注入及流动性的泛滥，造成股市及房市的泡沫；而限制人民币对继续趋弱的美元升值就需要央行大量地增持美国国债，如果不能将这些流动性从流通领域中冻结，则将会对国内的货币供给造成极大的扩张性相机抉择。扩张性的货币供给相机抉择在热钱的助推下，使得 2004 年第三季度较为稳定的消费价格水平迅速超过了 5%。尽管 2005—2006 年在一系列政策的作用下，通货膨胀率回落到了 2%，但是 2007 年 8 月，通货膨胀率又升至 6.5%，从而使央行在控制通货膨胀及通货紧缩上越来越力不从心。此外，资本账户逐步放开的措施及为维持汇率稳定而对美元的收购也构成了外汇储备攀升、国际收支失衡的原因之一。

3.1.2.3　通货膨胀与通货紧缩对货币政策的挑战

实践表明，人民币汇率制度由固定汇率逐渐向浮动汇率的转变以及以市场为导向的货币政策工具的灵活运用对于有效治理通货膨胀及反通货紧缩起到了至关重要的作用。并且，随着我国市场化程度的提高及货币化进程的深入，市场手段的作用相对于行政手段越来越明显。但是，我国的货币政策在反通货膨胀与反通货紧缩中仍然面临着很多挑战。

货币政策在有效反通货膨胀及反通货紧缩的同时，也直接或间接地造成了下一轮的经济波动（表现在经济过热或低迷；通货膨胀与通货紧缩），经济的频繁波动造成了社会福利的损失。以 1993—1994 年通货膨胀的治理为例，在紧缩性货币政策作用下，物价水平有了明显回落，但是随之而来的是由货币政策滞后性导致的货币供给量的继续回落，物价水平的持续下降和股市下跌。1998—2002 年，在服务价格上升 50% 的情况下，消费者物价下降了 10%（Zheng，2002）。此外，2002 年上半年，在消费物价下降约 1% 的情况下，商品价格与原材料价格却分别下降了 2% 及 4%。由于银行系统产生惜贷现象，从而使紧缩性货币政策的效应在银行体系状况恶化的情况下得到了强化。2002 年，银行系统的储蓄超过借款约 36.5 亿元人民币（Zhu，2002）。在通货紧缩的情况下，人们更减少了对非生活必需品的需求及购买，大量的储蓄增加，消费支出滞后于收入，即便在银行连续降息的措施下，仍然难以逆转居民储蓄增长的趋势。2001年后，美元持续趋弱，人民币也随之趋弱，在这种背景下，中国出口激增；同时，为了解决由于国有企业改革造成的失业人员的就业问题及银行不良资产问题，中国开始了扩张性的货币政策及财政政策。我国政府在1998年发行了325亿元国债帮助重组四大国有商业银行，并于1999年组建四家金融资产管理公司来购买及管理这些银行的坏账。在这些扩张性政策下，2002—2005年经济增长率为9%，2006年经济增长率为10.7%。货币供给M2增长率由2001年的14.4%上升到2005年的17.6%，信贷规模也增至我国GDP的25%。与此同时，受人民币升值预期的影响，热钱大量注入，从而使我国再次呈现出通货膨胀的局面。2007年8月，我国CPI达到了6.5%。

　　表面上看，通货膨胀与通货紧缩的交替出现是由我国货币政策的滞后性导致的。但是，其本质原因在于我国相机抉择的操作模式对于多目标调控的被动性。

3.1.2.4　央行货币政策工具的挑战

　　自1998年以来，我国货币政策调控体系逐渐形成并成熟：公开市场操作影响基础货币，进而影响M2，最终影响物价水平等最终目标的货币政策调控体系。央行不仅大量地使用央行票据作为货币政策工具，而且越来越频繁地使用法定准备金率来吸收或控制来自境外的冗余流动性，从而防止货币供给增长过快。我们可以看出，在现有的货币政策调控体系下，凡是与该调控体系各元素有关的因素均会对货币政策的效应产生影响。例如，央行票据的局限性、法定准备金的调整、货币政策中间目标的可行性、价格刚性等都会对货币政策的效应产生影响，也就构成了货币政策的挑战。以央行票据为例，将央行票据作为对冲工具，在调节基础货币、冲销外汇占款方面发挥了重要的作用。但随着央行票据的滚动发行，一些缺陷和局限性也逐渐凸显出来。主要表现在：我国外汇储备主要用于购买美国国债，因此其收益受制于美国的国债利率，从央行票据利率与美国国债利率的比较可以看出，2004年及2008年央行票据的利率高于美国国债利率，由此央行发行票据会出现亏损。如果这种情况持续下去，那么央行票据的可持续性就会下降。同时，由于央行票据需要到期付息，因此这就在冲销流动性的基础上又向经济系统中投放了流动性，从而使得冲销的效果大打折扣。从有效对冲率[①]的变化来看，我国央行票据的对冲率呈现出下降的趋势。最后，由于央行票据与国债同属于无风险债务工具，因此长时期地发行可能会对国债产生替代效应，或者迫使国债的发行成本提高，最终使两种工具对经济的调控作用大打折扣。[②]

表 3 - 2   2003—2009 年基础货币发行及有效对冲率

时间	累计发行	累计兑付本息	基础货币回笼	有效对冲率
2003	7226.8		3850	53.27
2004	15072	366.5	6365.2	42.23
2005	27882	664.91	10920	39.17
2006	36500	244.59	9638	26.41
2007	40700	2036.24	4600	11.3
2008	43000		3622	8.42
2009	40000			

3.1.2.5 流动性过剩与结构性流动性不足并存，货币政策调控的难度加大

2008 年是我国经济形势戏剧性变化的一年，在一年的时间里，经济由过热瞬间转为低迷，而我国的货币政策由稳健型政策转化为宽松政策。许多学者认为导致我国经济过热的根本原因是我国存在着流动性过剩，一时间对流动性过剩的研究成为宏观经济学的热点话题（连建辉和翁洪琴，2006；任兆璋和于孝建，2007；刘锡良、董青马和王丽娅，2007）。任兆璋和于孝建（2007）分析了我国存贷款、M/GDP、超额货币变化率以及超额准备金比率等指标，发现我国存在着严重的流动性过剩，其中以国有商业银行的流动性过剩最为严重。刘锡良，董青马和王丽娅（2007）基于商业银行超额储备的构成对流动性过剩的内涵、判断标准及影响因素进行界定与分析，结果表明为商业银行流动性过剩问题的解决与资本市场的发展没有必然的直接联系。本书认为宏观经济中的流动性过剩是国内外因素共同作用的结果，更是各种矛盾长期积累的结果，而且是传统的农业国家转轨过程中不可回避的经济现象和无法跨越的一个经济发展阶段。从本质上说其内在根源在于经济结构的失衡，是我国长期粗放型和外需拉动型经济增长模式导致的必然结果。

但是，本书认为在我国存在着总体流动性过剩的同时，仍然存在着结构性

[①] 有效对冲率是指当期回笼基础货币量与央行票据发行总额之比，是衡量票据发行有效性的指标之一。

[②] 郭爽：《发行央行票据的局限性及政策建议》，载《金融教学与研究》，2009（1）：1。

流动性不足的现象。国有大中型企业及部分产业的流动性过剩，而部分国有中小型企业及大部分民营企业的流动性不足；农业等基础产业的流动性不足与房地产业、钢铁等产业流动性过剩并存；外贸企业流动性过剩与非外贸企业流动性不足并存。因此，由于我国存在着流动性过剩与流动性不足并存的现象，单纯的紧缩性货币政策在抑制经济过热的同时，也使流动性不足产业的发展进一步恶化。流动性失衡使我国货币政策所面临的执行环境日趋复杂。

3.1.2.6 高额外汇占款对当前货币政策的挑战

3.1.2.6.1 外汇占款带来的超额货币供给严重地挑战着紧缩的货币政策

2002—2010 年，我国经济波动加剧，这可以从 CPI 的变化及 GDP 的增速看出。其中 2002—2008 年处于经济上调期，2008 年下半年至 2009 年为下行期，2009 年下半年至目前又进入了企稳回升期。2002—2008 年我国经济迅速转入过热，紧缩的货币政策成为必然的选择。但是，一方面，在美元趋弱、外需强劲及我国产能过剩的背景下，我国外汇储备不断攀升。另一方面，超低的劳动力成本、优越的投资环境、诱人的税收政策及我国良好的政治经济形势，进一步激励外商直接投资（FDI）涌入中国。值得注意的是，人民币资本项目改革初具成效，QFII 等也导致了外汇以不同方式流入中国。严重过剩的外汇供给抬升了人民币升值的压力，为了保持汇率稳定，央行被迫收购外汇，从而使基础货币随之增加，并最终增加了全社会的货币供给量，最终偏离了紧缩货币政策的初衷，这种挑战也表现出货币政策在维持国内物价水平的稳定与维持汇率稳定之间的矛盾。

3.1.2.6.2 央行的资产负债规模对公开市场操作规模形成约束

为了抵消外汇占款引致的超额流动性，央行必须在公开市场上冻结本国过剩流动性，这是通过国债的买卖及央行票据的发行实现的。但是我国国债市场的容量小与债种单一等问题严重影响了过剩流动性的冻结效果。库存债券的规模必将影响央行正回购的规模及可持续性。由于持续进行正回购，到 2002 年年底，央行手中持有的国债余额仅为原来的四分之一，继续进行正回购操作的空间已经不大，而且央行还面临前期正回购操作的相当一部分债券将陆续到期的事实①。由此可见，仅凭国债的正回购操作冻结过剩流动性的余地越来越小。为此，央行于 2003 年 4 月以发行央行票据充当冻结过剩流动性的工具，尽管这种工具极大地丰富了现有的货币政策工具并且取得了初步成效，但是其支付利息

---

① 吴丽华：《开放经济条件下货币政策的困境与对策》，载《金融与保险》，2007（1）：3。

的特点仍然会提高发行成本，因此其可持续性也值得进一步研究。

可见，随着开放的深入，我国货币政策的难度和复杂性日渐提高，面临前所未有的挑战。仔细深入分析，货币政策所面临的挑战归根结底在于我国当前货币政策制度的缺陷，主要表现在相机抉择操作模式的不适应性、汇率形成机制非市场性（影响了货币政策的独立性）、货币政策目标的多重性及货币政策工具的不可控性。相机抉择的操作模式及货币政策目标的多重性导致货币政策的任意性及滞后性，进一步导致货币政策调节的顺周期性，最终使货币政策在熨平波动的同时，埋下了更大波动的隐患。

3.2　货币政策相机抉择操作的表现及其效果

3.2.1　货币政策相机抉择操作的阶段划分

20 世纪 90 年代以来，货币政策对我国经济的宏观调控日益重要。根据图 3-1通货膨胀率的变化趋势以及我国《货币政策执行报告》中有关货币政策态势的描述，我们发现可以根据 CPI 度量的通货膨胀率将 1993 年到 2010 年相机抉择的货币政策操作明显地分为五个阶段：第一阶段从 1993 年到 1997 年，通过实行适度从紧的货币政策，积极治理通货膨胀，成功实现了"软着陆"；第二阶段从 1998 年到 2002 年，货币政策以适度宽松为主要特征，旨在治理通货紧缩，促进经济增长。第三阶段从 2003 年到 2008 年上半年，国家多次上调法定准备金率及基准利率，实行紧缩的货币政策，防止经济过热，遏制股市及房市泡沫的产生。第四阶段从 2008 年下半年到 2009 年，在美国次贷危机的影响下，全球经济低迷，反通货紧缩及刺激经济增长又成为我国央行的主要任务。第五阶段从 2009 年 11 月至今，在一系列扩张性政策（扩张性货币政策及财政政策）作用下，我国经济企稳回升，在这种情况下，央行又适时上调法定准备金，并取消了多条件购房优惠政策，可以看出，央行又开始了防通货膨胀的调控。

3.2.2　相机抉择操作实践及其效果

3.2.2.1　1993—1997 年的货币政策操作

20 世纪 80 年代以来，通货膨胀一直困扰着我国经济的发展，尤其是 1992—1994 年的通货膨胀尤其严重。在此背景下，中央银行相机出台了紧缩型货币政策。此次调整的措施主要有调整政策中介目标、更换货币政策工具以及汇率的并轨与干预。在这些措施的作用下，经济治理效果良好，实现了"软着陆"。从表 3－3 可以看出，在紧缩型货币政策下，GDP 增长率由 1993 年的 13.5% 逐渐回落到 1997 年的 8.8%。工业增加值的增长率也出现了明显且渐进的下降。通货膨胀压力减小，货币供给增长缓慢。因此，从这些效果指标来看，我国的货币政策操作是非常有成效的。当然，这种描述还不够严密，毕竟这些效果的实现并不完全是由于货币政策引起的，还可能是由其他配套措施共同导致的。因此，为了检验货币政策在此期间是否有效，我们计算 1993—1997 年间的经济增长、通货膨胀与货币供给量等指标之间的简单相关系数，借此判断货币政策是否是导致经济回落、通货膨胀压力下降的原因。

表 3－3　　　　　　　　　1993—1997 年货币政策效果汇总

效果	指标	1993 年	1994 年	1995 年	1996 年	1997 年
经济增长逐渐回落	GDP（%）	13.5	12.6	10.5	9.6	8.8
	工业增加值（%）	27.3	24.2	20.3	16.6	13.1
通货膨胀压力减小	RPI（%）	13.2	21.7	14.8	6.1	0.8
	CPI（%）	14.7	24.1	17.1	8.3	2.8
固定资产投资正常化	固定资产增长率（%）	58.6	31.4	17.5	18.2	8.9
货币供给增长减慢	M2（%）	37.3	34.4	29.5	25.3	19.6
	M1（%）	38.9	26.8	16.8	18.9	22.1
	M0（%）	35.3	24.3	8.2	11.6	15.6
外汇储备增加	外汇储备（亿元）	212	516.2	736	1050	1399

数据来源：《中国统计年鉴》及《货币政策执行报告》各期，部分数据转引自卞志村（2006）。

表 3－4　　1993—1997 年货币政策指标与各宏观经济变量之间的相关系数

	GDP（%）	工业增加值（%）	RPI（%）	CPI（%）	固定资产增长率（%）	M2（%）	M1（%）	M0（%）	外汇储备（亿元）
GDP	1.000	0.9867	0.776	0.750	0.922	0.9762	0.809	0.833	－0.969
工业增加值	0.986	1.000	0.807	0.782	0.905	0.9962	0.738	0.750	－0.996
RPI	0.776	0.807	1.000	0.999	0.490	0.8378	0.276	0.346	－0.797
CPI	0.750	0.782	0.999	1.000	0.454	0.8154	0.239	0.312	－0.772
固定资产增长率	0.922	0.905	0.490	0.454	1.000	0.8797	0.923	0.903	－0.899

	GDP（%）	工业增加值（%）	RPI（%）	CPI（%）	固定资产增长率（%）	M2（%）	M1（%）	M0（%）	外汇储备（亿元）
M2	0.976	0.996	0.83	0.815	0.879	1.0000	0.688	0.705	−0.995
M1	0.809	0.738	0.276	0.239	0.923	0.6884	1.000	0.989	−0.706
M0	0.833	0.750	0.346	0.312	0.903	0.7053	0.989	1.000	−0.709
外汇储备	−0.969	−0.996	−0.797	−0.772	−0.899	−0.9952	−0.706	−0.709	1.000

数据测算方法：简单相关系数算法；软件：Eviews 5.0。

从表 3−4 可以看出，GDP 增长率与 M2 增长率之间的相关系数高达 0.9762，CPI 与 M2 之间的相关系数高达 0.8154，RPI 与 M2 增长率之间的相关系数高达 0.8378，固定资产增长率与 M2 增长率之间的相关系数高达 0.879，外汇储备与 M2 增长率之间的相关系数高达 0.995，各个宏观经济变量与货币供给增长率之间的相关系数均非常高，且符合经济理论。因此，我们有理由认为这个阶段相机的货币政策是十分有效的，货币政策对经济的软着陆起到了至关重要的作用。尤其值得注意的是，广义货币供给增长率与各个经济变量之间的相关系数均非常高，最高的是货币供给增长率与外汇储备之间的相关系数，高达 −0.995。M2 与 GDP 之间的关系也具有非常大的相关系数，高达 0.9762。由于 M2 与这些变量的相关系数均高于其他层次的货币供给量与这些宏观经济变量的相关系数，因此广义货币供给与产出及物价等变量具有较强的关联性，从而为 1996 年正式将 M2 作为货币政策中介目标奠定了基础。

3.2.2.2　1998—2002 年的货币政策操作

国内一系列的紧缩型政策及国际金融危机的影响使得我国呈现出通货紧缩的态势，为此，央行又相机出台了扩张型货币政策。与前次经济治理相比，这次出台的政策更为丰富：第一，以利率市场化为契机，多次下调基准利率，并扩大利率浮动区间。1998 年中央银行共下调 3 次利率水平，1999 年 6 月 10 日和 2002 年 2 月 21 日又两次下调利率水平后，居民储蓄存款利率为 1.98%。第二，公开市场操作得到重用，重点灵活调整基础货币。1999 年公开市场业务债券成交额达 7000 亿元人民币，基础货币净投放量达 1920 亿元人民币。与此同时，通过窗口指导及取消贷款限制优化信贷结构。经过这一系列的措施后，我国经济增长平稳，通货膨胀压力明显减轻，货币供应量尤其是 M1 明显增长。值得注意的是，从 1998 年开始，我国开始预测并公布 GDP、CPI、M2 及 M1 等重要宏观经济变量的目标值或区间值。但是，这一阶段的调控效果如何呢？与上一阶段的效果评价方法一样，这里我们进一步测算各个指标实际值与目标值之间的相关系数来反映该时期政策的有效性，同时测算货币供给增长率 M2 与 GDP 实际值、通货膨胀实际值及信贷实际值之间的相关系数以进一步判断货币政策效应的大小及是否显著。为了便于计算各目标值与实际值之间的相关系数，我们将取目标区间的中点值代替目标值。例如，1998 年 M2 增长率目标值为 16% ~ 18%，因此我们用 17% 表示其目标值。

表 3 - 5　　　　　1998—2002 年通货膨胀等指标的概况

效果	指标		1998 年	1999 年	2000 年	2001 年	2002 年
增长平稳	GDP（%）	目标	8	7	7	7	7
		实际	7.8	7.1	8	7.3	8
通货膨胀压力平缓	CPI（%）	目标	5	2	1	1 - 2	1 - 2
		实际	- 2.6	- 1.4	0.4	0.7	- 0.8
货币供应增长稳定	M2（%）	目标	16 - 18	14 - 15	14 - 15	15 - 16	13
		实际	15.3	14.7	12.3	14.42	16.78
	M1（%）	目标	17	14	15 - 17	13 - 17	13
		实际	11.9	17.7	16.0	12.65	16.82
信贷结构优化	信贷增加量（亿元）	目标	9000 - 10000	13550	11000	13000	13000
		实际	11491	12846	13347	12913	18475

数据来源：《中国统计年鉴》及《货币政策执行报告》各期。

表 3 - 6　　1998—2002 年货币政策指标与各宏观经济变量之间的相关系数

	GDP 目标（%）	GDP 实际（%）	CPI 目标（%）	CPI 实际（%）	M2 目标（%）	M2 实际（%）	信贷 目标（%）	信贷 实际（%）
GDP 目标	1.00	0.21	- 0.40	- 0.77	0.79	0.20	- 0.82	- 0.48
GDP 实际	0.21	1.00	0.02	- 0.01	- 0.19	0.02	- 0.55	0.43
CPI 目标	- 0.40	0.02	1.00	0.46	- 0.40	0.50	0.52	0.63
CPI 实际	- 0.77	- 0.01	0.46	1.00	- 0.39	- 0.50	0.42	0.19

续表

	GDP 目标（%）	GDP 实际（%）	CPI 目标（%）	CPI 实际（%）	M2 目标（%）	M2 实际（%）	信贷 目标（%）	信贷 实际（%）
M2 目标	0.79	-0.19	-0.40	-0.39	1.00	-0.19	-0.67	-0.86
M2 实际	0.20	0.02	0.50	-0.50	-0.19	1.00	0.24	0.55
信贷 目标	-0.82	-0.55	0.52	0.42	-0.67	0.24	1.00	0.46
信贷 实际	-0.48	0.43	0.63	0.19	-0.86	0.55	0.46	1.00

从各变量的实际值与目标值之间的相关系数看，GDP 增长率目标值与实际值之间的相关系数为 0.21，CPI 实际值与目标值之间的相关系数为 0.46，M2 目标值与临界值之间的相关系数为 -0.19，信贷目标值与实际值之间的相关系数为 0.46。因此，总体来看，这阶段的政策组合对经济调控的效果还是比较良好的。值得注意的是，这时期的 M2 增长率目标值与实际值之间的相关系数为 -0.19，这说明货币政策中介目标值并没有实现预定的目标，这可能是引起 GDP 增长率相关系数较小的原因之一。

在政策组合取得上述效应的同时，我们进一步观察货币政策的效应如何。这可以通过比较 M2 实际增长率与各调控指标之间的相关系数得出结论。例如，M2 增长率实际值与 GPD 增长率实际值的相关系数仅为 0.02，相关系数较低；M2 增长率实际值与 CPI 实际值的相关系数为 -0.50，由于扩张性的货币政策应当带来 CPI 的上升，而两者之间却呈现出负相关的关系，这表明相机抉择的操作存在着严重的滞后性及不确定性；M2 增长率实际值与信贷总量实际值之间的相关系数为 0.55。可以看出，在一系列的政策调控后，到 2001 年，所有指标基本上都没有落入预测指标的区间范围内，货币政策相机调控的效果不佳（见表 3 - 5、表 3 - 6）。因此，我们认为这一阶段的政策效果主要依赖于财政政策等政策组合，货币政策的调控效果由于受到滞后性的影响表现不佳。

3.2.2.3　2003—2008 年上半年的货币政策操作

在一系列的扩张型货币政策后，我国又进入了经济高速发展的时期，出现了经济发展过热及通货膨胀压力增加的态势。这段时期，紧缩型的货币政策又成为了央行的政策取向。这段时间中央银行采取的货币政策主要有：第一，在完善公开市场操作体系的同时，灵活开展公开市场业务，促使基础货币的平稳增长。第二，在进行总量调控的同时，越来越重视微调。这个时期，利率的调整显得尤为重要，以利率调整促进利率市场化，反过来又通过利率市场化促进利率的调整，逐步实现利率调改结合。中央银行分别于 2004 年 10 月、2006 年 4 月和 2006 年 8 月调高存贷款基准利率。第三，为促进房地产业健康、持续发展，从 2005 年 3 月 17 日起，将现行的住房贷款优惠利率回归到同期贷款利率水平，实行下限管理，下限利率水平为相应期限档次贷款基准利率的 0.9 倍，商业银行法人可根据具体情况自主确定利率水平和内部定价规则。第四，人民币汇率体制改革逐步深化，汇率形成机制逐步完善，外汇储备稳步增长。在汇率形成机制方面，经国务院批准，中国人民银行宣布自 2005 年 7 月 21 日开始实行以市场供求为基础，参考一篮子货币进行调节、有管理的浮动汇率制度。此后，又将人民币汇率的日浮动区间由原来的 3% 扩大为 5%。第五，越来越重视法定准备金的调控作用，2003—2008 年曾先后 19 次上调法定准备金率，有效遏制了通货膨胀的态势。此外，2005 年 3 月 17 日，央行规定，金融机构在人民银行的超额准备金存款利率由现行年利率 1.62% 下调到 0.99%，下调超额准备金利率，有利于促进商业银行进一步提高资金使用效率和流动性管理水平，稳步推进利率市场化；有利于理顺中央银行的利率关系，优化准备金存款利率结构，增强货币政策操作的科学性和有效性。

表 3 - 7   2003—2008 年货币政策执行的相关指标统计

特点	指标		2003 年	2004 年	2005 年	2006 年	2007 年	2008 年
增长稳中有增，与目标值差异明显	GDP（%）	目标	7	7	8	8	8	—
		实际	9.1	9.5	9.9	10.7	11.4	9
通货膨胀压力居高不下，远远脱离目标值	CPI（%）	目标	1	3	4	3	3	—
		实际	1.2	3.9	1.8	1.5	4.8	5.9
货币供应增长不稳定，与目标值差异扩大	M1（%）	目标	16	17	15	14	—	—
		实际	18.7	13.6	10.7	17.5	21	19.1
	M2（%）	目标	16	17	15	16	16	—
		实际	19.6	14.6	17.6	16.9	16.7	17.8

数据来源：历年《货币政策执行报告》及《中国统计年鉴》。

从执行效果来看（见表 3 - 7、表 3 - 8），尽管货币政策措施更加丰富，但是总体来看，货币政策操作的实际效果与预期效果相差很大，总体效果不好。无论是 GDP、CPI，还是不同层次的货币供给量，其调整目标与实际目标均有着明显的差距。以至于到 2008 年，我国没有公布有关货币供给量的目标值。尤其是 M2 实际值与 M2 目标值之间的相关系数居然出现了负相关，且高达 -0.589529。同时，GDP 实际值与 M2 实际值之间的相关系数也明显为负，高达 -0.260115，CPI 实际值与 M2 实际值也呈现出负相关的态势，高达 -0.674893。这些指标均表明货币政策效应进一步下降，相机的货币政策调控经济的效果不佳。由于相机抉择存在着明显的滞后性，本来要逆周期调节经济的政策最终变成了顺周期调节，不但没有起到熨平经济波动的作用，反而把经济由一个波动带向另一个波动。

表 3-8　　1998—2002 年货币政策指标与各宏观经济变量之间的相关系数

	GDP 目标（%）	GDP 实际（%）	CPI 目标（%）	CPI 实际（%）	M2 目标（%）	M2 实际（%）
GDP 目标	1.000000	0.806250	0.666667	0.051120	-0.645497	-0.010148
GDP 实际	0.806250	1.000000	0.447370	0.498606	-0.152322	-0.260115
CPI 目标	0.666667	0.447370	1.000000	0.289679	-0.322749	-0.573346
CPI 实际	0.051120	0.498606	0.289679	1.000000	0.461968	-0.674893
M2 目标	-0.645497	-0.152322	-0.322749	0.461968	1.000000	-0.589529
M2 实际	-0.010148	-0.260115	-0.573346	-0.674893	-0.589529	1.000000

3.2.2.4　2008 年下半年至 2009 年的操作

值得注意的是，2008 年是我国经济形势及货币政策最为错综复杂、最富有戏剧性变化的一年。央行的货币政策执行报告（2008Q1）中指明我国实行从紧的货币政策。货币政策执行报告（2008Q3）中的阐述则为调减公开市场操作的对冲力度，连续两次下调法定存款准备金率，货币政策的从紧取向转为了宽松取向[①]。

这次操作的主要措施有：第一，及时调整货币政策的方向、重点与力度，

---

　① 实际上，中国人民银行的《货币政策执行报告》（2008 年第二季度）就已经有了施行宽松政策的意思，主要表现在对全国 1379 个县涉农贷款高、资产规模小的农村信用社实行较低的法定准备金。

由防经济过热转向防经济下滑；第二，进一步调减公开市场操作的冲销数量；第三，灵活协调运用价格型货币政策工具与数量型货币政策工具，将全年新增贷款数目提高至 4 万亿元，并将提高规模与优化信贷结构相结合。同时，2008年五次下调存贷款基准利率、四次下调存款准备金率，明确取消对金融机构信贷规划的硬约束，积极配合国家扩大内需等一系列刺激经济的政策措施，加大金融支持经济发展的力度。在央行 2008 年第四季度的货币政策执行报告中，并没有明确 GDP、M2、M1 等相关指标的增长目标，而是给出了较为笼统的表述[①]。

在宽松的货币政策作用下，我国的经济增长保持了平稳的增长态势，但是值得关注的是物价水平呈现出负增长，而货币供给量的增长速度创历史新高。如此高的货币供给增长率，在抑制经济下滑方面起到了重要的作用，同时也增加了通货膨胀的潜在风险。因为在 M2 增速高达 27.7% 的情况下 CPI 出现 -0.7% 的增长，这必然导致滞后的通货膨胀风险的加剧。同时，这也标志着央行 2008 年年末制定的 M2 增长目标再次无法实现（27.7% > > 8.7% - 0.7%）。有两种解释：一是价格水平具有黏性；二是货币资金并没有完全进入生产领域，而是进入了金融资产领域，造成金融资产价格的上升，如 2008 年全国房价持续攀升。从总体来看，货币政策在治理通货紧缩方面的效果不佳，而在刺激经济增长方面的效果需要扣除财政政策作用效果后才能知晓。

表 3 - 9　　　　　　　　　　2009 年的货币政策操作效果

特点	指标		2009 年
增长平稳	GDP（%）	目标	7
		实际	8.7
物价水平稳中有降	CPI（%）	目标	—
		实际	- 0.7
货币供应急剧增长	M1（%）	目标	—
		实际	32.4
	M2（%）	目标	17
		实际	27.7

数据来源：2008 年、2009 年第四季度《货币政策执行报告》。

---

①　以高于 GDP 增长和物价上涨之和 3 ~ 4 个百分点的增长幅度作为全年货币供应总量目标，争取广义货币供应量（M2）增长 17% 左右。

3.2.2.5　2009 年 11 月至 2010 年的货币政策操作

在全球经济企稳，我国扩张性财政政策及扩张性货币政策的刺激下，我国经济开始呈现出企稳回升的良好势头，外贸出口已经连续 7 个月正增长，物价指数也出现了正增长，房市健康发展，在这种情况下，人民银行于 2010 年 1 月 18 日上调人民币存款准备金率 0.5 个百分点，这被视为政策收紧的重要信号①。当前，国内学者对于上期刺激政策的退出及退出时机存在着较大的分歧，本书认为鉴于经济已经企稳向好，并且上年的 M2 增长率达到了 27.7%，远远超出了 CPI 与 GDP 增长率之和，刺激政策应当适时逐渐退出。至于退出时机的选择，要依据货币政策效应的时滞结构作出判断。

3.2.3　货币政策相机抉择操作的表现

第一，我国每年年末的中央经济工作会议均会公布下一年的通货膨胀目标与 GDP 增长目标，既然公布了就应恪守。但是，当经济未达到 GDP 预设目标或遇到外部冲击时，央行仍然会相机地增发货币达到助推经济的目的，其代价就是放松了对通货膨胀目标的控制，这也是相机抉择的典型表现。

第二，根据式（2-2），货币政策相机抉择表现为货币政策反馈规则或反馈表达式的误差项，它反映了央行对货币政策工具的实际决策值与按照规则作出的系统值之间的差异，它是央行实际决策值相对于理想决策值的偏差。这部分偏差是央行不严格执行规则而导致的，具有相当程度的任意性、非连续性及阶段性。由于央行时刻面临着违背长期最优而实现短期最优的刺激与激励，因此每次货币政策决策总是或多或少地偏离按照规则所确定的最优值，从而进一步体现了我国货币政策的灵活性。当经济处于过热情况时，央行在按照规则紧缩的基础上进一步增加紧缩的力度，从而实现短期内遏制经济发展过热、通货膨胀压力居高不下的态势；当经济处于低迷时期时，央行在按照反馈规则刺激经济的同时，仍然会进一步加大刺激力度，以实现短期内增加就业、摆脱经济慢增长的情况。央行也明白严格按照规则来制定与实施货币政策同样会实现政策目标，但是为什么非要在规则的基础上进一步相机地加大扩张与紧缩的力度呢？首先，这是因为相机抉择具有较好的灵活性，可以随时调整政策以适应当时的经济形势；其次，央行的决策与执行缺少透明度，没有相应的监督机制，从而为其任意性创造了环境；最后，作为管理需求政策，货币政策本身在经济调控

---

① 《羊城晚报》，2010 年 1 月 18 日。

过程中被赋予了过重、过多的任务与目标,从治理通货膨胀到刺激经济增长、从扩大就业到维持汇率稳定,基本上宏观经济的方方面面都依赖于货币政策的调控,货币政策俨然成为了治理经济的万能政策。货币政策实际承担的任务远远超过了其应当承担的任务,从而造成货币政策负荷太重,这是导致货币政策相机抉择的根本原因。过重的调控任务使得货币政策在按规则操作的同时,盲目、任意地增强其紧缩力度或扩张力度,这在有效遏制经济波动的同时又为下一次的经济波动埋下隐患,更在长期内增加了经济的不确定性,影响了公众的预期及货币政策的效力。

第三,在实际的货币政策操作中,货币政策相机抉择则表现为不同货币政策工具的目标值与实际值之间的差异。由于长期利率、短期利率、广义货币供给、狭义货币供给、基础货币投放量及信贷规模等均可以充当反馈规则的目标工具,因此货币政策相机抉择在执行效果中表现为这些变量的实际值与规则值之间的差异。我们国家习惯用 M2 作为货币政策的中介目标,每年第四季度(中央经济工作会议)都会公布 CPI、M2、M1、GDP 等指标的目标值。但是从近年来的操作实践看,这些指标的目标值与实际值之间的差异呈现出日益扩大的趋势。令人注意的是,经济形势越复杂、越严重,这种差异就越明显。以 2009 年为例,2008 年第四季度《货币政策执行报告》将货币供给 M2 的增长目标设定为不超过 CPI 与 GDP 增长率之和约 3 个百分点,但是实际上由于我国 2009 年 CPI 为 - 0.7%、GDP 为 8.7%,也就是说 M2 的供给增长率应当在 11%(央行的目标值为 17%),但是实际值却达到了 27.7%,超过 CPI 与 GDP 增长率之和约 20 个百分点,超过货币供给增长率目标值约 11 个百分点。如此大的差异只能说明我国为了尽快摆脱萧条的影响相机加大了刺激与扩张的力度。

表 3 - 10　　　　　　　2003—2009 年货币政策执行的相关指标统计

特点	指标		2003 年	2004 年	2005 年	2006 年	2007 年	2008 年	2009 年
通货膨胀压力居高不下,远远脱离目标值	CPI（%）	目标	1	3	4	3	3	—	
		实际	1.2	3.9	1.8	1.5	4.8	5.9	- 0.7
货币供应增长不稳定,与目标值差异扩大	M2（%）	目标	16	17	15	16	16		17
		实际	19.6	14.6	17.6	16.9	16.7	17.8	27.7

数据来源:央行历年《货币政策执行报告》。

尽管央行加大了刺激的力度与强度,但是从执行效果来看并不佳,这从 CPI 的目标值与实际值之间的对比可以看出。2003—2009 年,CPI 的实际值大于目标值的年份有 3 年,而 M2 增长率的实际值大于目标值的年份有 6 年,货币政策的调控效果欠佳。主要表现在，当我国实际 M2 增长率高于目标增长率时，实际 CPI 却低于目标 CPI，如 2005 年、2006 年、2009 年。而 2008 年虽然并没有公布 CPI 与 M2 的增长目标，但是 2008 年的 CPI 却高达 5.9%，M2 增长率达 17.8%，因此从纵向对比的角度看，货币政策的效果极不稳定或者说货币政策相机抉择的滞后性较大，从而使得 2005 年与 2006 年连续两年的紧缩政策到 2007 年与 2008 年两年的 CPI 仍高居 4.8% 与 5.9%。这不得不让人怀疑货币政策的性质是否是真的紧缩，因为 2003—2008 年，货币供给量 M2 的增长率目标值并没有明显的紧缩态势，而 M2 增长率的实际值却有扩张的趋势。

第四，货币政策相机抉择在执行效果中的表现。由于货币政策相机抉择具有时滞性，从而有可能使紧缩的货币政策发生效应的时候恰逢经济已进入低迷，而扩张性的货币政策在发生效应的时候恰逢经济已经进入复苏，从而不但没有对经济起到熨平的作用，还加剧了经济的波动。从我国货币政策的操作过程来看，1998—2002 年是我国货币政策的扩张时期，但是这几年的 CPI 均在 0 附近摆动，远远低于相应年份 CPI 的目标值。1998—2002 年的 CPI 目标值分别为 5%、2%、1%、1% ~ 2%、1% ~ 2%，但是实际的调控效果为 - 2.6%、-1.4%、0.4%、0.7%、-0.8%，可见到第 5 个年头仍然没有摆脱 CPI 负增长的态势。由此可见，我的货币政策存在着严重的时滞性。到 2003 年我国的 CPI 才恢复到正常水平，但是由于扩张性货币政策的滞后性，1998—2002 年的扩张性政策又使我国马上转入了经济过热时期，而此时是我国货币政策的紧缩时期。因此，1998—2002 年的扩张性政策到 2003—2008 年成了顺周期调整政策，从而违背了央行调控的初衷，加剧了经济的波动。

从我国货币政策的操作实践看，1993—2009 年的货币政策操作具有明显的阶段性及不连续性。货币政策的类型在紧缩型政策与扩张型政策之间不停地转换，这是相机抉择的逆周期操作的表现。但是由于政策的时滞性，使得政策的出台时间与生效时间发生错位，从而造成了货币政策相机抉择的顺周期调节，加剧了经济的波动。由于货币政策相机抉择具有阶段性与不连续性，相机抉择模式下每次货币政策的出台都必须经历一个由高层到基层、由决策到执行的完整过程，不具有常态化管理的特征，从而使得政策的出台与执行严重滞后，耽误了政策执行的最佳时机。此外，相机抉择的货币政策操作策略具有短视性，缺乏对未来形势的前瞻性，每次政策的出台只关注当前危机的摆脱与治理，而对未来较长时间内的经济发展态势考虑得较少，从而造成相机抉择的时滞性与欠前瞻性并存，最终导致货币政策在调控经济上的被动性。

纵观货币政策的操作实践过程，每一次扩张型的货币政策又为下一次的紧缩型政策的出台埋下了隐患，而每次紧缩型政策必然会导致下一阶段的扩张型政策的实施，相机抉择的货币政策在熨平经济的同时又在很大程度上助长了下一次的经济波动。货币政策总是在过度的紧缩与过度的扩张两者之间转换，缺少中间的微调与过渡环节，缺少连续性。货币政策态势之间的迅速频繁转换在增强政策灵活性的同时，其时滞性也影响了市场的正常预期与政策的效应，影响了当局的信用，加剧了经济的波动。

3.3　货币政策相机抉择操作中规则成分的表现

3.3.1　货币政策相机抉择操作中的规则表现

第一，我国货币政策一直以货币供给量作为货币政策的中介目标，这是以货币供给量能够有效影响产出及物价水平为前提的。而对货币供给量的有效控制依赖于对基础货币的有效控制，我国的货币政策操作实践表明，央行正是通过在外汇市场的频繁干预及货币市场的多次冲销来控制基础货币的发行量，进而影响存贷款利率，最终影响经济的运行。可以看出，这种操作策略及传递机制具有 McCallum 规则的特征（张纯威，2008），具备工具规则的特征。

第二，我国每年年末都公布下一年的 CPI 及 GDP 增长率目标，后来又将该目标的公布由点目标扩展为区间目标。这可以看做是国家执行通货膨胀目标制或名义收入盯住规则的一种表现，是目标规则的体现。

第三，在我国货币政策相机抉择操作的过程中，国家一直致力于利率市场化改革。利率市场化改革自 1996 年开始以来，目前已经取得了重大的进展。银行间利率市场化已经完成，Shibor 的发布成为利率市场化的一个阶段性标志。与此同时，存贷款利率的上下波动幅度在逐渐扩大，从而增强了利率传导机制的有效性，为实现货币政策对经济的微调奠定了基础，而按规则操作的货币政策特征之一就是微调与连续性。同时，利率市场化及实际均衡利率的计算也是货币政策利率规则的一个重要前提，具备工具规则的特征。

第四，从更宏观的角度讲，在货币政策相机抉择操作的过程中，我国也在逐步加快汇率机制的改革。1996 年实现了经常账户的完全放开，2005 年 7 月进一步增强了汇率形成机制的市场化，从而向自由浮动的汇率形成机制迈出了重要的一步。实现汇率的自由浮动能够增强货币政策的独立性，避免货币政策多目标之间的冲突，从而有利于提高货币政策的效应。货币政策按规则操作的前提之一就是具有较强的独立性，从而使得货币当局及货币政策工具不受其他目标等因素的影响按照规则决策。

第五，从大量的现有文献的研究来看，国内已经有学者对中国货币政策的成分问题进行了研究。刘金全和刘金刚（2006）基于卡尔曼滤波模型将货币政策中的规则成分与随机成分进行了分解，研究表明我国的货币政策中确实含有规则成分。卞志村（2009）利用货币政策反馈函数将货币政策分解为相机抉择成分与规则成分，研究表明货币政策规则成分确实存在，但是它并没有具体指出该规则成分的具体类型。

第六，《货币政策执行报告》曾多次强调将货币供给量预调与利率微调结合起来，将价格型工具与数量型工具协调运用，这些都是货币政策制定与执行中按规则行事的表现。

3.3.2　中国货币政策操作的特征

通过对我国货币政策操作实践的回顾，我们不难发现我国货币政策操作具有以下特征。

第一，我国货币政策的操作模式是以相机抉择为主的操作模式，货币政策操作中逐渐渗入了规则的成分。因此，我们初步将其定性为含有规则成分的相机抉择模式，是对两种操作模式的折中（第4章及第5章的分析将为此结论提供实证支持）。相机抉择主要表现在：一方面，对需求的不足或过旺相机出台宽松或稳健的货币政策，达到熨平经济波动的目的；另一方面，在制定与执行货币政策的过程中，根据经济形势的变化相机地选择货币政策最终目标及货币政策工具，具有相当的任意性。规则成分主要表现在货币政策越来越重视微调，货币政策一直把货币供给量作为中介目标，而央行通过公开市场操作控制基础货币的行为越来越频繁，因此货币政策操作中体现着某种货币供给规则成分。同时，利率市场化机制的逐步推进及汇率自由浮动机制的日渐形成也为其他形式规则的实施提供了一定的条件。

第二，我国货币政策操作具有明显的阶段性和方向性。从总体来看，我国货币政策的操作大致分为五个阶段，并且这五个阶段的调控方向呈现出紧缩、扩张、再紧缩、再扩张的反复态势。从方向来说，每个阶段的调整要么单调紧缩，要么单调扩张。

第三，我国货币政策操作的连续性由弱变强，而每个调控阶段的持续性由长变短。1993—1997 年的紧缩型政策持续约 5 年时间，1998—2002 年的扩张政策从介入到退出也持续了约 5 年的时间，2003 年到 2008 年上半年的紧缩型政策持续时间也较长，大概 5 年，2008 年下半年到 2009 年克服金融危机影响的扩张型政策虽然没有退出，但是其调整方向却有所改变，这个阶段只持续了一年半的时间。从以上可以看出，我国货币政策操作的变化频率呈现出上升的趋势，而每次操作的持续时间明显缩短。即货币政策操作的连续性由弱变强，每个阶段的持续性由强变弱，即连续性、系统性、注重微调的规则操作策略越来越受到重视。

第四，货币政策工具越来越丰富。从货币政策相机操作实践可以看出，货币供给量的可控性越来越低，主要表现在其目标值与实际值之间的差异越来越大，相关系数越来越小，甚至出现了负相关的情况。因此，应当适时制定新的货币政策工具，将货币供给量总量调整与利率价格调整相结合，存款准备金调整与存贷款利率调整相结合，全国性调整与局部区域调整相结合，传统公开市场业务与新的金融衍生工具相结合，从而扩大了货币政策调整的空间与余地，更好地适应日益复杂的货币政策执行环境。目前，推出或制定新的货币政策中介目标已经显得非常急切。

第五，我国货币政策的相机抉择操作具有明显的滞后性，从而造成了货币政策调控效果不佳的现象。由于滞后性的存在，相机出台的货币政策难以适应千变万化的经济形势，因此本来是逆周期调节经济的相机政策当真正发挥效应时变成了顺周期调节经济的政策，这样不但没有起到熨平经济的作用，反而加剧了经济的波动，增加了经济的不稳定性与不可持续性，同时也扰乱了市场正常预期机制的形成。此外，相机抉择的操作模式也严重影响了货币供给量中介目标与产出及物价水平等变量之间的相关性，从而进一步影响了货币政策的执行效果。

第六，货币政策的执行效果呈现出下降的趋势，相机抉择的操作模式变得越来越不能适应当前的经济形势，必须调整当前的货币政策操作模式。

表 3－11　　　　　　　　　　　货币政策效应变化趋势汇总

	M2 增长率实际值与目标值相关系数	M2 增长率实际值与GDP 增长率实际值相关系数	M2 增长率实际值与CPI 实际值相关系数
1993—1997	NA	0.9762	0.8154
1998—2002	－0.19	0.02	－0.50
2003—2008	－0.589529	－0.260115	－0.674893

从表 3-11 的汇率结果看，M2 增长率实际值与目标值之间的相关系数由 1998—2002 年的 -0.19 变化为 2003—2008 年的 -0.6 左右，这说明了货币供给中介目标的可控性越来越差。M2 增长率实际值与 GDP 增长率实际值之间的相关系数也由 1993—1997 年的 0.9762 迅速下降到 1998—2002 年的 0.02，这种下降的走势并没有到此结束，2003—2008 年间的相关系数则进一步由正转负。M2 增长率实际值与我国 CPI 实际值的相关系数也由 1993—1997 年的 0.8154 迅速由正转为 -0.50，这种下降的趋势到 2003—2008 年已经下降到了 -0.67 左右。因此，相机抉择的货币政策的执行效果呈现出迅速下降的走势。

综上所述，从货币政策的制定、执行与效果来看，中国的货币政策操作既有"相机抉择型"操作的特点：经济过热时紧缩、经济衰退时扩张。同时，又存"规则"操作特征，如更注重货币政策的连续性与系统性，更加重视货币政策的微调，表现在当局对货币政策的表述上，那就是更偏好于适宜的或合理的货币政策、合理的或适宜的流动性等术语。总体来说，当前中国的货币政策操作是一种含有规则成分的相机抉择操作政策。

但是，我国货币当局并没有明确表示实行哪种货币政策规则，因此也不知道货币政策规则成分与相机抉择成分的具体结构以及不同成分的经济效应，这就要求我们首先对货币政策中的规则成分与相机抉择成分进行分解，以进一步研究不同成分的效应。所以，我们在对各个规则（分解模型与方法）进行定性比较的基础上，通过实证分析的方法来表明当前我国货币政策中的规则成分类型，并判断当前我国的货币政策中规则成分与相机抉择成分孰大孰小，以此为基础进一步研究不同成分的效应，最终为我国货币政策框架的完善及提高货币政策效应提出政策建议。

第4章 中国货币政策规则
与相机抉择分解模型与方法

正如定义（2-2）所描述的，货币政策的变动有两个来源：一是按照规则进行的规则性变动，表现为货币政策的规则成分；二是由随机因素导致的非规则性变化，表现为货币政策的相机抉择成分。货币政策的变动同时受到规则及相机抉择（随机因素）的影响，如何界定、量化或识别货币政策的规则成分与相机抉择成分，以及如何评价货币政策不同成分的经济效应成为当前货币经济学领域研究的一个重点课题。因此，要想对货币政策进行分解，首先要选择最合适的分解模型与方法。

本章首先对不同的分解模型与方法进行估计与检验，然后在拟合优度比较的基础上选择一种最合适的模型，以此模型为基础将货币政策分解为货币政策规则成分与相机抉择成分。

4.1 货币政策规则与相机抉择的分解模型与方法

4.1.1 基于泰勒利率规则的分解模型与方法

Taylor（1993）给出了标准的泰勒规则表达式，并通过经验分析及校验的方法得出了产出缺口及通货膨胀率缺口的敏感系数，两系数均为0.5。由此可见，在产出与物价存在短期菲利普斯曲线的替代效应时，美国的利率对产出缺口及通货膨胀率缺口的反应的绝对值是相等的，但是在方向上是相反的，从而保持了利率的基本稳定与均衡。因此，美国的货币政策规则的目的就是想通过稳定利率来为经济的发展提供一个稳定的宏观经济环境，通过稳定人们的预期来实现经济的稳定增长及物价水平的稳定。

但是，我们认为，泰勒的做法具有其自身的缺陷，式（4-1）中的敏感系数通过样本数据估计出来也许更具有科学性。因此，本书将对该规则在中国的适用性进行检验。

$$i = r^* + 0.5y_x + 0.5y_p \tag{4-1}$$

其中，i 表示短期利率，一般用基准利率表示。但是由于受数据来源的限制，我们用市场加权平均利率作为其代理变量，$y_x = x - x^*$ 表示实际产出缺口，x 表示实际产出，x^* 表示潜在产出。$y_p = p - p^*$ 表示实际通货膨胀率与目标通货膨胀率之间的偏差，p 为实际通货膨胀率，p^* 表示货币当局设定的通货膨胀目标值。

从上面的标准模型可以看出，该模型有以下特点：一是被解释变量对每个解释变量的敏感反应系数均为 0.5，也就是泰勒规则默认为货币当局对通货膨胀的治理与对产出的关注具有同样的偏好与权重。但是，对于我国而言，由于我国相机抉择的特征更为明显，对通货膨胀与经济增长两者之间的反馈系数不一定相等，我国的操作实践也证明了这一点。因此，需要估计我国在该规则下利率对产出缺口的反馈系数。二是在该模型中，基准利率的调整并没有考虑到对汇率因素的关注，从而不太符合我国的实际操作。因此，应当对其进行修正，将汇率因素也加入当局的关注目标中，这样更符合我国的实际。

调整后的模型为

$$i = r^* + \alpha_1 y_x + \alpha_2 y_p + \alpha_3 y_e \tag{4-2}$$

$y_e = (reer - reer^*)$ 表示实际汇率与均衡汇率的失调程度，其中 $reer$ 为我国的实际有效汇率，而 $reer^*$ 为我国均衡实际有效汇率。参数 $\alpha_i (i = 1,2,3)$ 为我国利率水平对产出缺口、通货膨胀率缺口及汇率失调的反馈系数。根据经济学理论，当我国实际产出高于潜在产出，即潜在产出缺口为正时，应当提高利率，即 $\alpha_1 > 0$；当我国实际通货膨胀率高于预设的目标值时，也表明经济有过热的可能，因此也应当提高利率，即 $\alpha_2 > 0$；当我国实际有效汇率指数高于均衡汇率指数时，表明我国的汇率存在着高估的问题，理论上讲应当使人民币贬值，但是此时利率与汇率之间的反馈系数就变得复杂了。利率的调整与汇率的变动之间的关系不单调，这是因为存在国内因素与国外因素之间的博弈。利率的上升加剧了国内企业的经营负担，利润减少，生产积极性，最终导致本国的竞争力下降，从而形成人民币的贬值。但是，利润下降的另一个后果是收入与消费下降，对外需求与进口下降，从这个角度讲又可能使人民币升值。从国外因素讲，利率的提高会导致国内外利差变化，从而导致资本套利流动，增加对人民币的需求，这样会增加人民币升值的压力。因此，我们无法判断参数 α_3 的正负。

通过以上分析，我们可以看出利率规则在调整汇率的问题上比较模糊，没有单调、固定的反馈系数，从而给货币政策的操作带来不确定性，增加了其复杂性。从这个角度讲，泰勒利率规则与当前中国国情不太相符。此外，要确保泰勒利率在我国可靠，还必须保证短期菲利普斯曲线的成立，从而使通货膨胀与经济增长两个最终指标之间不存在短期的冲突。

在对泰勒规则进行了以上修正后，我们进一步考虑具有利率平滑行为的泰勒规则。利率平滑行为的实质是一种利率搜索行为，是对利率的持续、小幅调整行为，也可以说是央行的微调。在货币政策利率传递机制有效畅通的前提下，央行为了寻求宏观经济总供给与总需求的均衡，往往借助基准利率的变动来实现。但是，利率变动幅度的大小与方向的改变会影响经济趋于均衡的路径与稳定情况。大幅频繁的基准利率调整可能会造成经济波动的加剧，而利率的平滑行为则是根据以往的利率水平及宏观经济的表现对利率进行微调，从而实现经济向均衡收敛的稳定搜索，直到经济收敛至均衡。因此，将利率平滑行为与泰勒规则结合，可以考察我国央行是否存在着利率平滑行为以及利率传递机制是否畅通。

因此，含有利率平滑行为的泰勒规则如下所示：

$$i = r^* + \alpha_0 i_{t-1} + \alpha_1 y_x + \alpha_2 y_p + \alpha_3 y_e \qquad (4-3)$$

该模型表明，央行对利率的调整不仅考虑产出缺口、通货膨胀率变化及汇率的变化情况，而且还会考虑利率调整的幅度与连续性问题，是一种更加稳妥的政策策略。由于该规则在调整时考虑了过去的货币政策情况，因此又称为后顾型泰勒利率规则。此时，$0 < \alpha_0 < 1$ 称为利率平滑系数，测度的是赋予滞后利率项的权重。$\alpha_i, (i = 1,2,3)$ 表达了市场利率对其他重要宏观经济变量的变化所作出的反馈，即产出缺口和通货膨胀率的变化会引发市场基准利率在同一方向上作出一系列的调整以使得重要宏观变量向潜在值或者目标值回归。

在对模型进行了目标修正与后顾修正后，为了更全面地了解泰勒利率规则在我国的适用性，我们进一步考察具有前瞻性的规则（forward - looking rule）。前瞻性规则是指货币政策的变化不以当前的变化作为调整依据，而是对未来的变化作出调整。这就要求货币当局能够准确地预测未来的产出、通货膨胀及汇率的变化趋势与幅度。从实际角度讲，货币当局无法得知当期的产出等宏观经济变量，只能依据过去或未来的宏观经济状况进行调整。这里我们假设货币当局依据未来经济形势调整当前的利率水平以实现经济的平稳运行。这里，考虑将利率平滑行为与前瞻性调整结合起来的混合模型：

$$i = r^* + \alpha_0 i_{t-1} + \alpha_1 y_{x,t+1} + \alpha_2 y_{p,t+1} + \alpha_3 y_{e,t+1} \qquad (4-4)$$

当泰勒规则能够较好地拟合我国货币政策的执行特征时，以短期利率为工具的货币政策规则成分为该模型的拟合值 $\hat{i}$，而货币政策相机抉择成分为

$i - \hat{i}$，从而实现了货币政策规则成分与相机抉择成分的分解。根据计量经济学的模型设定及经济理论，我们可以断定货币政策的规则成分 $\hat{i}$ 与相机抉择成分 $i - \hat{i}$ 是正交的，即两者的内积 $\hat{i}^T(i - \hat{i})$ 为零。

4.1.2　基于泰勒货币供给规则的分解模型与方法

考虑到我国当前的利率未完全市场化，利率还不能完全作为货币政策的有效操作工具和中介目标，同时我国央行还没有明确实行货币政策的利率规则，也没有明确放弃货币供给量作为货币政策的中介目标。因此，必须对泰勒利率规则进行修正①，这里我们按照泰勒规则的形式，将货币供给量作为货币政策的中介目标，建立泰勒类型的货币供给量规则②。

将泰勒规则应用于货币供给的确定，就变成以下形式：

$$M_t^s = M_0^s + \beta_1 y_x + \beta_2 y_p \qquad (4-5)$$

其中，M_t^s 为某层次的货币供给增长率，M_0^s 为长期均衡的货币供给量增长率，其他符号与式（4-2）中含义相同。这里，M_0^s、β_1、β_2 是我们的待估参数。该规则表明货币供给量的变化要根据产出缺口以及通货膨胀误差进行调整。当产出缺口为正，通货膨胀率超出预先设定的目标时，应当减少货币供给；当需求不足，出现通货紧缩时，应当增加货币供给量。可以看出，该规则除了将货币供给量的确定按照产出缺口及通货膨胀率缺口的变化规则化外，也将相机抉择结合了进来，也具有相机抉择的意思，从而体现了货币政策的灵活性，这与罗伯特·弗勒德（Robert Flood）和彼得·艾弗德（Peter Isard）（1989）的思想一致。这一规则实现了我国货币供给量中介目标与泰勒规则的有机统一，规则与相机抉择的有机统一。但是目前，对于这一规则对我国的适用性研究尚不多，本书将对该领域作初步研究。

上述反馈规则同样没有反映出货币供给量对汇率失调的反馈，因此将汇率

---

① 对泰勒规则的修正研究有很多：Orphanides（1997, 1999, 2004），陆军和钟丹（2003），Chang – Jin Kim & Charles R. Nelson（2006），Judd & Rudebusch（1998），Clarida（2000），Dupor（2001），Carlstrom & Fuerst（2005）等。这些修正要么是对其进行利率平滑，要么是建立前瞻性或后顾性的模型，研究已经比较成熟，这里不再进行赘述及重复研究。但是，目前还没有对其中介目标进行修正建立泰勒类型的货币供给规则的研究，本书弥补了这一空白。

② 一般文献中很少有关于泰勒类型的货币供给规则的论述，只有 Jagdish Handa. Monetary Economics [M]. 2009, Second edition, published 2009 by Routledge 2 Park Square, Milton Park, Abingdon, Oxon OX14 4RN, p. 429.

失调因素加入模型，变为

$$M_t^s = M_0^s + \beta_1 y + \beta_2 y_p + \beta_3 y_e \qquad (4-6)$$

模型中的参数和符号与式（4-3）、式（4-4）中符号相反，前两个参数均应为负，第三个参数为正。

假如该分解模型能够较好地拟合我国货币供给量 M2 的增长率特征，那么就可以以该规则为基础将货币供给量 M2 增长率中的规则成分与相机抉择成分分解，其中规则成分为模型（4-5）或（4-6）的拟合值 $\hat{M}_t^s$，相机抉择成分为 $M_t^s - \hat{M}_t^s$。根据计量模型设定原理及经济学理论可知，货币供给增长率规则成分 $\hat{M}_t^s$ 与相机抉择成分 $M_t^s - \hat{M}_t^s$ 两者之间是正交[①]的，因此两者的内积 $(M_t^s - \hat{M}_t^s)^T \hat{M}_t^s$ 为零。

4.1.3　基于 McCallum 规则的分解模型与方法

标准的 McCallum 规则（1984）的一般表达形式如下：

$$\Delta b_t = (y_t^p + p_t^*) - \Delta s_{t-1} - 0.5 y_x \qquad (4-7)$$

其中，Δb_t 为基础货币的增长率，y_t^p 为当期实际潜在产出增长率，p_t^* 为当期目标通货膨胀率，$y_t^p + p_t^*$ 为当期目标名义潜在产出增长率，Δs_{t-1} 为前一期基础货币流动速度的平均增长率，y_x 为上一期实际 GDP 增长率与上一期 GDP 名义目标增长率的缺口，也就是产出缺口，0.5 为产出缺口反馈系数。

由于这一规则仅反映了基础货币对产出缺口的反应，并没有表现出基础货币如何对通货膨胀变化的调整，因此，我们考虑基础货币增长率对通货膨胀变化的反馈，对标准的 McCallum 规则的修正如下：

$$\Delta b_t = (y_t^p + p_t^*) - \Delta s_{t-1} + \lambda_1 y_x + \lambda_2 y_p + \varepsilon_t \qquad (4-8)$$

其中，λ_1, λ_2 为基础货币增长率分别对产出缺口及通货膨胀率缺口的反馈系数。

在关注通货膨胀目标变量的同时，可以进一步考察该规则在维持汇率稳定方面的作用。在式（4-8）的基础上进一步扩展为同时关注产出、通货膨胀及汇率变动的 McCallum 规则：

$$\Delta b_t = (y_t^p + p_t^*) - \Delta s_{t-1} + \lambda_1 y_x + \lambda_2 y_p + \lambda_3 y_e + \varepsilon_t \qquad (4-9)$$

式中，$y_e = reer_t - reer_t^*$ 是实际有效汇率失衡程度，表示实际汇率对均衡实际

[①]　根据线性代数相关知识，线性无关的向量组可以通过施密特正交化法实现两个向量的正交化。

汇率的偏离。

将式（4-7）、（4-8）、（4-9）的右侧货币流通速度及名义增长目标移到左侧，可以将其变为以下形式：

$$\Delta b_t + \Delta s_{t-1} - (y_t^p + p_t^*) = \lambda y_x + \varepsilon_t \qquad (4-10)$$

$$\Delta b_t + \Delta s_{t-1} - (y_t^p + p_t^*) = \lambda_1 y_x + \lambda_2 y_p + \varepsilon_t \qquad (4-11)$$

$$\Delta b_t + \Delta s_{t-1} - (y_t^p + p_t^*) = \lambda_1 y_x + \lambda_2 y_p + \lambda_3 y_e + \varepsilon_t \qquad (4-12)$$

令 $\Delta b_t^* = \Delta b_t + \Delta s_{t-1} - (y_t^p + p_t^*)$，它表示经流通速度及名义增长目标修正后的基础货币变化率。

则模型（4-10）、（4-11）、（4-12）可写成以下形式：

$$\Delta b_t^* = \lambda y_x + \varepsilon_t \qquad (4-13)$$

$$\Delta b_t^* = \lambda_1 y_x + \lambda_2 y_p + \varepsilon_t \qquad (4-14)$$

$$\Delta b_t^* = \lambda_1 y_x + \lambda_2 y_p + \lambda_3 y_e + \varepsilon_t \qquad (4-15)$$

同理，当该模型的拟合优度较好，且各参数符合经济学意义时，可以用来分解基础货币增长率规则成分与相机抉择成分。此时，其规则成分为模型的拟合值 $\Delta \hat{b}_t^*$，其相机抉择成分为 $\Delta b_t^* - \Delta \hat{b}_t^*$。两者同样满足正交性质，因此两者的内积 $(\Delta b_t^* - \Delta \hat{b}_t^*)^T \Delta \hat{b}_t^*$ 仍然为零。

4.2　基于拟合优度的最优分解方法比较与选择

4.2.1　变量的选择、数据处理及平稳性检验

在计算不同分解方法与模型的拟合优度之前，首先探讨相关变量的定义及确定方法。在式（4-1）至式（4-15）中，涉及的变量有短期利率、货币供给增长率、基础货币增长率、产出缺口及通货膨胀率缺口及汇率的失调程度。产出缺口变量所涉及的潜在产出、通货膨胀率缺口所涉及的目标通货膨胀率或均衡通货膨胀率及汇率失调所涉及的均衡实际有效汇率指数是我国当前未测算或未公布的数据，不能直接得到。因此，如何确定上述变量对于估计各模型具有重要的意义。我们利用1999年12月至2009年12月的数据对各模型进行估计，所有数据除了潜在产出、目标通货膨胀率及实际有效汇率指数外均来自和讯网的宏观经济数据库。同时，由于所有的数据采用月度数据，因此我们用月度工业增加值INDADD代替我国的月度GDP数据。通货膨胀率的计算采用CPI数据。

利率数据 i 为我国的月度平均市场利率[①]。汇率数据采用 BIS 公布的月度实际有效汇率指数。

要估式（4 - 15），必须获得基础货币变化率、基础货币流通速度变化率、名义收入增长率目标等变量的数据。这里我们用 1999 年 12 月至 2009 年 12 月的数据对该式进行拟合，以估计该准则的反馈系数。所有数据来自和讯网的宏观经济数据库，其中基础货币流通速度根据公式 $vm_b = indadd/m_b$ 计算得到。名义收入增长率目标值根据名义工业增加值增长率的 HP 滤波值计算得到。产出缺口增长率由 HP 滤波计算得到。在式（4 - 8）的实证研究中，我们将通货膨胀目标加入该规则的右侧，因此，此时通货膨胀率的计算就成为必然，这里我们采用 CPI 计算通货膨胀率，并以 CPI 来计算实际工业增加值的增长率。为了研究 McCallum 规则中基础货币增长率对维持汇率稳定的作用，我们还需要汇率的相关数据，这里所需要的是实际有效汇率指数 REER。

4.2.1.1　H - P 滤波法与潜在产出及均衡实际有效汇率的决定

目前，对潜在产出的确定有不同的方法，从总体上可以划分为三种方法。第一种是纯粹的统计技术方法，如各种滤波方法，HP 滤波、BP 滤波等。第二种是生产函数方法，这种方法是根据产出与生产要素之间的技术关系来确定的。第三种方法则是结合了统计技术与经济理论的混合方法，例如 Taylor（1993）在泰勒规则的研究中采用了线性趋势法来估计潜在产出。由于我国的资本存量数据难以估计、充分就业劳动力数据缺失，因此生产函数法不适用于我国。相对于第三种方法，HP 滤波方法完全从数据的统计关系出发，具有简单明了的优点，因此，本书用 HP 滤波的方法得出我国的潜在产出 HPINDADD。我们采用 Eviews5.0 软件计算我国的潜在产出及均衡实际有效汇率[②]，如图 4 - 1、4 - 2 所示。从图 4 - 1 可知，工业增加值存在着较大的季节波动性，因此应当对其进行季节过滤，过滤后再对其进行 HP 滤波处理求得均衡趋势值。HP 滤波因子的取值为 14400。关于 HP 滤波的计算原理请参考附录 A。

4.2.1.2　目标通货膨胀率的确定

由于我国只给出通货膨胀率的年度目标[③]，从而缺失目标通货膨胀率的月度

---

① 和讯网中的月度同业拆借加权利率。http：//mac. hexun. com/Default. shtml? id = D117M。

② 马树才和贾凯威（2009）、贾凯威和马树才（2008）分别用行为均衡汇率法（BEER）及购买力平价法（PPP）测算了人民币均衡汇率，因此这里也可以用这两种方法计算汇率的失调程度。但是限于篇幅及样本区间不同，故本书采用 HP 法，从图 4 - 2 的汇率对比图的走势看，人民币汇率的失调走势基本与 BEER 及 PPP 相似。

③ 年度目标值也不是每年都有，因此目标通货膨胀率的确定仍然是一个悬而未决的问题。

目标。目前，确定目标通货膨胀率的方法也非常多，也分为结构性方法与非结构性方法，这里我们采用较为简单的非结构性方法。非结构性方法也有很多，我们采用应用最为广泛的移动平均法。由于我们采用的时间频率为月度，同时央行在确定目标通货膨胀率时要考虑当前或过去通货膨胀率的情况，因此，我们用前 12 期的平均值作为当前的目标通货膨胀率。

$$p_t^* = \sum_{i=1}^{12} p_{t-i}/12 \qquad (4-16)$$

经过测算，可得到我国的月度目标通货膨胀率的走势图（如图 4-3 所示）。

经过上述测算后，我们就可以得出我国潜在产出缺口百分比 INADDGAP 、通货膨胀缺口百分比 PGAP 及汇率失调百分比 *REERGAP* 。

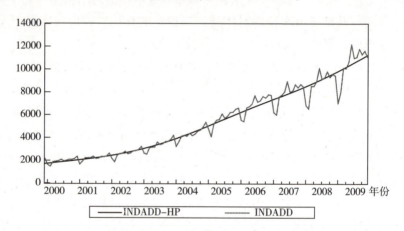

图 4-1 工业增加值 INDADD 与潜在工业增加值 INDADDHP

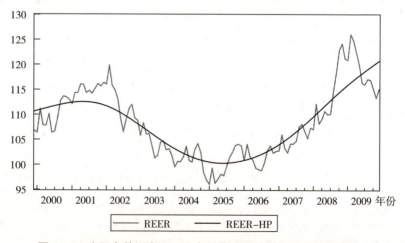

图 4-2 实际有效汇率 REER 与均衡实际有效汇率 REERHP

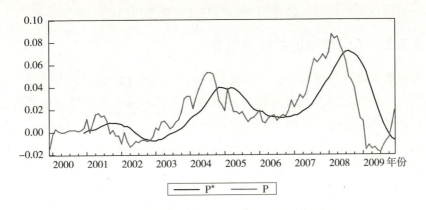

图 4 - 3 实际通货膨胀率 **P** 与目标通货膨胀率 **P***

表 4 - 1   实证检验所需变量单位根检验

变量名	检验形式（C，T，L）	ADF 统计量	5%临界值	相伴概率	结论
y_x	（0，0，1）	- 4.515799	- 1.943540	0.0000	平稳***
$y_{x,t+1}$	（0，0，1）	- 3.991217	- 1.943512	0.0000	平稳***
y_p	（C，0，0）	- 14.42359	- 1.943824	0.0000	平稳***
$y_{p,t+1}$	（C，0，0）	- 12.66291	- 1.943824	0.0000	平稳***
y_e	（0，0，0）	- 3.782227	- 1.943516	0.0002	平稳***
$y_{e,t+1}$	（0，0，0）	- 3.781089	- 1.943516	0.0002	平稳***
i	（C，0，0）	- 3.127994	- 2.885654	0.0271	平稳**
i_{t-1}	（C，0，0）	- 3.540144	- 2.885654	0.0104	平稳***
Δb_t^*	（0，0，12）	- 2.773960	- 1.943082	0.0338	平稳**
M	（0，0，2）	- 2.087987	- 1.943587	0.0358	平稳***

注：＊＊＊表示变量在 1%的显著性水平上显著，＊＊表示变量在 5%的显著性水平上显著，＊表示变量在 10%的显著性水平上显著。

从单位根检验的结果来看，模型估计所需的变量均满足平稳特征。其中，产出缺口 y_x、产出缺口的提前一期值 $y_{x,t+1}$、通货膨胀缺口 y_p、通货膨胀缺口的提前一期值 $y_{p,t+1}$、汇率失调 y_e、汇率失调的提前一期值 $y_{e,t+1}$、利率滞后一期值 i_{t-1} 及广义货币增长率 M 均在 1%显著性水平上显著，利率及基础货币增长率在 5%的显著性水平上显著。尤其是产出缺口 y_x 与产出缺口的提前一期值 $y_{x,t+1}$、通货膨胀缺口 y_p 与通货膨胀缺口的提前一期值 $y_{p,t+1}$、汇率失调 y_e 与汇率失调的提前一期值 $y_{e,t+1}$ 同时在 1%的显著性水平上显著，从而在某种程度上排除了数据结构性突变的可能性。

由于我们所建立的分解模型是严格按照经济理论及有关规则建立的，因此不需要再进行协整检验，模型的回归与估计不存在伪回归现象。

4.2.2　不同模型的估计与检验

在对数据进行处理与平稳性检验的基础上，我们采用 GLS 方法估计各个分解模型，以此为基础对其合理性进行解释。而后，基于各个模型的拟合效果与经济合理性从中选择最好的分解模型与方法。

表 4 – 2　　　　　　　基于泰勒利率规则的分解模型估计与检验

模型（4.1）：假设利率对汇率失调的反馈系数为 0				
变量	参数估计值	标准差	T 值	参数 P 值
C	0.0204	0.0018	11.4193	0.0000 ***
y_x	− 0.0021	0.0032	− 0.6781	0.4992
y_p	$2.54e^{-6}$	$6.98e^{-5}$	0.0364	0.9711
AR（1）	0.8361	0.0556	15.0455	0.0000
回归效果检验	P（LM）①	P（ARCH）	R^2	Adj – R^2	整体按拟合 P 值
	0.1014	0.2319	0.1326	0.1147	0.0428

模型（4.2）：假设利率对汇率失调的反馈系数非 0				
变量	参数估计值	标准差	T 值	参数 P 值
C	0.0204	0.0018	11.4193	0.0000 ***
y_x	− 0.0015	0.0032	− 0.4642	0.6435
y_p	$5.62e^{-6}$	$6.96e^{-5}$	0.0808	0.9358
y_e	0.0194	0.0164	1.1788	0.2412
AR（1）	0.8403	0.0550	15.2786	0.0000
回归效果检验	P（LM）	P（ARCH）	R^2	Adj – R^2	整体按拟合 P 值
	0.0853	0.1406	0.1578	0.1411	0.0412

模型（4.3）：利率平滑下的泰勒规则，假设利率对汇率失调的反馈系数非 0				
变量	参数估计值	标准差	T 值	参数 P 值
C	0.0064	0.0014	4.6780	0.0000 ***
i_{t-1}	0.6939	0.0633	10.9695	0.0000 ***
y_x	0.0020	0.0032	0.6230	0.5346
y_p	0.0716	0.0181	3.9570	0.0001 ***
y_e	0.0002	0.0001	1.4979	0.1372
回归效果检验	P（LM）	P（ARCH）	R^2	Adj – R^2	整体按拟合 P 值
	0.0799	0.1653	0.18282	0.1717	0.0512

---

①　B – G LM 多阶自相关检验与 ARCH – LM 检验中的滞后阶数为 L = 12，其原假设为：不存在 1 至 12 阶自相关。

续表

模型（4.4）：前瞻性泰勒规则，假设利率对汇率失调的反馈系数非 0

变量	参数估计值		标准差		T 值	参数 P 值
C	0.0036		0.0011		3.4389	0.0000 ***
i_{t-1}	0.8256		0.0493		16.7588	0.0000 ***
$y_{x,t+1}$	0.0074		0.0028		2.6754	0.0087
$y_{p,t+1}$	0.0558		0.0130		4.2906	0.0000 ***
$y_{e,t+1}$	0.0001		8.09E − 05		1.5926	0.1143
AR（1）	− 0.3275		0.1017		− 3.2198	0.0017 ***
回归效果检验	P（LM）	P（ARCH）	R^2	Adj − R^2	整体按拟合 P 值	
	0.3036	0.2409	0.2523	0.2431	0.0348	

注：＊＊＊表示变量在 1% 的显著性水平上显著，＊＊表示变量在 5% 的显著性水平上显著，＊表示变量在 10% 的显著性水平上显著。

表 4 – 3　　　　基于泰勒货币供给规则的分解模型估计与检验

模型（4.5）：假设货币供给增长率对汇率失调的反馈系数为 0

变量	参数估计值		标准差		T 值	参数 P 值
C	0.0140		0.0011		12.5435	0.0000 ***
y_x	0.0102		0.0128		0.7933	0.4294
y_p	− 0.2941		0.0537		− 5.4808	0.0000 ***
回归效果检验	P（LM）①	DW	R^2	Adj − R^2	整体按拟合 P 值	
	0.0907	2.0711	0.2746	0.2623	0.000001	

模型（4.6）：假设货币供给增长率对汇率失调的反馈系数非 0

变量	参数估计值		标准差		T 值	参数 P 值
C	0.0141		0.0018		12.4897	0.0000 ***
y_x	0.0089		0.0133		0.6681	0.5055
y_p	− 0.3047		0.0617		− 4.9351	0.0000 ***
y_e	− 0.0001		0.0004		− 0.3502	0.7269
回归效果检验	P（LM）②	DW	R^2	Adj − R^2	整体按拟合 P 值	
	0.1205	2.0591	0.2855	0.2734	0.000006	

注：＊＊＊表示变量在 1% 的显著性水平上显著，＊＊表示变量在 5% 的显著性水平上显著，＊表示变量在 10% 的显著性水平上显著。

---

① B – G LM 多阶自相关检验中的滞后阶数为 L = 12，其原假设为：不存在 1 至 12 阶自相关。
② B – G LM 多阶自相关检验中的滞后阶数为 L = 12，其原假设为：不存在 1 至 12 阶自相关。

表 4 − 4   **基于 McCallum 规则的分解模型估计与检验**

模型（4.13）：基础货币增长率仅对产出缺口作出反馈

变量	参数	标准差	T 值	P 值
y_x	− 0.450388	0.073476	− 6.129663	0.0000 ***
$ar(1)$	0.22	0.01	23.18	0.0000 ***
$ar(2)$	0.08	0.08	1.06	0.2800
$ar(3)$	0.35	0.08	4.56	0.0000 ***
$ar(4)$	0.18	0.08	2.33	0.0072 ***
$ar(5)$	0.16	0.09	1.82	0.07 *

回归效果检验	R^2	Adj − R^2	DW	LogL	P（LM）	P（ARCH）
	0.3323	0.3004	2.0334	164.1528	0.144728	0.072491

模型（4.14）：基础货币增长率仅对产出缺口及通货膨胀率缺口作出反馈

变量	参数	标准差	T 值	P 值
y_x	− 0.449	0.656	− 6.85	0.0000 ***
y_p	− 0.0011	0.0007	− 1.57	0.090 *
$ar(1)$	0.27	0.09	2.88	0.0046 ***
$ar(2)$	0.13	0.07	1.79	0.08 *
$ar(3)$	0.37	0.08	4.83	0.0000 ***
$ar(4)$	0.21	0.08	2.62	0.0097 ***

回归效果检验	R^2	Adj − R^2	DW	LogL	P（LM）	P（ARCH）
	0.3592	0.3463	2.0784	163.9784	0.0646	0.0844

模型（4.15）：基础货币增长率同时对产出缺口、通货膨胀缺口与汇率失调作出反馈

变量	参数	标准差	T 值	P 值
y_x	− 0.4286	0.0689	− 6.2214	0.0000 ***
y_p	− 0.0022	0.0003	− 7.3333	0.0000 ***
y_e	0.8279	0.4295	− 1.8916	0.0536 *
$ar(1)$	0.28	0.1	2.69	0.0079 ***
$ar(2)$	0.08	0.08	0.97	0.33
$ar(3)$	0.35	0.07	4.48	0.00 ***
$ar(4)$	0.17	0.08	2.03	0.04 **
$ar(5)$	0.11	0.07	1.27	0.21

回归效果检验	R^2	Adj − R^2	DW	LogL	P（LM）	P（ARCH）
	0.3814	0.3702	1.9975	168.88	0.2912	0.3174

注：＊＊＊表示变量在 1% 的显著性水平上显著，＊＊表示变量在 5% 的显著性水平上显著，＊表示变量在 10% 的显著性水平上显著。

表4-5　　　　　利率、产出缺口及通货膨胀缺口之间的因果关系检验

原假设	F 统计量	相伴概率
产出缺口不是利率变化的格兰杰原因	1.0691	0.3940
利率不是产出缺口变化的格兰杰原因	5.1930	0.0078
通货膨胀缺口不是利率变化的格兰杰原因	2.9083	0.0439
利率不是通货膨胀缺口变化的格兰杰原因	12.7715	0.0000

注：所用模型为 VAR（3）。

表4-6　基础货币增长率产出缺口、通货膨胀缺口与汇率失调程度之间的因果关系检验

原假设	F 统计量	相伴概率
产出缺口不是基础货币增长率变化的格兰杰原因	4.1903	0.0137
基础货币增长率不是产出缺口变化的格兰杰原因	1.026692	0.2031
通货膨胀缺口不是基础货币增长率变化的格兰杰原因	5.3801	0.0012
基础货币增长率不是通货膨胀缺口变化的格兰杰原因	7.5519	0.0008
汇率失调不是基础货币增长率变化的格兰杰原因	3.1503	0.0329
基础货币增长率不是汇率失调变化的格兰杰原因	3.6692	0.0213

注：所用模型为 VAR（3）。

4.2.3　不同分解模型与方法的比较及选择

前文对标准的泰勒规则、利率平滑条件下的后顾性泰勒规则、利率平滑条件下的前瞻性泰勒规则、标准的 McCallum 规则、基于政策目标扩展的 McCallum 规则进行了若干实证研究，现在对这些规则的估计结果进行比较，从拟合效果与经济解释的角度选择出适合我国的最优①货币政策反馈规则，从而为下文的货币政策相机抉择的识别确定明确的规则框架。

4.2.3.1　不同分解模型与方法的比较

第一，通过对9种分解模型与方法的估计，我们认为我国的货币政策中确实存在着规则成分。当以利率作为货币政策中介目标及操作工具时，利率的变化能够由规则解释的百分比分别为：11.47%（模型4.1）、14.11%（模型4.2）、17.17%（模型4.3）、24.31%（模型4.4）。当以广义货币供给量作为货币政策中介目标时，M2 的变化由规则解释的百分比分别为：26.23%（模型4.5）、27.34%（模型4.6）。当以基础货币作为货币政策的操作目标时，基础货

---

①　这里的最优是指能够最好地描述或反映我国货币政策特点的规则。

币的变化由规则解释的百分比分别为 30.04%（模型 4.13）、34.63%（模型 4.14）及 37.02%（模型 4.15）。由此可见，我国货币政策中确实存在着规则成分，但是规则成分所占的比重相对较小，仍然是以相机抉择作为政策调整的主要模式。

第二，仔细分析各个模型的估计结果，传统的泰勒规则（4.1）与（4.2）的整体拟合效果最差，且由于利率对工业增加值缺口的反馈系数为负，与经济理论不符。同时，工业增加值反馈系数、通货膨胀反馈系数及汇率的反馈系数均不能通过参数显著性检验，因此，该规则不能较好地刻画当前我国的政策操作特征，不宜用这两个模型对货币政策进行分解。造成这种现象的原因在于我国利率仍未实现完全的市场化，利率不能对经济的波动作出充分有效的反馈。

第三，不但估计了传统的泰勒利率规则及参考汇率的利率规则，而且还估计了具有利率平滑作用的规则（4.3）及（4.4）。这两个规则的区别在于前者属于后顾型规则，后者属于前瞻性规则，反映了货币当局在决定利率时所参考信息的时间因素的不同。从后顾型的泰勒规则的估计结果及检验结果看，其拟合优度在 17.17% 左右，各个参数（除工业增加值缺口外）的显著性均在 1% 的显著性水平上显著。利率平滑系数为 0.69，表明当货币当局执行后顾型的泰勒规则时，其对利率的修正在很大程度上取决于上期的利率，本期利率的决定含有上期利率 69% 左右的信息含量，体现了利率对经济调控的连续性。当期利率的决定除在很大程度上取决于上期利率外，还取决于通货膨胀及汇率的变化，但是从回归结果看利率的变化对通货膨胀及汇率的调整作用较小（分别为 0.07 及 0.0001）。相对于后顾型的泰勒规则，前瞻性的泰勒规则的估计效果更为理想，其调整后的拟合优度为 24.31%，这表明上期的利率及未来一期的通货膨胀、工业增加值及汇率的变化能够在很大的程度上解释当前利率的变化（解释程度为 24.31%），利率的变化具有前瞻性。其中，利率的变化有相当一部分是对上期利率的平滑，包含了上期利率中所含信息的 82.56%，如此大的利率平滑系数表明了我国通过利率调控经济的连续性与审慎性。前瞻性的泰勒规则对未来通货膨胀的反馈系数为 0.0558，对未来产出变动的反馈系数为 0.0074，两者均在 1% 的显著性水平上显著。但是，该规则中利率对汇率变化的反馈系数变得不再显著。

第四，综合分析以上估计结果，可以反映出以下特点：首先，后顾性与前瞻性泰勒规则要明显优于传统的泰勒规则，要想用泰勒规则来刻画我国的货币政策特征必须对其进行修正。其次，无论是后顾性的还是前瞻性的泰勒规则，将利率平滑特性包含在规则中是必然的修正，也就是说我国的利率调整存在着显著的、较大的利率平滑作用。其中，前瞻性的泰勒规则对利率的平滑程度要显著高于后顾性的泰勒规则对利率的平滑程度。对这一现象的解释是：前瞻性与后顾性相对而言，前瞻性规则中所依赖的信息不确定性更大，因此利率的调整更多的是对过去利率的平滑与继续，而后顾性的泰勒规则依赖的是过去的、大量的已经得知的信息，不确定性较小。因此后顾性的泰勒规则对利率的平滑程度稍微小于前瞻性规则对利率的平滑程度。

第五，无论是前瞻性泰勒规则还是后顾性泰勒规则均不能同时兼顾促进经济增长、维持物价稳定与汇率稳定三个目标。在传统的泰勒规则中三个目标的反馈系数均不显著，且符号与经济理论相悖。在后顾性规则（4.3）中，利率对通货膨胀与汇率的反馈是显著的，对产出缺口的反馈系数则不显著；而在前瞻性规则（4.4）中，利率对产出缺口及通货膨胀的反馈是显著的、有效的，而对汇率失调的反馈是不显著的。因此，货币政策的多目标性无法在泰勒规则中得到兼顾与体现，不符合我国当前货币政策操作的目标特征。从利率与产出缺口、物价变量的因果关系检验也可以看出，产出缺口的变化并非利率变化的原因，因此这也解释了为什么模型（4.1）至（4.3）中利率对产出缺口的反馈系数不显著。因此，我们认为基于泰勒规则的分解模型不成立，至少在当前不成立。

第六，从表4-3的估计结果看，常数项及通货膨胀率缺口参数估计值在1%的显著性水平上显著，且货币供给增长率对通货膨胀缺口的反馈系数在-0.3左右，其符号符合经济学意义。但是值得注意的是，产出缺口的参数符号与理论符号不同，不符合经济理论的意义。按照传统的经济理论，当产出缺口为正时，即当经济发展过热时，应当适量减少货币供给量，因此理论上该参数的符号应当为负。但是，由于我国在经济发展过热时，商业银行为了增加利润，在紧缩性政策下仍然加大放贷量，从而削弱了紧缩性政策的作用。产出缺口敏感系数为负也从另一个角度说明了我国货币供给内生的特点。从估计结果还可以看出，我国货币供给量对通货膨胀缺口具有显著的作用，当通货膨胀超出通货膨胀目标值时，货币供给量就会收缩。由于该准则表明当通货膨胀率超出目标通货膨胀时，货币当局才减少货币供给量的供应，因此默认了适度的通货膨胀对于经济增长具有积极作用的观点。此外，货币供给增长率对汇率失调的反馈系数也不符合经济理论，且总体拟合优度较低，因此泰勒类型的货币供给规则也不适用于当前我国的经济形势。综合以上分析，我们认为在货币供给内生背景下，泰勒类型的货币供给规则虽然能对通货膨胀缺口作出显著性的反应，但是由于该规则不能对产出缺口及汇率失调作出有效反馈，因此不适合我国。

第七，基于政策目标扩展的 McCallum 规则要优于传统的 McCallum 规则。从统计角度来讲，虽然各个规则的参数均在 5% 的显著性水平上显著，但是基于政策目标扩展的 McCallum 规则的拟合优度是所有规则中最高的。规则（4.15）调整后拟合优度为 37.02%，规则（4.13）调整后拟合优度为 30.04%。从经济角度上讲，所有的规则对产出缺口的敏感系数均为负且显著，但是规则（4.15）更全面地体现了产出、通货膨胀及汇率等因素的影响，符合我国国情与宏观经济调控现状。

第八，从基于政策目标规则的实证结果可以看出，我国货币政策对产出的调控力度或敏感性要高于对通货膨胀的调控力度。规则（4.14）中产出缺口的敏感系数为 -0.449，通货膨胀缺口的敏感系数为 -0.0011；规则（4.15）中产出缺口的敏感系数为 -0.4286，通货膨胀缺口敏感系数为 -0.0022。这表现出我国货币政策在刺激经济增长与治理通货膨胀目标上的权重不同。此外，在规则（4.15）中，汇率缺口的敏感系数为正，高达 0.8279。这与经济理论的期望符号相符合，从而说明 McCallum 规则在平抑汇率波动，维持汇率均衡方面仍然具有适应性。但是，由于该参数在 10% 的显著性水平上显著，因此基础货币对汇率失调的反馈程度在长期内可能会受到影响。

第九，从基础货币增长率与产出缺口、通货膨胀缺口及汇率失调程度的因果关系检验结果看，产出缺口变化、通货膨胀缺口变化及汇率失调程度的变化均是导致基础货币增长率变化的格兰杰原因，且非常显著，这表明四者之间存在着较为稳定的函数关系。

4.2.3.2 最优分解模型与方法的选择

第一，从拟合效果讲，不同规则的拟合效果汇总如表 4-7 所示。

表 4-7 不同分解模型的比较汇总表

变量 \ 规则	4.1	4.2	4.3	4.4	4.4	4.6	4.13	4.14	4.15
拟合优度	0.1147	0.1411	0.1717	0.2431	0.2623	0.2734	0.3004	0.3463	0.3702
参数 显著性 INDADDGAP	×	×	×	√	×	×	√	√	√
参数 显著性 PGAP	×	√	√	√	√	√	—	—	√
参数 显著性 REERGAP	—	×	×	×	—	×	—	—	√
参数 显著性 I_{t-1}	—	—	√	√	—	—	—	—	—

注：表中 × 表示参数的回归结果不显著，√ 表示显著，- 表示缺省变量。

从表4－7可以看出，规则4.15的拟合优度最大，并且该规则的所有参数均是显著的。因此，基于拟合效果的角度，可以认为McCallum规则（4.15）能够最好地描述我国过去货币政策模式的特征。通过该规则我们可以认为，基础货币增长率的变动可以由规则解释约37.02%，而其相机抉择则约占62.78%。

第二，从经济理论上讲，规则（4.1）、（4.2）的参数既不显著也不符合经济理论，并且不能对有悖于经济理论的现象作出合理解释，因此，这两个规则肯定不是最优规则。规则（4.3）与（4.4）虽然在拟合优度上有所改善，但是仍然有两个参数不显著，这与我国货币政策的多目标性不符。规则（4.5）与（4.6）一方面不符合我国货币政策多目标的事实，另一方面其拟合优度与规则（4.13）～规则（4.15）相比相差太大，不能很好地拟合我国货币供给量的变化。在规则（4.13）～规则（4.15）中，规则（4.15）的估计效果是最理想的，其拟合优度最大，同时各个参数具有较高的显著性。

综上所述，在我国货币政策仍然具有多目标，汇率形成机制及利率形成机制未完全市场化的背景下，以基础货币增长率为操作工具的McCallum规则能够最大限度地刻画我国货币政策的模式特征，是我国目前遵循的货币政策规则[①]（江曙霞，江日初和吉鹏，2008），因此本书以该规则作为分解货币政策规则成分与相机抉择成分的模型。

4.3　规则成分与相机抉择成分的分解

4.3.1　货币政策规则成分与相机抉择成分分解思路

根据定义（2－1），货币政策规则成分是指$f(X)$，而货币政策相机抉择成分是指$S-f(X)$。由于各国采用的政策规则及政策工具不同，因此货币政策相机抉择也不同。根据政策工具的不同（利率与货币供给量），货币政策相机抉择成分也可分为利率相机抉择成分及货币供给量相机抉择成分。前者是在价格型规则（如泰勒规则）下分解产生的相机抉择，后者是在数量型货币政策规则（如理性预期机制、McCallum规则）下分解产生的相机抉择。

前文的实证研究表明，McCallum规则在所考虑的几个规则中能够最好地刻画我国货币政策执行的特征。因此，本书将以该规则为基础将货币政策中的规

---

① 尽管实证分析表明该规则具有较高的拟合优度，这只能表明该规则能够最大限度地描述我国当前的货币政策操作特征，并不能说该规则是最优规则。

则成分与相机抉择成分分离，并进一步研究货币政策规则效应与相机抉择的即时效应与时滞效应。

4.3.2 基础货币增长率规则成分与相机抉择成分的分解

根据式（4.15）的估计结果，我们可以将基础货币增长率的变动分解为规则成分：$\Delta \hat{b}_t^* = -0.4286 y_x - 0.0022 y_p + 0.8279 y_e$ 及相机抉择成分：$\Delta \hat{b}_t^* - \Delta \hat{b}_t^*$。

在将货币政策规则成分与相机抉择成分分解的基础上，进一步将货币政策相机抉择分解为正向相机抉择与负向相机抉择，具体地分析结果如图 4 - 4 所示。

从图 4 - 4 可以看出 McCallum 规则下的货币政策相机抉择（基础货币相机抉择）具有以下性质：第一，从长期看，基础货币增长率相机抉择成分及其规则成分呈现出方向相同的变化。结合我国货币政策操作的实践过程，我们认为货币政策相机抉择成分及规则成分均能够较好地刻画出我国货币政策不同时期的特征。第二，从短期来看，货币政策相机抉择成分表现出较严重的滞后性，从而使得货币政策相机抉择容易出现顺周期调整的现象。这样不但不利于熨平经济波动，反而会加剧经济的波动。由于货币政策相机抉择存在滞后性，从而造成货币政策相机抉择可能与规则成分出现方向相反的变化趋势，这就使得货币政策的规则成分与相机抉择成分容易出现冲突。结果，一方面从总体上削弱了货币政策的效应，另一方面减轻了相机抉择引起的经济波动。第三，基础货币供给增长率的规则成分变化呈现出上升的趋势。这是因为随着我国经济的发展，贸易顺差日益增大，外汇储备的规模也日益增加，由于我国实行的结售汇制度，使得外汇占款在基础货币中的比例急剧增大，从而导致基础货币的被动投放力度增大。第四，短期内相机抉择的基础货币变化呈现出顺周期变化的性质，同时由于货币政策相机抉择成分占货币政策变化相当大的比重，因此，货币政策相机抉择成分主宰着货币政策的主要方向。正是由于这一性质使得货币政策规则成分具有自动稳定器的作用。当扩张性的相机抉择使得经济发展过热时，货币政策的规则成分能够适度、适时地减轻这种相机扩张政策带来的经济波动程度。反之则反，当经济受紧缩性相机抉择而遇冷转化为萧条时，基础货币规则成分又会起到刺激经济发展的作用，从而减轻了相机抉择的滞后性导致的经济波动幅度。第五，基础货币增长率的相机抉择成分本身也存在着非对称性。其向上调整的力度要小于向下调整的力度，但是其向上调整的频率要高于向下调整的频率。从这个角度来说，通货膨胀是我国货币当局一直重点防控的对象，同时，也反映出货币政策执行过程中存在着"急刹车"现象。刺激经济需要向上调整基础货币增长率，但高频率的向上调整一方面体现了我国货币政策的微调，也从另一个角度体现了我国货币政策在刺激经济方面的时滞性。同时，由于下调的力度大、频率低，因此货币政策在治理通货膨胀比刺激经济增长更为有效，时滞更短，货币政策对经济的治理效应存在着非对称性行为。

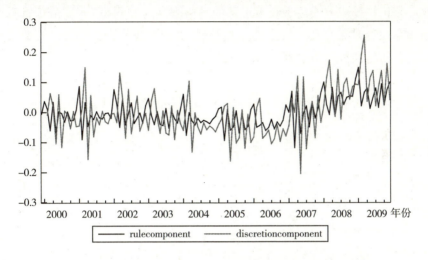

图 4-4　McCallum 规则下基础货币相机抉择及规则成分分解图

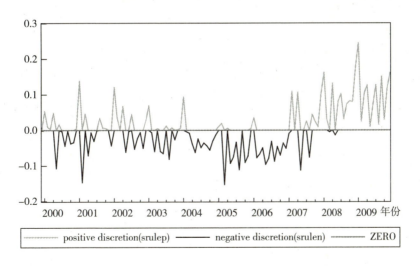

图 4-5　McCallum 规则下基础货币的正向、负向相机抉择分解图

综上所述，货币政策相机抉择成分与规则成分呈现出方向相反的变化，这是由于货币政策相机抉择的滞后性造成的，而规则成分的前瞻性正好可以在某

种程度上弥补这一缺陷。不同模型的拟合优度及实证结果表明当前我国仍然以货币政策相机抉择作为政策制定与执行的模式，但是其中已经包含了规则的成分。我国目前是一种以相机抉择为主、以规则为辅的货币政策操作模式，这是一种折中的模式。货币政策相机抉择成分往往出现顺周期影响经济的现象，从而在某种程度上削弱了货币政策的效应，加剧了经济的波动与不可持续性。货币政策相机抉择成分或由于政策工具的价格刚性（如利率），或由于货币当局的意图而存在着时滞性及时效上的非对称性。我国的货币政策相机抉择在抑制通货膨胀、防止经济过热上存在着"急刹车"现象。

第5章 货币政策规则
与相机抉择效应的实证分析

在对货币政策规则成分与相机抉择成分进行识别及分解的基础上（上一章），本章进一步考虑货币政策规则（系统性货币政策）成分与货币政策相机抉择成分的经济效应以及不同成分对经济波动的影响程度。第一节首先将两种成分纳入圣路易斯方程考察并比较它们的即时效应。第二节把第4章估计出的最优规则作为约束条件纳入 SVAR 模型，以考察货币政策相机抉择的时滞效应及时滞结构。第三节通过方差分解及脉冲响应估计不同成分分别对产出、汇率及通货膨胀率的调控效应，即两种成分能在多大程度上解释宏观经济的变动。

5.1 基于圣路易斯方程的货币政策规则与相机抉择即时效应分析

5.1.1 货币政策规则与相机抉择的产出效应分析

前文根据 McCallum 规则将基础货币增长率分解为规则成分与相机抉择成分。接下来，本节借鉴 Cover（1992）的方法将货币政策相机抉择成分进一步划分为正向的相机抉择成分 $srulep_t$ 与负向的相机抉择成分 $srulen_t$（见图 5 - 1），分别表示扩张性政策与紧缩性政策。由于这些相机抉择成分的识别不仅考虑了经济增长，还考虑了货币政策对通货膨胀及汇率的反馈，因此，由规则得出的货币政策相机抉择会更精确、更专业。

在用 McCallum 规则识别货币政策相机抉择时，本书所参考的尺度变量是工业增加值。因此，这里的货币政策相机抉择效应是指货币政策相机抉择成分对工业增加值增长率的影响。估计方程的形式如下：

$$d(y_{2t}) = \beta_0 + \beta_1 srulep_t + \beta_2 srulen_t + \gamma aruleMc \qquad (5 - 1)$$

其中，$d(y_{2t})$ 表示工业增加值对数的一阶差分，即工业增加值增长率；$srulep_t$ 表示基于规则的正向相机抉择成分；$srulen_t$ 表示基于规则的负向相机抉择

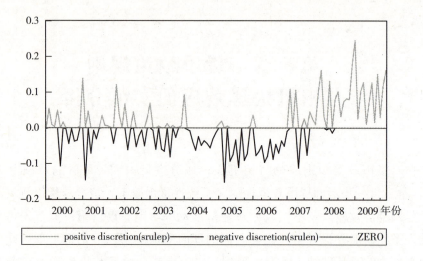

图 5 - 1　基于 **McCallum** 规则的货币政策正向、负向相机抉择分解图

成分；$aruleMc$ 表示基于 McCallum 规则（4.15）的货币政策规则成分。

由于我国的货币政策具有多目标性，货币政策 McCallum 规则不仅关注产出的变动，也关注通货膨胀变动。因此，在研究货币政策相机抉择产出效应后，进一步研究货币政策相机抉择的通货膨胀治理效应。

$$d(p_t) = \beta_0 + \beta_1 srulep_t + \beta_2 srulen_t + \gamma aruleMc \qquad (5 - 2)$$

式中，p_t 表示 t 期的通货膨胀率。

式（5-1）估计结果如下：

表 5 - 1　　　　货币政策规则成分与相机抉择成分对产出的效应估计

Variable	Coefficient	Std. Error	t - Statistic	Prob.
C	0. 397042	0. 047636	8. 334927	0. 0000
Srulep	0. 014819	0. 118870	0. 124662	0. 9010
Srulen	- 0. 147500	0. 055152	- 2. 674432	0. 0084
AruleMc	1. 788180	0. 058217	30. 71599	0. 0000
AR (1)	0. 896681	0. 039673	22. 60186	0. 0000
Adjusted R - squared	0. 754814	S. D. dependent var		0. 112545
Log likelihood	221. 3247	F - statistic		114. 9061
Durbin - Watson stat	2. 518992	Prob （F - statistic）		0. 000000
Inverted AR Roots	. 90			

从以上的估计结果我们可以得出以下结论：货币政策规则成分对产出的影

响远远大于货币政策相机抉择对产出的影响。前者的影响系数为 1.7881，后者的影响系数分别为 0.014（扩张）及 - 0.047（紧缩），这表明实现货币政策操作由相机抉择向规则的转变对于促进我国经济增长具有重要的意义，从而为货币政策操作模式的转变提供了实证支持。

此外，货币政策并非是中性的，其对产出的效应在 1% 的显著性水平上显著不为零。货币政策相机抉择的效应不容忽视，在 McCallum 规则下，正向的货币政策相机抉择对经济增长的效应为零，而负的相机抉择对经济增长的影响非常显著（p = 0.0084），因此，McCallum 规则下的货币政策相机抉择对产出也存在着不对称效应。

5.1.2 货币政策规则成分与相机抉择成分的价格水平效应研究

式（5 - 2）的回归结果见表 5 - 2。我国货币政策对通货膨胀的治理也不满足中性定理，无论是规则成分还是相机抉择成分对通货膨胀都有显著的影响。同时，正向的货币政策相机抉择成分对通货膨胀的影响不显著，而负向的相机抉择成分对通货膨胀的影响非常显著（p = 0.0000），货币政策相机抉择对通货膨胀率的影响也具有不对称性。此外，比较表 5 - 1 与表 5 - 2 可以发现，货币政策及货币政策相机抉择对通货膨胀波动的解释程度为 74%，而对经济波动的解释程度为 75%，因此，我们认为货币政策是影响物价水平及经济增长的主要因素，并且货币政策对经济增长的调控效果要优于对物价水平的调控作用。

表 5 - 2   货币政策规则成分与相机抉择成分对通货膨胀治理的效应估计

Variable	Coefficient	Std. Error	t - Statistic	Prob.
C	0.671543	1.378003	0.487331	0.6268
Srulep	0.161510	1.118908	0.144346	0.8854
Srulen	- 0.602896	0.059418	10.14669	0.0000
AruleMc	1.255737	0.561959	2.234570	0.0270
AR (1)	1.170948	0.082677	14.16288	0.0000
AR (2)	- 0.207638	0.082898	- 2.504751	0.0134
Adjusted R - squared	0.741106	S. D. dependent var		2.464903
Log likelihood	- 130.8894	F - statistic		470.8042
Durbin - Watson stat	2.056483	Prob (F - statistic)		0.000000
Inverted AR Roots	.95	.22		

5.1.3 货币政策规则与相机抉择的即时效应比较与解释

观察货币政策规则成分对产出及物价水平的即时效应不难发现，货币政策的规则成分效应远远大于相机抉择成分的效应，这是否有悖于经济学理论呢？本书的解答是否定的。仔细观察方程（5－1）与（5－2），模型中的解释变量与被解释变量是同一时期，也就是说圣路易斯方程考察的是当期的规则成分与相机抉择成分对当期的产出或物价水平的影响。根据第2章第2.2节有关货币政策规则与货币政策相机抉择的特征分析可知，货币政策规则能够极大程度地包含前瞻性信息从而时滞较短，因此当规则成分发生变化时能够引起产出及物价水平的立即变动；而货币政策相机抉择则有着较长的时滞性及较大的任意性，因此当期的货币政策相机抉择成分并不能立即影响当期的控制目标，或者只轻微地影响控制目标。货币政策规则的连续性、前瞻性及货币政策相机抉择的时滞性使得同一期的规则成分对经济产出与价格水平的效应大于当期相机抉择成分对经济的即期影响，从而解释了为什么以相机抉择为主要特征的货币政策效应小于规则成分的效应。为了进一步验证该分析的正确性，我们可以通过工业增加值增长率与不同时期的规则成分与相机抉择成分的简单相关分析加以验证，验证结果见图5－2。

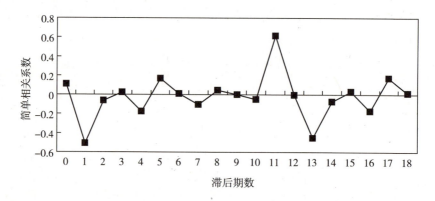

图5－2 工业增加值增长率与不同滞后阶数的相机抉择成分简单相关系数走势图

从图5－2可以看出，工业增加值增长率与货币政策相机抉择成分的相关系数呈现出正负相间的变化趋势，这恰恰是相机抉择的特征表现。当经济增长率过高时，央行就会相机实施紧缩性的政策，从而与现在的增长出现负相关的关系。当经济增长放缓时，央行会相机地实施扩张性的相机政策，从而使得相机抉择成分与现在的经济增长呈现出正相关的关系。从图5－2还可以看出，相机抉择的货币政策与经济增长率之间的简单相关系数变化非常陡峭，从而反映出货币政策相机抉择成分的非连续性与阶段性，这些特征在取得一定成果的同时加剧了经济的波动性与非稳定性。此外，从简单相关系数的绝对值走势看，滞后的相机抉择成分与现在的工业增加值增长率的简单相关系数随着滞后阶数的增加呈现出先上升后下降的趋势，从而证明了我国相机抉择货币政策存在着较强的时滞性，最终造成了货币政策的相机抉择成分的即期效应小于规则成分的即期效应。

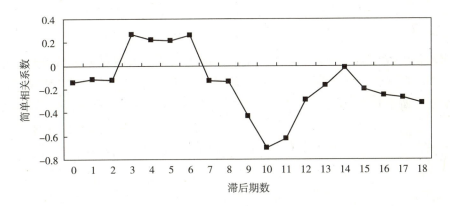

图 5 - 3 通货膨胀率与不同滞后阶数的相机抉择成分的简单相关系数走势图

从图 5 - 3 货币政策不同滞后阶数的相机抉择成分与当期通货膨胀率的简单相关系数走势可以看出，当滞后阶数为零时，当期的通货膨胀与当期的相机抉择成分的简单相关系数几乎为零，这说明当期的相机抉择成分并不能迅速影响通货膨胀的变化，相机抉择存在着明显的滞后效应。随后，这种简单相关系数的绝对值呈现出增长的趋势，当滞后阶数为 10 ~ 12 期时，这种相关系数达到 -0.6 左右。随后，从第 11 期开始，这种简单相关系数又逐渐向零收敛。仔细观察整个相关系数的走势可以看出，货币政策相机抉择具有非常强的不对称性，这可以从它的单调负相关关系看出，再次表明了货币政策负向的相机抉择对经济的影响起着重要的作用，相机紧缩的效应远远高于相机扩张的效应。

关于货币政策非中性及货币政策效应非对称性的解释还有以下解释：第一，方阳娥（2008）认为我国经济中确实存在着严重的价格黏性，从而使得货币政策的变动不能迅速传导到商品市场以引起价格的迅速调整，从而不能使市场立即出清。货币供应量的变动不会引起价格的立即等幅变动，而实际货币余额随货币供应量而变动，对实际经济活动产生较大的真实效应，由于价格只能缓慢调整，货币政策的效应持续较长的时间，这为解释货币政策非中性奠定了理论基础。第二，货币政策效应的非对称性表现在货币政策正向与负向相机抉择（扩张型政策与紧缩型政策）对产出的影响不同。在货币政策相机抉择的效应研究中，货币政策正向相机抉择对工业增加值增长率的影响系数为 0.409704，对 GDP 的影响系数为 0.084693；货币政策负向相机抉择对工业增加值增长率的影响系数为 -1.245114，对 GDP 的影响系数为 -0.236417。因此，货币政策负向相机抉择的效应要远远大于正向相机抉择的效应。这表明，货币政策效应与所处的经济周期有关。

在经济繁荣时期，紧缩性的货币政策效应要比经济萧条时期扩张性的货币政策效应更大，更明显，相应的货币政策时滞也就更短。引起货币政策非对称效应的原因有三个：一是经济萧条期间，由于厂商及消费者的悲观情绪及信心的损失，使得扩张性的货币政策在短时间内很难奏效。在经济繁荣时期，紧缩性的货币政策对企业及消费者的影响则不会受其自身信心及悲观情绪的影响。例如，如果厂商对经济前景没有信心，则再低的利率也很难刺激其贷款与投资；如果消费者对就业前景非常悲观，则再低的物价也不会刺激其增加消费。这种观点强调了悲观的情绪对企业家及消费者的影响要远远大于乐观情绪对其自身的影响，从而使得悲观对扩张性的货币政策的抵消效应远远大于乐观对紧缩性政策的抵制效应。二是信贷约束使得紧缩性的政策更加收紧，从而使得紧缩性的货币政策效应远远大于扩张性的货币政策效应，且其时效性也更明显。信贷约束与信贷需求之间的相互作用在不同的经济周期阶段也是不对称的，紧缩性的货币政策使得商业银行更不愿意向某些（有能力偿还且信誉良好的需求者）信贷需求者提供贷款。另外，在紧缩性政策推动市场利率走高的背景下，银行的存款利率也在提高，从而增加了银行的经营成本。按理来说，银行完全可以通过调高贷款利率将成本转嫁给信贷需求者，但是提高贷款利率就意味着增加借款者的责任与义务，从而增加了不良贷款的比例及银行破产的风险。因此，在这种情况下，银行往往会设定更加严格的贷款约束条件来约束借款者。从而使得吃紧的货币政策更加紧张，造成了紧缩性政策的效应大于扩张性的效应。三是价格调整的灵活性在经济繁荣期与经济萧条期存在着明显的不对称，价格向下调整比向上调整具有更小的灵活性，即向下调整的刚性更强。由于价格具有向下的刚性，因此在经济萧条期，扩张性的货币政策使价格在短时期内迅速上升，市场出清的速度更快，从而使得货币政策对产出的影响更小甚至无法影响实际产出。在经济繁荣时期，紧缩性的货币政策无法使价格在短期内迅速下降，存在着较大的向下的刚性，市场无法迅速出清，价格黏性使得货币政策的负向相机抉择对产出的影响更大，持续时间更长。由于价格刚性的存在，使得扩张性的货币政策引起物价上涨的同时，对产出几乎无影响；而紧缩性的货币政策在物价变动不大的情况下，对产出造成了重大的影响。卡瓦耶罗（Caballero）和恩格尔（Engel）（1992）收集了 37 个具有低通货膨胀及中等通货膨胀率的国家的数据，对货币政策的非对称性原因进行了实证研究。他们发现，伴随着各国通货膨胀率的提高，未预期到的支出增加对产出的影响呈现出下降的趋势。更准确地说，非对称性程度伴随着各国平均通货膨胀率的上升而更加明显。负向相机抉择的影响伴随着通货膨胀的上升而上升，而正向相机抉择伴随着通货膨胀的上升而下降。Ball 和 Mankiw（1992）认为真实产出增长率的分布具有左偏的性质，这是因为相对于支出增加后产出增加的可能性，支出下降后产出迅速下降的可能性更大。他们进一步引用了西奇尔（Sichel）（1989）的观点以支持其预测。

简单相关系数只能粗略地勾画货币政策相机抉择成分的不同滞后值与产出及通货膨胀等宏观经济变量的关系，并不能准确地刻画出货币政策相机抉择成分的时滞效应及时滞结构。同时，基于圣路易斯方程的即时效应研究也不能准确地给出货币政策相机抉择成分与规则成分对不同宏观经济变量的总效应。

因此，我们在单方程即时效应研究的基础上，进一步运用 SVAR 模型对货币政策相机抉择的时滞效应进行更细致的刻画。主要做法是，通过结构约束及价格黏性假设估计 SVAR 模型，进而估计货币政策相机抉择成分的动态脉冲响应函数，然后通过方差分解进一步分析货币规则成分与相机抉择成分分别对不同宏观经济变量的总效应。

5.2　基于 SVAR 模型的货币政策相机抉择时滞效应分析

上一节从单方程的视角，以反馈规则为基础分别估计了货币政策的不同成分对产出、物价水平等宏观经济变量的即时效应，得出了有力的结论。但是，单方程货币政策识别有着自身的缺陷：第一，单方程货币政策识别只能同时研究货币政策的不同成分对一个宏观经济变量（如产出、通货膨胀或汇率）的即时效应，但是经济系统是错综复杂的，货币政策对不同宏观经济变量的影响不可避免地存在着交叉、重复、削弱或增强。因此，单方程方法不能同时研究货币政策的不同成分对若干宏观经济变量的效应。第二，单方程的货币政策分解方法虽然能够有效地刻画出货币政策相机抉择成分等变量对产出、通货膨胀的即时影响，但是却无法精确地估计出货币政策相机抉择的时滞是多长，相机抉择的最大效应发生在什么时候，以及相机抉择对经济变量的累积影响。第三，单纯地依靠经济理论来建立模型，并借此研究货币政策相机抉择虽然能够起到检验经济理论的作用，但是将 McCallum 反馈规则作为短期约束条件纳入 SVAR 模型对于深入研究货币政策相机抉择的时滞效应具有重要的意义。

5.2.1 货币政策相机抉择时滞效应模型设定

5.2.1.1 SVAR 模型

在用圣路易斯方程对货币政策规则成分及相机抉择成分的产出效应与物价水平效应进行研究的基础上，进一步通过 SVAR 模型重点研究货币政策相机抉择对产出等宏观经济变量的时滞效应，从而确定货币政策的时滞结构。

一个 k 维向量 Z_t 的向量自回归模型可以给定如下

$$Z_t = B_1 Z_{t-1} + \ldots + B_q Z_{t-q} + u_t, E u_t u_t' = V \qquad (5-3)$$

q 为非负整数，且 u_t 与所有的 $t-1$ 时期变量及更早时期变量不相关[①]。参数 B_i 可以通过对方程（5-3）中的每个方程分别运用普通最小二乘法程序估计求得，以此为基础就可以从其拟合残差项估计 V。

假设已经知道 B_i、u_t 以及 V，但仍然无法计算出向量 Z_t 中各变量对经济中基本冲击的动态脉冲响应函数。原因是 u_t 是向量 Z_t 的提前一步预测误差。一般来说，u_t 的每个元素反映的是各个变量的复合性新息，而不是可解释的具有经济意义的特定新息，比如说货币政策相机抉择新息。为了得到具有经济意义结构式相机抉择新息，必须通过 $A_0 u_t = \varepsilon_t$ 将复合型相机抉择新息转化为结构型相机抉择新息 ε_t，这就需要对 SVAR 模型进行估计，其核心是对 A_0 的估计与约束。

假设 VAR 扰动项 u_t 与基本经济冲击 ε_t 之间的关系由下式给出：$A_0 u_t = \varepsilon_t$。这里，矩阵 A_0 是一个可逆的方阵，并且 $E \varepsilon_t \varepsilon_t' = D$，其中 D 为一个正定矩阵[②]，通常可以假定 $D = I_k$，即 k 阶单位阵。用矩阵 A_0 左乘方程（5-3），我们就可以得 SVAR 模型（5-4）：

$$A_0 Z_t = A_1 Z_{t-1} + \ldots + A_q Z_{t-q} + \varepsilon_t \qquad (5-4)$$

---

① Sargent（1987）概括并总结了 VAR 族模型过程。方程（5-3）中缺少常数项并不失一般性，因为我们可以自由地设定 Z_t 中的某个等于 1。

② 这对应着如下假设：经济相机抉择可以从 Z_t 的当期及过去值中发现。对于我们的分析，我们只要求 ε's 的一部分可以从当期及过去的 Z_t 中发现。

这里，A_i 是一个 $k \times k$ 阶的常数矩阵，$i = 0, \ldots, q$，并且

$$B_i = A_0^{-1} A_i, \quad i = 1, \ldots, q \quad V = A_0^{-1} D \left(A_0^{-1} \right)' \qquad (5-5)$$

用 γ_h 表示变量 Z_{t+h} 对单位基本相机抉择 ε_t 新息的脉冲响应，其计算如下。令 $\tilde{\gamma}_h$ 为以下差分方程的解：

$$\tilde{\gamma}_h = B_1 \tilde{\gamma}_{h-1} + \ldots + B_q \tilde{\gamma}_{h-q}, h = 1, 2, \ldots \qquad (5-6)$$

其初始条件为

$$\tilde{\gamma}_0 = I, \tilde{\gamma}_{-1} = \tilde{\gamma}_{-2} = \ldots = \tilde{\gamma}_{-q} = 0 \qquad (5-7)$$

那么

$$\gamma_h = \tilde{\gamma}_h A_0^{-1}, \quad h = 0, 1, \ldots \qquad (5-8)$$

这里，矩阵 γ_h 中的第 j 行，第 l 列元素 $\gamma_h(j, l)$ 表示向量 Z_{t+h} 中第 j 个变量对结构性新息向量 ε_t 中第 l 个具体新息的脉冲响应。$\gamma_h's$ 表示 Z_t 的元素对 ε_t 元素的脉冲响应函数。

可见，动态脉冲响应函数的结果与 A_0 的估计具有密切的关系，不同的 A_0 会导致不同的脉冲响应函数，从而影响了模型的稳健性。

关系式（5-8）意味着需要知道 A_0 以及 B_i 才能计算出脉冲响应函数。虽然 B_i 可以通过最小二乘估计来求得，但是得到 A_0 并不容易。我们能从现有数据中得到的关于 A_0 的唯一信息是，它是方程（5-5）的解。由于缺少关于 A_0 的约束，因此方程组（5-5）存在着多个解，从而使得脉冲响应函数的值也不固定。这是因为，A_0 中待估参数的个数是 k^2 个，而对称矩阵 V 最多含有 $\frac{k(k+1)}{2}$ 个不相同的数。因此，这就是一个含有 k^2 个未知数、$\frac{k(k+1)}{2}$ 个方程的方程组，很显然当 $k > 0$ 时，该方程组具有无穷解。令其解集为

$$Q_v = \{A_0 : A_0^{-1} \left(A_0^{-1} \right)' = V\} \qquad (5-9)$$

因此，Q_v 就是该方程组的解集。用数学语言来描述，只要 $k > 1$，一般情况下该方程组就有很多解，也就是说为了确定唯一的合理的解，必须对方程施加其他约束，这就是本书所说的识别问题。为了得到唯一的解，施加的约束的个数为 $\frac{k(k-1)}{2}$，即 $k^2 - \frac{k(k+1)}{2}$。

在现实应用中，一般有两种约束：一类是递归约束，即要求矩阵 A_0 的主对角线元素为正。另一类则是根据经济理论对矩阵 A_0 中的元素施加线性约束，被称为替代约束。

现在，我们解释递归假设如何对方程（5-4）中的矩阵 A_0 进行约束。将 Z_t 分成三个块：含有 k_1 个变量的 X_{1t} 块，其变量的当期值出现在信息集 X_t 中；第二块为含有 k_2 个变量的 X_{2t} 块，其变量均以滞后的形式出现在信息集 X_t 中；第三块为工具变量 S_t。则 $k = k_1 + k_2 + k_3$，其中 k 为 Z_t 维数。也就是

$$Z_t = \begin{pmatrix} X_{1t} \\ S_t \\ X_{2t} \end{pmatrix}$$

我们考虑 $k_1, k_2 \geq 0$ 的情况。为了使分析有趣，我们假设如果 $k_1 = 0$，从而 X_{1t} 从向量 Z_t 中消失，那么 $k_2 > 1$。相似地，如果 $k_2 = 0$，则 $k_1 > 1$。递归假设对矩阵 A_0 的施加如下的零约束：

$$A_0 = \begin{bmatrix} \underset{(k_1 \times k_1)}{a_{11}} & \underset{(k_1 \times 1)}{0} & \underset{(k_1 \times k_2)}{0} \\[2ex] \underset{(1 \times k_1)}{a_{21}} & \underset{(1 \times 1)}{a_{22}} & \underset{(1 \times k_2)}{0} \\[2ex] \underset{(k_2 \times k_1)}{a_{31}} & \underset{(k_2 \times 1)}{a_{32}} & \underset{(k_2 \times k_2)}{a_{33}} \end{bmatrix}$$

这里，圆括号中的表达式表示相应分块矩阵的维数，并且 $a_{22} = 1/\sigma_s, \sigma_s > 0$。

矩阵 A_0 中间一行的零行反映了这样的假设：决策者在制定政策变量 S_t 时无法观测或看到 X_{2t}。矩阵 A_0 第一行的两个零块反映了这样的假设：货币政策相机抉择成分与向量 X_{1t} 中的变量正交。这些模块对应着两个不同的渠道，通过这些渠道货币政策相机抉择成分能够影响 X_{1t} 中的变量。第一个块对应着工具变量 S_t 对变量集 X_{1t} 的直接影响，第二个块对应着工具变量对变量集 X_{1t} 的间接影响，该影响是通过工具变量对变量集 X_{2t} 的影响间接影响到 X_{1t} 上的。

递归假设对于识别矩阵 A_0 中的所有元素并不是充分的，因为前 k_1 个方程是不可区分的，最后 k_2 个方程也是不可区分的。因此，严格来说，递归约束对于识别矩阵 A_0 是不充分的。尽管有定理表明，递归约束对于识别感兴趣的政策冲击仍然是有用的。但是，正如 Sims 和 Zha（1996）所说的，递归约束为 VAR 模型中的变量强制性地施加了约束条件，具有相当的主观性和任意性，模型的估计不具有稳健性，因此根据经济理论对 SVAR 模型施加识别约束。

鉴于递归约束的任意性，许多学者从研究的具体问题出发，根据经济理论施加一定的约束，从而实现 SVAR 模型的识别与估计，这种思路下的约束统称为结构约束或替代约束。但是，由于研究问题及理论观点不同，替代约束没有固定的形式，需要根据经济问题来设定，常见的有短期约束。

5.2.1.2　SVAR 理论模型的设定

实证分析表明，McCallum 规则能够较好地模拟我国当前的货币政策操作特征，并能够很好地解释我国基础货币对产出缺口、通货膨胀及汇率失调的反馈机制。但是，我们在关心货币政策相机抉择对各变量的即时影响的同时，也关心货币政策相机抉择对各变量的后继影响及时滞结构，同时也更关心 McCallum 规则及该规则下的灵活相机抉择分别对我国产出缺口、通货膨胀率及汇率效应，从而更能体现出我国当前相机抉择与规则分别在货币政策框架中的相对重要性。因此，将已经估计得到的 McCallum 规则（4.15）作为短期约束条件纳入 SVAR 模型，进一步研究我国货币政策相机抉择对各宏观经济变量的时滞效应。

所建立的理论模型如下：

用基础货币增长率 Δb_t^* 表示货币政策工具 S_t。这种选择的理由是在所有的分解方法与模型中，McCallum 规则是最适于描述我国货币政策的制定与执行特征的（表现在最高的拟合优度及较好的经济含义）[1]。同时 McCallum（1983），Bernanke 和 Blinder（1992），Sims（1986，1992）及刘斌（2005）也主张用基础货币作为我国的货币政策工具。因此，纳入 VAR 模型的变量有：产出缺口 $y_x = x - x*$、通货膨胀偏差 $y_p = p - p*$、汇率的失调 $y_e = reer - reer^*$ 及基础货币增长率 Δb_t^*。我们的关于 X_t 的表述包括当期及若干滞后期的产出、价格水平、汇率以及若干滞后期的基础货币。

在该理论模型中，共有变量 4 个，应当施加 6[2] 个约束条件才能保证我们的模型是恰好识别的。我们施加的约束条件有：

第一，McCallum 规则。根据前文的研究，McCallum 规则能够很好地描述当前我国货币政策的操作特征，因此这里用该规则作为识别 SVAR 模型的约束条件。这相当于将 McCallum 规则中基础货币增长率对产出制品、通货膨胀缺口及汇率失调程度的反馈系数 -0.4287、-0.0022、0.8279 分别当做约束矩阵 A_0 中的待估参数，这样相当于施加了三个约束条件：（1）假设 SVAR 模型中基础货币增长率对产出缺口的反馈系数为 -0.4287；（2）假设 SVAR 模型中基础货币增长率对通货膨胀缺口的反馈系数为 -0.0022；（3）假设 SVAR 模型中基础货币增长率对汇率失调程度的反馈系数为 0.8279。

第二，假设工业增加值缺口对当期 CPI 变化的反馈系数为零。该假设是符合实际的，不需要作出证明。根据新古典增长理论，产出的增加来源于投入的

---

[1]　本书第 4 章与第 5 章的内容通过实证分析与比较证明了这一点。

[2]　施加约束的个数为 $k(k-1)/2$，其中 k 为内生变量的个数。

增加或技术的提高。但是,价格水平的变化并不会直接影响当期技术含量的变化,同时,对原材料投入数量的多少及质量的好坏并不取决于当期价格水平的变化,而是取决于对未来价格水平变化的预期。另外,即便各个行业的经营者想在价格发生变化时立刻改变其生产计划,但是由于生产的不可逆性及原材料的一次性投入使得经营者无法调整即期的产量。因此,价格水平的变化并不能导致其当期产量的变化,即工业增加值缺口对当期通货膨胀率缺口的反馈系数为零。

第三,假设我国价格水平具有黏性,即基础货币增长率的即期变化不会导致物价水平的立刻上涨。由于价格本身体现了总需求与总供给之间博弈的最终信息,它对于各市场主体调节自身的经营与收入状况起着重要的作用。当基础货币变化时,从基础货币的变化到价格水平的变化之间要经过一定的传导机制及传导时间。同时,基础货币增长率的变化并不会立刻导致各行业、各领域价格水平的共同变化,从而导致有些行业价格不变,有些行业价格变化,最终的结果是整个社会的价格水平并没有随着基础货币增长率的变化而发生立刻变化。

第四,假设工业增加值缺口的变化不会立刻导致汇率水平在当期发生变化。这个假设条件也是成立的:(1)从影响汇率水平的因素讲,影响汇率水平的因素非常多,单纯工业增加值的变化并不会影响我国汇率的立即变化;(2)即便能够影响汇率的变化,但是由于工业增加值的增加包括出口品的增加及非出口品的增加,因此汇率的变化非常小,可以忽略。

产出缺口、通货膨胀偏差、汇率失调程度不仅在当期参与货币当局制定基础货币的决策,而且其滞后值也参与基础货币的决策。

此时,Z_t 为 4×1 向量;X_{1t} 为 3×1 向量;X_{2t} 暂时为空。而标准化后的 A_0 的构造如下:

$$A_0 = \begin{bmatrix} 1 & 0 & na & na \\ na & 1 & na & 0 \\ 0 & na & 1 & na \\ \lambda_1 & \lambda_2 & \lambda_3 & 1 \end{bmatrix}$$

令 $y_x = x - x^*$,$y_p = \Delta p - \Delta p^*$,$y_e = e - e^*$ 此时理论模型表示如下:

$$Z_t = \begin{bmatrix} X_{1t} \\ s_t \end{bmatrix},\text{其中} X_{1t} = \begin{bmatrix} y_{xt} \\ y_{pt} \\ y_{et} \end{bmatrix}, S_t = \Delta b_t^* \qquad (5-10)$$

写成 SVAR 模型的形式为

$$A_0 Z_t = A_1 Z_{t-1} + \ldots + A_p Z_{t-p}$$

即 $\begin{bmatrix} y_x + 0y_p + nay_e + na\Delta b_t^* \\ nay_x + y_p + nay_e + 0\Delta b_t^* \\ 0y_x + nay_p + y_e + na\Delta b_t^* \\ 0.4286y_x + 0.0022y_p - 0.8279y_e + \Delta b_t^* \end{bmatrix} = A_1 Z_{t-1} + \ldots + A_p Z_{t-p}$，也可

以写成以下形式：

$$\begin{bmatrix} y_x \\ y_p \\ y_e \\ \Delta b_t^* \end{bmatrix} = \begin{bmatrix} 0y_p + nay_e + na\Delta b_t^* \\ nay_x + + nay_e + 0\Delta b_t^* \\ 0y_x + nay_p + + na\Delta b_t^* \\ -0.4286y_x - 0.0022y_p + 0.8279y_e \end{bmatrix} - A_1 Z_{t-1} - \ldots - A_p Z_{t-p}$$

可以看出，SVAR 模型的第四个方程其实就是对 McCallum 规则的应用。从 SVAR 理论模型的结构来看，该模型具有以下特点：一是将最优的 McCallum 规则纳入了 SVAR 的识别约束中，这可以从模型的第四个方程看出；二是本模型将零约束与非零约束结合起来，从而避免了单纯的递归约束的任意性与主观性；三是本模型将经济学理论与统计技术结合，将递归约束与经济约束相结合，从而避免了模型回归与估计的任意性，增强了其稳健性，解决了 VAR 模型中变量的排序问题及脉冲响应函数的不稳定问题，同时还能对施加的约束作出进一步的检验。

5.2.2　模型的估计与检验

5.2.2.1　研究区间、数据描述及单位根检验

这里采用月度数据进行研究，研究的区间是 1999 年 12 月至 2009 年 12 月。工业增加值数据[①]、基础货币供给量、CPI 数据来自和讯网的宏观经济数据库。汇率数据采用世界清算银行编制的真实有效汇率指数。由于采用的是高频数据，为了更好地反映货币政策相机抉择对各个变量趋势的影响，在将名义变量化为

---

① 由于我们采用月度数据来估计货币政策相机抉择，而我国目前还没有月度 GDP 的数据，因此这里将工业增加值作为月度 GDP 的代理变量。

实际变量的基础上①采用 Census – X12 方法对各个变量进行季度调整，最后再对调整后的变量取自然对数，最终形成的基础货币增长率、工业增加值缺口、汇率失调程度、物价水平偏差分别记为：产出缺口 $x - x^*$、通货膨胀偏差 $p - p^*$、汇率的失调 $reer - reer^*$ 及基础货币增长率 Δb_t^*。并令 $y_x = x - x^*$，$y_p = p - p^*$，$y_e = reer - reer^*$ 以进一步简化模型的写法。

以上变量的原始数据在季节调整和取对数前后存在着很大的差异，这种差异说明了数据处理的必要性和有效性。处理前后的变量对比如图 5 – 4 所示，然后再根据处理后的数据计算相应的缺口并进行单位根检验，具体计算请参考前文关于 McCallum 规则的实证研究，这里不再赘述。单位根检验结果同表 4 – 1。

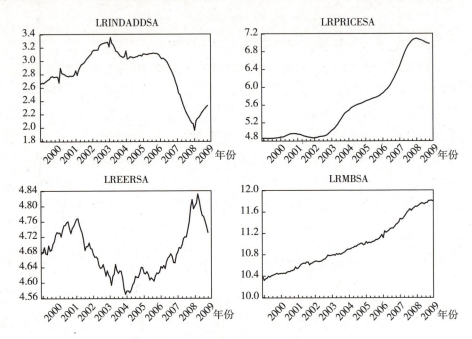

图 5 – 4　各变量数据处理前后的变化趋势图

5.2.2.2　结构向量自回归模型最优滞后阶数的确定

在估计 SVAR 模型及无约束的 VAR 模型之前，模型的滞后阶数 q 的确定至关重要。合理的滞后阶数 q 能够使模型的自相关性及序列相关性得到最大程度的

---

① 由于我们得到的 CPI 是环比指数，因此必须将环比指数化成定基指数。这里的方法是先将环比指数化成以 1999 年 12 月为基期的定基指数，然后再将所有的指数除以 1999 年 12 月的指数。具体计算公式是：$index_t^b = index_t \times index_{t-1} \times \cdots \times index_t / 100^{t-1}$。其中 $index_b$ 为定基指数，$index$ 为环比指数。然后，再将所有的 $index^b$ 除以 $index_1 / 100$，就得到了最终的定基指数。

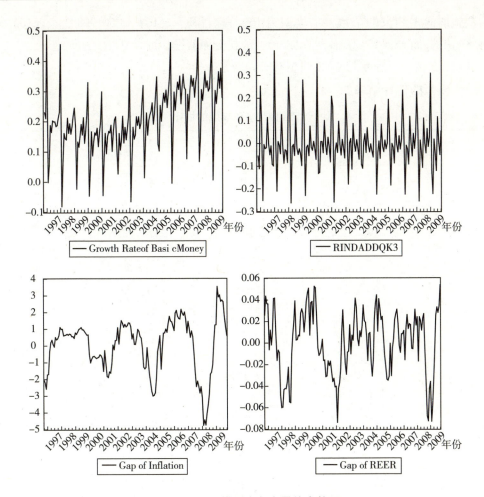

图 5 - 5　SVAR 模型中各变量的走势图

降低，同时能够使所估计的 VAR 系统平稳。只有在 VAR 系统稳定的基础上，才能够得到有效的脉冲响应函数及方差分解。更为重要的是，合理的滞后阶数能够使得模型的预测均方差最小化，从而提高模型的预测效果。

在 SC 准则及 HQ 准则下，当 p = 2 时，SC 及 HQ 达到最小；而在 AIC 准则及 FPE 准则下，当 p = 3 时，AIC 及 FPE 达到最小。为对滞后阶数作出正确选择，采用 LR 检验进行取舍。

检验假设 H_0 :max(p) = 2（即模型最大滞后阶数为 2）

检验统计量为 $LR = -2 \times (L_2 - L_3) = -2 \times (2650 - 2674.32) = 48.64$

其中，L_2，L_3 分别表示滞后期为 2 和 3 时模型整体的对数似然函数值。在零假设下，该统计量有渐近的 χ^2 分布，其自由度为从 VAR（3）到 VAR（2）对模型参数施加的零约束的个数，本模型为16。查表得$\chi^2_{0.05}(16) = 50.998$，$\chi^2_{0.01}(16) = 58.619$。而48.64小于临界值58.63，故接受原假设，即VAR（2）模型①。

5.2.2.3　无约束VAR模型估计与检验

模型的估计结果如下：

表5-3　　　　　　　　　　无约束VAR模型的估计

	y_x	y_p	y_e	Δb_t^*
y_{xt-1}	0.364498	0.059220	0.072548	-0.003214
	(0.09543)	(0.01693)	(0.03253)	(0.05519)
	[3.81938]	[3.49765]	[2.23003]	[-0.05823]
y_{xt-2}	0.540137	-0.049177	-0.101116	0.039980
	(0.09292)	(0.01649)	(0.03168)	(0.05374)
	[5.81262]	[-2.98289]	[-3.19210]	[0.74392]
y_{pt-1}	-1.647157	2.003258	0.141896	0.187662
	(0.19858)	(0.03523)	(0.06769)	(0.11485)
	[-8.29480]	[56.8613]	[2.09619]	[1.63404]
y_{pt-2}	1.543391	-1.005311	-0.143781	-0.136158
	(0.20032)	(0.03554)	(0.06829)	(0.11586)
	[7.70447]	[-28.2863]	[-2.10551]	[-1.17523]
y_{et-1}	-0.660569	0.100053	1.164877	0.048063
	(0.28258)	(0.05013)	(0.09633)	(0.16343)
	[-2.33766]	[1.99573]	[12.0929]	[0.29410]
y_{et-2}	0.371579	-0.083071	-0.285166	0.044990
	(0.28903)	(0.05128)	(0.09853)	(0.16716)
	[1.28562]	[-1.62001]	[-2.89433]	[0.26915]
Δb_{t-1}^*	0.069863	0.021476	0.033987	0.609685
	(0.15359)	(0.02725)	(0.05236)	(0.08883)
	[0.45487]	[0.78813]	[0.64914]	[6.86376]
Δb_{t-2}^*	0.076779	-0.015251	-0.039725	0.320010
	(0.15115)	(0.02682)	(0.05152)	(0.08742)
	[0.50797]	[-0.56872]	[-0.77100]	[3.66078]

---

①　为了验证滞后阶数的正确性，我们用EViews中的lag structure \ lag length criteriar操作进行检验，发现当滞后阶数为2时，LR与HQ（HQ：汉纳-昆信息准则）统计量同时达到最小。

	y_x	y_p	y_e	Δb_t^*
	0.623053	− 0.165159	0.715550	− 0.044062
C	(0.61970)	(0.10994)	(0.21125)	(0.35840)
	[1.00541]	[− 1.50221]	[3.38725]	[− 0.12294]
R − squared	0.374224	0.875544	0.731325	0.443123
Adj. R − squared	0.339699	0.868678	0.716502	0.421778
F − statistic	1447.125	234011.5	421.9183	6744.115
Log likelihood	234.0465	436.3702	359.9622	298.1142

该模型的方差协方差矩阵 V 为：

表 5 – 4 模型方差协方差矩阵 V

	y_x	y_p	y_e	Δb_t^*
y_x	0.001161	− 0.000109	− 7.14E − 05	− 3.28E − 06
y_D	− 0.000109	3.65E − 05	1.27E − 05	1.24E − 05
y_e	− 7.14E − 05	1.27E − 05	0.000135	− 4.73E − 05
Δb_t^*	− 3.28E − 06	1.24E − 05	− 4.73E − 05	0.000388

从模型的估计方程（见表 5 – 3）看，工业增加值缺口方程、通货膨胀缺口方程、汇率失调方程、基础货币增长率方程调整后的拟合优度分别达到了 33.97%、86.87%、71.65% 和 42.18%。其中，基础货币增长率方程的拟合优度高达 42.18%，通货膨胀率缺口的拟合优度达到了 86.87%，是所有方程中拟合效果最好的方程，其次是汇率失调方程的拟合优度也达到了 71.65%。其中，值得注意的是，基础货币增长率方程在 VAR 模型中拟合优度比模型（4.15）的拟合优度（37.02%）还要高，因此将 McCallum 规则纳入 SVAR 柜架下具有其独特的优势，这是因为 VAR 模型中的基础货币增长率方程不仅关注对其他变量滞后值的信息，而且也关注自身滞后值的信息，具有后顾性的特征。模型共估计参数 36 个，其中 T 值绝对值大于等于 2 的有 17 个，约 50%，大于 1/3，因此模型总体估计效果良好。

观察图 5 – 6 可以发现，任何一个变量与其他变量滞后值之间存在着显著的相关性，从而使得其他变量的滞后值作为另一个变量的解释变量具有统计上的合理性。就基础货币增长率方程而言，它的决定与 VAR 模型中其他变量的滞后值有着极大的关系，体现了货币政策的后顾性。

VAR 模型的序列相关性及自相关性会很严重地影响到参数的估计效果及质

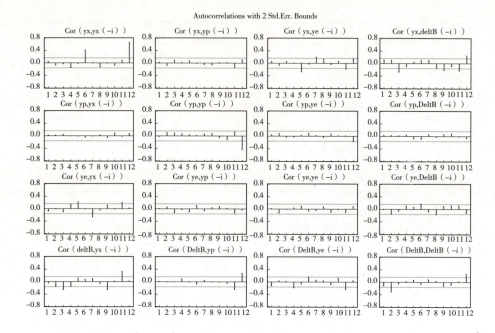

注：图中 yx 表示 y_x，yp 表示 y_p，ye 表示 y_e，$DeltB$ 表示 Δb_t^*。

图 5-6　VAR 模型残差交叉相关图

量，从而造成模型估计值有偏。因此，为了确保模型构建的合理性，我们对其残差的相关性及自相关性进行检验，检验的结果见表 5-5：

表 5-5　　　　　　　　　　　VAR 模型残差相关性 LM 检验

Lags	LM - Stat	Prob
1	53. 60774	0. 0297
2	45. 11692	0. 1418
3	33. 28809	0. 5983
4	40. 71316	0. 2707
5	51. 49404	0. 0454
6	24. 18570	0. 9334
7	25. 35120	0. 9074
8	33. 17424	0. 6037
9	28. 86893	0. 7948
10	19. 13468	0. 9905
11	36. 93385	0. 4256
12	63. 89056	0. 0028

注：LM 检验服从自由度为 k^2 的 χ^2 检验。该检验的原假设 H_0：序列不存在 h 阶自相关性。

从表 5 - 5 的检验结果来看，从 1 阶至 12 阶，大部分的相伴概率均在 0.05 以上，应当接受原假设，因此基本上不存在显著的自相关性。

表 5 - 6　　　　　　　　　　　VAR 模型的异方差检验

联合检验		
Chi - sq	df	Prob.
2613.976	2541	0.1531

分项个体检验					
因变量	拟合优度	F (121, 8)	相伴概率	Chi - sq (121)	相伴概率
res1 * res1	0.965294	1.838882	0.1786	125.4882	0.3715
res2 * res2	0.948757	1.224127	0.4109	123.3384	0.4238
res3 * res3	0.962745	1.708543	0.2116	125.1568	0.3794
res4 * res4	0.934271	0.939761	0.6072	121.4552	0.4713
res2 * res1	0.968093	2.006052	0.1447	125.8522	0.3630
res3 * res1	0.978829	3.056786	0.0458	127.2477	0.3308
res3 * res2	0.963585	1.749519	0.2005	125.2661	0.3768
res4 * res1	0.941036	1.055166	0.5197	122.3346	0.4490
res4 * res2	0.890061	0.535268	0.9289	115.7079	0.6188
res4 * res3	0.941325	1.060701	0.5158	122.3723	0.4480

White 异方差检验的结果表明，无论是 VAR 模型整体还是系统中的单个方程，均不存在异方差性。这里的检验采取的是有交叉项的异方差检验。采用具有交叉项的 White 异方差检验的优点是可以判断 VAR 模型中各个方程之间是否存在严重的交叉信息，以及这种交叉信息是否会影响模型的估计质量。在联合检验中，χ^2 统计量的统计量值为 2613.976，是各个分项检验 χ^2 统计量值之合，其自由度为 2541，也为各方程 χ^2 统计量自由度之和。整体检验的相伴概率为 0.1531，远远大于 0.05，因此应当接受原假设。即模型不存在整体的异方差性。

同时，各个方程的相伴概率也均在 0.05 以上，也不存在异方差性。

根据模型的特征多项式根分布图（如图 5 - 7 所示）可知，由于所有的特征根均在单位圆内，因此该无约束的 VAR 模型具有良好的平稳性，从而具备了脉冲响应分析的条件。具体检验结果见表 5 - 7。

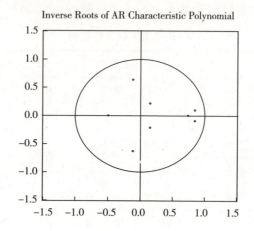

Inverse Roots of AR Characteristic Polynomial

图 5 - 7 VAR 模型特征根展示图

表 5 - 7   VAR 平稳性检验

特征根	模
0. 848646 - 0. 095536i	0. 854007
0. 848646 + 0. 095536i	0. 854007
0. 742196	0. 742196
- 0. 111342 - 0. 635172i	0. 644857
- 0. 111342 + 0. 635172i	0. 644857
- 0. 492615	0. 492615
0. 151812 - 0. 214051i	0. 262420
0. 151812 + 0. 214051i	0. 262420

注：没有特征根落在单位圆外，VAR 的估计满足稳定性条件。

　　VAR 模型动态脉冲响应函数有效的前提条件是 VAR 模型的估计必须是稳定的，即要求其特征根的模必须在单位圆内。由于该模型具有 4 个内生变量，且每个内生变量滞后 2 期，因此存在着 8 个特征根。可以发现，每个特征根的模均小于 1，因此模型的估计是稳定的，从而可以对其进行动态脉冲响应分析。

5.2.2.4 货币政策复合型相机抉择成分①

在经过残差项检验、模型稳定性检验及模型拟合优度检验后，结果表明，VAR 模型的建立与估计基本上满足了统计意义与经济意义②，模型具有合理性。

根据模型的估计结果，将货币政策简化式相机抉择成分表示如下。由于模型以基础货币作为货币政策工具，因此称该模型下识别的复合性相机抉择成分为基础货币相机抉择，也就是 VAR 系统中基础货币方程所对应的残差估计量，其走势如图 5 - 8 所示。

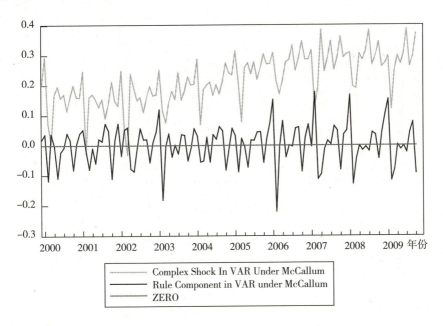

注：complex shock in VAR under McCallum 表示复合型相机抉择成分，Rule Component in VAR under McCallum 表示基于 McCallum 模型的规则成分。

图 5 - 8 基础货币复合性相机抉择成分与规则成分

图 5 - 8 展示的是我国基础货币复合性相机抉择成分，单从该图我们无法准

---

① 在估计无约束 VAR 模型的基础上得到的残差项 μ_i^t 并不是我们最终的单纯的货币政策相机抉择成分。这是因为无约束的 VAR 模型中内生变量的即期相互关系并没有明显地表现出来，而是隐藏在各个方程的残差项中，由于各个残差项是其他残差项的函数和线性组合，因此我们称无约束 VAR 估计得到的货币政策相机抉择是隐藏着其他变量信息的货币政策相机抉择成分，即混合性相机抉择或简化式相机抉择，也称为复合性相机抉择。

② 由于无约束的 VAR 模型属于非结构建模，因此对经济理论及经济假设的依赖性不是特别严格。同时，由于无约束的 VAR 模型中内生变量的当期相互关系包含在了残差项中，因此模型的统计意义在某种意义上要比经济意义更为重要。

确地看出我国货币政策在不同时期的具体态势，因为该相机抉择成分里仍然包含着其他变量的相关信息，该相机抉择成分与其他内生变量之间具有相关性，从而不具备正交性质。因此，我们有必要将该相机抉择成分转化为具有正交性质的结构性货币政策相机抉择成分（如图5-9所示）。

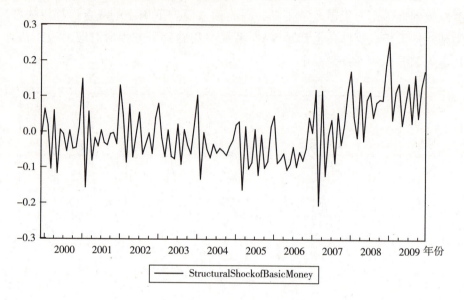

图5-9　基础货币结构性相机抉择成分

5.2.2.5　SVAR 模型约束条件 A_0 及结构性相机抉择成分的估计

由于我们对矩阵 A_0 施加的是短期约束，即仅对内生变量之间的即期关系施加了零约束，因此我们通过式 $A_0 u_t = \varepsilon_t$ 实现复合性相机抉择成分向结构式相机抉择成分的转化。

根据矩阵 A_0 的约束条件，建立其待估计矩阵为

$$A_0 = \begin{bmatrix} 1 & 0 & na & na \\ na & 1 & na & 0 \\ 0 & na & 1 & na \\ 0.4286 & 0.0022 & 0.8279 & 1 \end{bmatrix}$$

其中 na 表示待估计矩阵元素。

通过 EViews5.0，得到矩阵 A_0 的估计值见表5-8。从以上约束的估计可以看出，除参数 C（4）外其他参数均在1%的显著性水平上显著，且模型能够恰好识别（just - identified），这表明在 McCallum 规则的约束下，货币政策相机抉择的识别是唯一的，且在该模型下的动态脉冲响应函数也是唯一的，具有较强

的稳健性。

在矩阵 A_0 估计的基础上，通过关系式 $A_0 u_t = \varepsilon_t$ 将复合性相机抉择成分转化为结构式相机抉择成分，结构式相机抉择成分如图 5 – 9 所示。

表 5 – 8　　　　　结构 VAR 模型的估计（Structural VAR Estimates）

A₀ =				
1	0	C（3）	C（5）	
C（1）	1	C（4）	0	
0	C（2）	1	C（6）	
0. 4286	0. 0022	– 0. 8279	1	
	Coefficient	Std. Error	z – Statistic	Prob.
C（1）	– 0. 79263	0. 190262	– 3. 96969	0. 0000
C（2）	1. 666332	0. 095077	17. 52621	0. 0000
C（3）	3. 56292	0. 603286	5. 64026	0. 0000
C（4）	3. 277095	4. 286850	0. 764453	0. 4446
C（5）	– 1. 559766	0. 137842	– 11. 31563	0. 0000
C（6）	5. 071224	0. 299130	16. 95322	0. 0000
Log likelihood	298. 9037			
Estimated A₀ matrix：				
1. 000000	0. 000000	3. 56292	– 1. 559766	
– 0. 79263	1. 000000	3. 277095	0. 000000	
0. 000000	1. 666332	1. 000000	5. 071224	
0. 428600	0. 002200	– 0. 827900	1. 000000	

注：调整后的样本期为：1999M12 – 2009M12；估计方法为：method of scoring（analytic derivatives）模型在 278 次迭代后收敛，结构 VAR 模型恰好识别；模型为 $A_0 e = u$；约束类型：短期约束与经济结构约束。

比较 VAR 模型下的复合性相机抉择成分[1]与 SVAR 模型下的结构性相机抉择成分，可以发现以下特点：第一，两种相机抉择成分在形状及走势上基本相同，这说明尽管复合性相机抉择成分对解释我国货币政策的态势不太准确，但是复合性相机抉择成分中仍然以货币政策结构性相机抉择成分为主要信息内容，两者具有较大的相关性，经过测算两者的相关系数达 0. 8725，这说明复合性相

---

[1]　马树才和贾凯威（2009）以无约束 VAR 模型为基础，对复合性相机抉择成分进行了刻画、描述。研究结果表明无约束 VAR 模型下的复合性新息与本书的结构性新息具有极大的相似性，从而表明了本书研究结果的稳健性。

机抉择成分与结构性相机抉择成分两者具有 87.25% 的相同信息，也可以说货币政策复合性相机抉择成分里面有 87.25% 的信息为结构性信息，其余 12.75% 的信息则体现了工业增加值、汇率及物价水平等因素的新息。因此，可以看出无约束 VAR 模型估计效果的好坏直接关系着基础货币增长率方程的残差项中所含货币政策相机抉择信息的纯度，可见 VAR 模型的估计对于货币政策相机抉择成分的估计具有重要的影响。第二，尽管两种相机抉择在形状和走势上相同，但是各种相机抉择的规模不同。总体而言，结构性相机抉择要小于复合性相机抉择的程度，因此直接通过无约束 VAR 模型估计求解动态脉冲响应函数可能会夸大或缩小货币政策相机抉择的效应。比较图 5-8 与图 5-9 可以发现，SVAR 模型下的结构性相机抉择成分的波动幅度在 -10% ~20%，而 VAR 模型下的复合性相机抉择成分（complex shock）的波动幅度在 5% ~40%，从而夸大了真实相机抉择的波动幅度。第三，在 VAR 模型下的复合性相机抉择无法体现出负向相机抉择，这是因为复合性相机抉择中还包含着其他的干扰因素，从而使得复合性货币政策相机抉择的精度下降。因此，仅仅从复合性相机抉择着手无法准确判断我国的经济走势和货币政策操作的特征。第四，仔细观察图 5-9 与图 4-4，或比较图 5-10 与图 4-5 可以发现，单方程框架下基于 McCallum 规则的规则成分与相机抉择成分与 SVAR 框架下基于 McCallum 规则的规则成分与相机抉择成分十分相似，其相关系数分别为 0.9782 与 0.9423，这说明基于 McCallum 规则的货币政策规则成分与相机抉择成分的分解具有稳健性，也说明单方程识别与以 McCallum 规则作为约束条件的 SVAR 识别几乎是等价的，两者差异不大。第五，尽管这种方法在识别规则成分与相机抉择成分的结果具有极大的相似性，但是两者对于货币政策规则与相机抉择效应的研究则侧重于不同方面。单方程方法只能考察规则成分与相机抉择成分对产出、通货膨胀及汇率等宏观经济变量的即时影响，从而作出规则成分与相机抉择成分哪个更重要的判断。但是，这种方法无法同时研究货币政策相机抉择对各个宏观变量的滞后影响，而这是我们比较关心的问题。将 McCallum 规则作为短期约束条件的 SVAR 模型还可以通过其特有的脉冲响函数及方差分解研究货币政策规则（体现为货币政策规则成分）与相机抉择（体现为货币政策相机抉择）分别对产出、通货膨胀率及汇率的时滞效应。

在识别出货币政策结构性相机抉择成分（Structural Shock）的基础上，我们

借鉴 *Cover*（1992）[①] 的方法将相机抉择分为正向相机抉择与负向相机抉择。具体如下：正向相机抉择成分为 $\max(s,0)$，负向相机抉择成分为 $\min(s,0)$，其中 s 表示货币政策相机抉择成分。正向、负向相机抉择成分如图 5 – 10 所示。在得到货币政策结构性相机抉择的基础上，可以得到其规则成分，如图 5 – 11 所示。

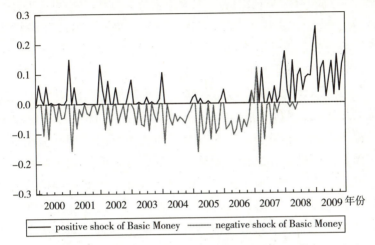

图 5 – 10　基础货币正向、负向相机抉择成分分离

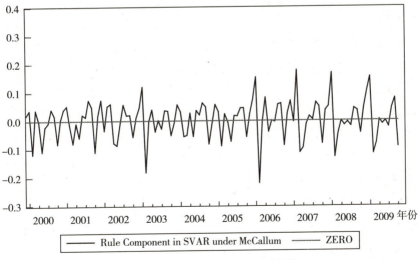

图 5 – 11　SVAR 模型下的规则成分

① Cover, JP. Asymmetric Effects of Positive and Negative Money – Supply Shocks［J］. *The Quarterly Journal of Economics*, 1992（4）：1261 – 1282.

可以发现，以基础货币识别的货币政策相机抉择具有以下特征：第一，从表面看，2000—2003 年基础货币正向、负向相机抉择基本呈现出对称波动趋势，时而紧缩时而扩张，但是紧缩的持续时间较长。从相机抉择成分的数据中可以得知，2000—2003 年紧缩的时期共计 30 个月，扩张的月数共计 18 个月。但是从紧缩与扩张的累计幅度来看，2000—2003 年的正向、负向相机抉择成分分别为 0.8497、－1.5281，呈现出适度紧缩的态势。其中，2000—2002 年的紧缩政策持续月数为 22 个，占整个紧缩区间的 73%；2000—2002 年的扩张月数占 14 个，占总扩张月数的 77%。2000—2002 年的总扩张幅度为 0.5049，而总紧缩幅度为 －0.7481。根据这段时间的基础货币相机抉择成分，可以判断这段时期货币政策呈现出紧缩性的态势。这与我国货币政策操作实践中 1998—2002 年实行扩张性政策相矛盾。我们对这种矛盾的解释是：受 1997 年亚洲金融危机的影响，我国承诺人民币不贬值，因此在重重压力下不得不回笼流动性，从而客观上使得基础货币相机抉择总体为紧缩性，尽管这段时期我国相机抉择地实行了扩张性的货币政策，但是由于将汇率的稳定放在了比较重要的位置，因此总体上仍然是从紧的政策。这时，维持汇率的稳定与刺激经济发展之间的矛盾显得很突出，从而彰显了货币政策目标单一化、汇率自由波动，从而不用货币政策干预的优越性。当然，这并不意味着扩张性的货币政策没有效果，而是如果没有采取扩张性的货币政策，紧缩的程度会更大（Mishkin，2009）[①]。第二，2004—2007 年，我国呈现出完全紧缩的态势，从基础货币正向与负向相机抉择图来看，只有 12 个月呈现出正向相机抉择的态势，其余 36 个月均为负向相机抉择，这与我国货币政策操作实践中 2003—2008 年的紧缩货币政策是吻合的。第三，从 2008 年上半年到 2009 年，基础货币相机抉择图显示出我国这段时期的政策走向为扩张性的货币政策。这段时间，负的相机抉择只有 2 次，这表明我国进入了完全的扩张性阶段，与我国货币政策操作实践中 2008 年上半年至 2009 年扩张性的货币政策的结论是相符的。通过以上分析，我们认为用基础货币的相机抉择成分去测度货币政策的态势具有可行性与合理性，基本上符合我国货币政策操作的实践及央行的意图。但是值得注意的是，在执行货币政策时，最终目标越少，政策越有效果。当货币政策的操作受到多个最终目标限制时，其最终的政策效果则充满着不确定性。第四，观察图 5 - 11 可以看出，基础货币增长率的变化基本上在 － 20% ~ 20%，上下调整幅度具有对称性，这说明我国货

---

① Mishkin, F. Is Monetary Policy Effective During Financial Crisis? [J]. *NBER Working Paper*, 2009 (1), No. 14678.

币政策规则对经济系统具有良好的反馈性能及规则的中性特征。但是，仔细观察会发现，基础货币增长率向上调整的速度与持续时间不同于向下调整的速度与时间。具体地，基础货币增长率向上变化的持续时间长、速度较慢，而向下调整的持续时间短、速度快，从而从另一个侧面说明我国货币政策的紧缩性效果要明显优于扩张性效果。货币政策上下调整的速度与持续时间不同除了与当时面临的经济过热与萧条严重程度有关外，也可能与我国的价格黏性有着密切的联系。由于价格具有向下黏性，当小规模地下调基础货币时可能不会在短期时间内影响价格水平，因此为了尽快抑制通货膨胀，减小通货膨胀压力，央行不得不加大基础货币下调的力度。

5.2.3　货币政策相机抉择时滞效应的脉冲响应分析

在识别货币政策相机抉择的基础上，进一步求取货币政策相机抉择分别对工业增加值缺口、通货膨胀率缺口及汇率失调的时滞效应。在 SVAR 模型中，用于分析货币政策效应的工具就是动态脉冲函数 γ_h。为了全面分析货币政策相机抉择对各宏观经济变量的影响，我们以模型（5.10）为基础阐释货币政策相机抉择的动态响应过程，在此基础上分析货币政策的时滞结构[①]。

为了排除模型样本期选择、模型变量设置等因素引起的估计偏差，我们采用蒙特卡罗模拟方法（EViews 内置）模拟货币政策相机抉择的脉冲响应函数，计算响应矩阵 γ_h 中的每个元素所重复的次数修正为 5000 次。

从脉冲响应的整体来看，所有的脉冲响应函数值随着相机抉择期 h 的增大逐渐趋于 0，符合平稳 VAR 模型的要求，也证明了模型估计的正确性，这也说明货币政策的相机抉择效应在持续一段时间后会逐渐消失，符合货币政策长期内无效的观点，从而使得累计脉冲响应函数趋于一个常数。即模型在总体上是收敛的，估计结果具有较强的可信性。

图 5 - 12 中，RINDADDQK3 表示工业增加值增长率缺口 y_x，INFQK 表示通货膨胀率缺口 y_p，EQK 表示实际有效汇率的失调程度 y_e，DLM00 表示基础货币增长率 Δb^*。图中实线表示动态脉冲响应的函数值，虚线表示函数值加减两个

---

① 贾凯威和马树才（2009）对产出、通货膨胀、货币政策与汇率之间的效应进行了实证检验，结果与本书得出的结果基本相似，但仍然存在着某些差异。一方面这是由于各个变量的构造及样本区间不同造成的；另一方面，前者采用乔斯利分解，而本书采用因子矩阵分解，这也是造成两个脉冲响应有所差异的原因之一。

标准差的置信区间带。本脉冲响应函数是通过结构因子 $\hat{A}_0$ 估计得到的①，不同于以 Cholesky 分解得到的响应函数。假设短期内潜在产出、均衡通货膨胀率及均衡汇率保持不变，因此在货币政策相机抉择的影响下，产出缺口、通货膨胀率缺口及汇率失调的变化其实质是产出、通货膨胀率及汇率的变化。

我们分析工业增加值（产出）对货币政策相机抉择的响应模式及时滞结构。可以看出，我国的工业增加值脉冲响应函数具有双驼峰形状。当发生一个单位的结构性新息（Structural Innovation）后（Eviews 默认为一个单位的正向相机抉择），工业增加值在当期的反应为零，即基础货币增长率的变化不会导致产出的立即变化，这是因为货币政策相机抉择从产生到影响实体经济具有一定的传递机制，这就需要一定的时间。但是在两个月的时间里，这种影响达到最大值 0.031782，从第 2 个月开始，工业增加值增长速度开始有所下降，到第 3 月影响为 -0.005966，在第四个月又转负为正，在第 5 个月达到第二个高峰 0.006670，这种正刺激趋势一直持续到第 18 个月，此时货币政策相机抉择对产出的影响几乎为零，从第 15 个月以后，这种相机抉择效应一直在 $7.2E-5$ 左右。通过该图，我们可以认为货币政策对经济增长不存在长期效应，而是存在短期效应。货币政策至少在短期内对经济具有显著的影响，在长期内这种影响仍然显著，但是影响程度很小，从而否定了货币政策中性的命题。

通货膨胀的脉冲响应函数呈现出单驼峰形状。通货膨胀率对货币供给量的响应也存在着非即时效应，即价格对货币供给量的即期反馈系数为零。从脉冲响应图可以看出，在给定一个标准的结构性基础货币新息后，价格水平在前两个月的反映为 0，且存在着稍微的负向运动，表明了我国存在价格黏性与轻微的价格之谜，即扩张性的货币政策在当期不但没有抬高价格水平，反而会带来价格水平的下降。不过我国的价格之谜并不太严重，基本上可以忽略（-0.0072）。从第 2 个月末开始，价格水平开始正向变动，第 3 个月达到 0.022650，第 4 个月达到 0.042928，此后物价水平一直保持上涨趋势，到第 7 个月达到峰值（0.067413）。第 7 个月后这种增长的态势虽然在继续，但是增速明显下降，物价水平开始回落。但是这种回落的持续时间相当长，到第 20 个月时仍然保持 0.010627，到第 34 个月才基本上收敛为零增长。这说明我国的价格水平具有相当的向下刚性，价格上涨与价格下降的速度与持续时间具有很大的不对称性。

---

① 在实际操作中，用户要指定已经估计出来的结构因子 $\hat{A}_0$（User Specified）。

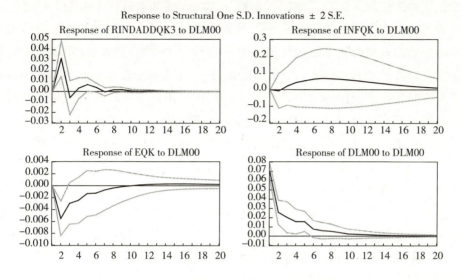

图 5 - 12　不同变量对货币政策相机抉择的脉冲响应函数

将工业增加值与通货膨胀的脉冲响应图结合起来，我们可以这样理解。由于我国存在着所谓的价格之谜，因此当一个正的冲击发生时，价格在短期内（2个月）出现轻微的下降，价格水平的下降导致社会总需求的增加，因此在第2个月创造了工业增加值的峰值。但是，扩张性政策很快将物价水平由负增长转为正增长，抬高的物价水平使得强劲的总需求开始回落，并曾一度为负增长，从而出现了工业增加值脉冲响应函数的第一个驼峰。由此我们认为，我国总需求对于价格的反应非常灵敏与迅速，并且存在着一定程度的超调反应。因此，在总需求由负增长转为正增长的过程中出现了工业增加值脉冲响应图中的第2个驼峰。通过以上分析，可以看出我国通过价格能够很好地释放供给信息，能够有效地影响总需求。

实际有效汇率失调的脉冲响应函数也具有单驼峰形状，其响应过程也符合经济理论。实际有效汇率指数在一个单位的正冲击之后，首先出现贬值，这种负向变化从第2个月一直持续到第8个月，持续时间约半年，这与实际的经济理论相符。按照传统的经济理论，当基础货币增加时，本国货币在货币供给乘数的作用下会加倍扩充市场上的人民币供给量，因此本币的币值会下降，本国货币贬值，从而造成实际有效汇率指数的下降。从第9个月开始，这种影响逐渐收敛于零。

综上分析，我们可以看到我国货币政策相机抉择的传递机制如下：基础货币供给增长率产生一个正的冲击，该冲击直接导致了两个结果：一是产生的价格之谜使得价格不升反降（虽然程度不大）从而刺激了国内总需求；二是基础货币的正冲击使得人民币汇率出现贬值，表现在实际有效汇率指数上就是汇率存在着低估，这又进一步刺激了外国对本国商品的需求。国内外的强劲需求对物价的影响以及基础货币通过货币乘数对物价水平的直接影响促使通货膨胀率在第 2 个月开始上升，到第 7 个月达到 6.7%。汇率的贬值在刺激出口的同时增加了外汇储备，本国国际收支顺差加大，汇率会由弱向强，以改变顺差继续扩大的态势。汇率的升值又会起到抑制国外需求的作用，从而减少了对我国的进口。国内物价的上涨与外需的减弱最终使得工业增加值增长率的正向变化逐渐收敛于零。从以上分析我们可以看出，基础货币虽然具有一定的内生性，但是目前仍然可以作为我国货币政策的操作目标；此外，基础货币相机抉择的汇率机制虽然对于我国宏观经济的治理具有重要的作用，但是该机制的主要作用是通过汇率的贬值增加出口，从客观上容易加大经济的对外依赖性，因此不能单纯依靠这一机制或长时间依靠这一机制。从长远来看，依靠内部需求尤其是国内消费需求的增长来拉动经济增长是我国经济发展最持久、最根本的动力。因此，应当逐渐加快汇率市场形成机制的步伐，使汇率能够按照国际市场的供需态势自由波动，这样基础货币的操作就能集中精力治理本国的宏观经济，从而提高货币政策的独立性及其效应。

5.3 货币政策相机抉择与规则对我国经济的动态效应分析

基于 McCallum 规则的研究表明，我国以基础货币为操作工具的货币政策中确实存在着规则成分与相机抉择成分。但是，圣路易斯方程的估计结果表明我国货币政策中尽管存在着相当程度的相机抉择成分，但是该成分对保持经济平稳增长及物价平稳的即时效应远远小于规则成分的即时效应。基于 SVAR 模型的脉冲响应解释了货币政策相机抉择效应低于规则效应的原因：货币政策的相机抉择存在着明显的滞后性，从而容易使得原本逆周期调节经济的相机抉择政策变成顺周期调节经济，从而加剧了经济的波动。在此研究基础上，本节进一步比较研究货币政策的规则成分与相机抉择成分对不同经济变量的总效应。由于货币政策的最终目标就是维持币值的稳定，并借此促进经济平稳增长，因此，货币政策最终追求的是物价、汇率及产出等宏观经济变量的平稳，而不是波动。

通过上文的分析，我们得知货币政策相机抉择与规则对我国的产出、通货膨胀治理及汇率的稳定具有明显的效应，但是没有刻画出货币政策的规则成分与相机抉择成分分别对产出、通货膨胀及汇率等变量的各自效应究竟有多大。这里，我们进一步分析货币政策规则成分与相机抉择成分在多大程度上影响经济增长及物价水平。

5.3.1　模型构建与估计

这里，借助 VAR 模型的方差分解可以较为容易地得出货币政策规则成分与相机抉择成分对经济增长、通货膨胀及汇率等变量的影响程度。按照卞志村（2009）等的做法，这里我们建立的模型如下所示：

$$VAR(y_{xt}, \Delta b^* rule_t, \Delta b^* shock) \qquad (5-11)$$

$$VAR(y_{pt}, \Delta b^* rule_t, \Delta b^* shock) \qquad (5-12)$$

$$VAR(\dot{y}_{et}, \Delta b^* rule_t, \Delta b^* shock) \qquad (5-13)$$

模型中变量分别为产出缺口[①]y_{xt}，通货膨胀缺口 y_{pt}、汇率失调程度 y_{et}、基础货币增长率的规则成分 $\Delta b^* rule_t$ 及基础货币增长率的相机抉择成分 $\Delta b^* shock$。基础货币增长率的规则成分 $\Delta b^* rule_t$ 及基础货币增长率的相机抉择成分 $\Delta b^* shock$ 分别体现了货币政策操作的规则与相机抉择。模型（5-11）、（5-12）、（5-13）用来分别测度当前我国货币政策规则与相机抉择分别对产出缺口、通货膨胀率缺口及汇率失调的调控效果。在确定了变量的顺序后，根据乔利斯基（Cholesky）分解可以得到以上模型的脉冲响应与方差分解。通过 VAR 滞后阶数检验（SC 准则），我们取滞后阶数 3，建立并估计滞后 3 阶的 VAR（3）模型（附录 B）。经过检验，所有的模型均满足稳定性要求，且不存在模型设定误差[②]。

5.3.2　规则成分与相机抉择成分的经济效应影响分析

在模型估计的基础上，我们通过方差分解进一步分析货币政策的规则成分、相机抉择成分分别对经济增长、通货膨胀及汇率等宏观经济变量的效应（见图 5-13及表 5-9）。

从图 5-13 的脉冲响应结果看，货币政策规则成分与相机抉择成分对产出缺口的影响长期内是收敛的，这表明我国货币政策对产出的长期效应是中性的。规则成分对产出缺口的冲击比较平缓，而相机抉择对产出的影响则比较陡峭，

---

① 所有的缺口计算方法：真实值减去潜在值或目标值。
② 受篇幅所限，这里没有给出具体的检验过程，如有需要，可向作者索取。

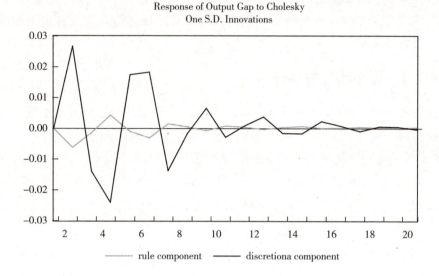

图 5 - 13　产出缺口对规则成分（rule component）及相机
抉择成分（discretion component）冲击的脉冲响应图

这表明货币政策相机抉择是造成我国产出缺口波动的主要原因。产出缺口的忽上忽下意味着经济的忽冷忽热，经济系统的稳定性比较差，不具有可持续性发展的特点。从脉冲响应的走势看，产出缺口对相机抉择成分的响应与对规则成分的响应呈现出了相反的变化趋势，规则成分起到了自动稳定器的作用，在一定程度上减轻了相机抉择引起的产出波动。还可以看出，货币政策规则成分对经济的影响变化比较缓和，符合其微调的特征。由该响应图我们得出这样的结论：货币政策相机抉择是造成产出剧烈波动的主要原因，货币政策规则成分能够起到降低产出波动，使实际产出长期稳定在潜在产出附近的作用。因此，从产出波动的角度讲应当加快我国货币政策由相机抉择为主向规则为主的转变。

从表 5 - 9 的方差分解，我们可以得出以下结论：

表 5 - 9　货币政策规则与相机抉择对宏观经济波动的影响分析（方差分解）

	货币政策规则与相机抉择对产出波动的影响程度分析			货币政策规则与相机抉择对汇率波动的影响程度分析			货币政策规则与相机抉择对通货膨胀率波动的影响程度分析		
T	y_{xt}	规则	相机抉择	y_{pt}	规则	相机抉择	y_{et}	规则	相机抉择
1	100	0.000	0.00	100	0.000	0.000	100	0.000	0.000
2	82.44	0.336	17.21	99.50	0.013	0.479	88.42	2.655	8.921
3	84.06	0.293	15.64	98.69	0.051	1.253	86.21	2.040	11.74

T	y_{xt}	规则	相机抉择	y_{pt}	规则	相机抉择	y_{et}	规则	相机抉择
4	79.18	0.576	20.23	98.62	0.042	1.329	87.20	2.061	10.73
5	77.52	0.604	21.87	98.64	0.048	1.310	87.44	2.062	10.49
6	76.60	0.648	22.74	98.57	0.054	1.366	87.30	2.021	10.67
7	75.39	0.701	23.90	98.53	0.059	1.402	87.37	2.005	10.62
8	75.42	0.702	23.87	98.51	0.068	1.411	87.42	1.994	10.57
9	75.10	0.716	24.18	98.49	0.078	1.422	87.42	1.999	10.57
10	75.00	0.720	24.27	98.47	0.085	1.434	87.41	2.009	10.57
11	74.99	0.724	24.28	98.46	0.092	1.441	87.41	2.012	10.56
12	74.92	0.725	24.34	98.45	0.097	1.446	87.41	2.016	10.56
13	74.92	0.725	24.35	98.44	0.102	1.451	87.41	2.019	10.56
14	74.90	0.727	24.36	98.43	0.106	1.454	87.41	2.020	10.56
15	74.89	0.727	24.37	98.43	0.109	1.457	87.41	2.021	10.56
16	74.89	0.727	24.37	98.42	0.112	1.459	87.41	2.022	10.56
17	74.89	0.728	24.38	98.42	0.114	1.461	87.41	2.022	10.56
18	74.89	0.727	24.38	98.42	0.116	1.463	87.41	2.022	10.56
19	74.89	0.727	24.38	98.41	0.117	1.464	87.41	2.023	10.56
20	74.88	0.728	24.38	98.41	0.118	1.465	87.41	2.023	10.56

第一，工业增加值增长率的波动是由多个因素造成的。其中，工业增加值对自身波动的影响程度前 10 个月内由 100% 下降到 75%，在第 10 个月至第 20 个月时由 75% 下降并保持在 74.88% 左右。而货币政策因素对工业增加值波动的影响程度在前 10 个月里由 0 上升到 24.99%，其中规则的影响程度为 0.72%，相机抉择的影响程度为 24.27%。在第 10 至 20 个月里，货币政策对产出的影响程度由 24.99% 上升并保持在 25.108%，其中规则的影响程度上升并保持在 0.728%，相机抉择的影响程度上升并保持在 24.38%。

第二，货币政策规则对工业增加值增长率波动的影响程度远远小于货币政策相机抉择对产出的影响程度。通过以上分析，我们认为货币政策规则及相机抉择成分对我国经济的波动具有不容忽视的作用，由于货币政策相机抉择对经济波动的影响程度远远大于规则成分的影响程度，我国当前的货币政策操作虽然具有了规则的特征，但是仍然是以相机抉择作为政策制定与执行的模式。

从图 5-14 的方差分解结果看，无论是相机抉择成分还是规则成分，其对通货膨胀产出缺口的影响均具有较长的持续性。到第 20 期的时候，仍然未迅速

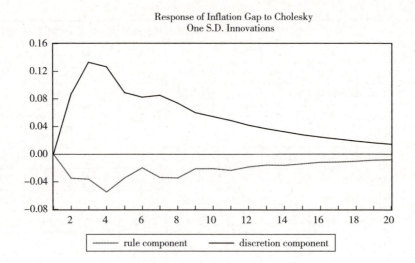

Response of Inflation Gap to Cholesky
One S.D. Innovations

图 5 - 14　通货膨胀缺口对规则成分（rule component）及
相机抉择成分（discretion component）冲击的脉冲响应图

收敛于零，这表明我国货币政策对物价水平的影响具有长期效应，符合经济学理论。从走势来看，规则成分对通货膨胀缺口的影响幅度要小于相机抉择成分对物价的影响程度；从影响方向来看，相机抉择成分对通货膨胀的影响具有长期的通货膨胀倾向，这表明相机抉择的货币政策容易造成通货膨胀，具有任意性，符合 Jordon 和 Barro（1983）关于相机抉择动态非一致性及通货膨胀偏差的论述与结论。规则成分对通货膨胀波动的影响小于相机抉择成分，从第 0 期到第 20 期，通货膨胀缺口对规则成分的响应逐渐由峰值 5% 渐渐调整至收敛，并且其波动的频率要高于相机抉择，这证明了规则成分的微调性及相机抉择的阶段性与非连续性。由于规则与相机抉择对通货膨胀的影响呈现出相反的方向，从而使规则在一定程度上减轻了相机抉择所造成的物价波动，也起到了自动稳定器的作用。我们还可以看出，规则性成分更倾向于零通货膨胀目标，这是因为通货膨胀缺口对规则成分的响应一直在零附近波动，没有大的波动趋势。总之，相机抉择成分是造成我国通货膨胀缺口波动的主要因素，规则成分能够在很大程度上起到稳定通货膨胀及其预期的作用。因此，从稳定价格水平的角度讲，也应当加快货币政策操作由相机抉择为主向规则为主的转变。

进一步观察表 5 - 9，我们发现通货膨胀率对于自身波动的解释程度由第 1 个月的 100% 缓慢下降至第 10 个月的 87.41%，并且一直保持在这一水平。而货币政策对通货膨胀波动的解释程度则由第 1 个月的 0 缓慢上升至第 10 个月的

12.59%，其中规则的影响程度为 2%，相机抉择的影响程度在 10% 左右。这同样也说明了相机抉择为主的货币政策操作是造成通货膨胀波动的主要原因。

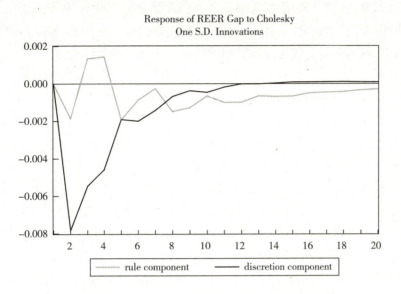

图 5 - 15　汇率失调程度对规则成分（rule component）及相机抉择成分（discretion component）冲击的脉冲响应图

从汇率失调对货币政策规则成分与相机抉择成分的脉冲响应图可以看出，长期内无论是相机抉择成分还是规则成分，其对汇率失调的影响最终收敛于零。但是，在短期内，货币政策相机抉择成分对汇率的影响幅度要远远大于规则成分对汇率失调的影响程度。从变化频率来看，相机抉择成分的变化频率较小，具有明显的阶段性、非连续性及时滞性；规则成分对汇率失调的影响具有较高的变化频率，从而体现了规则调整的连续性、系统性与及时性。从两者的变化方向看，规则成分更有利于使汇率长期保持在其合理均衡的水平，而相机抉择的操作虽然最终也能使其恢复均衡，但是增加了汇率短期内的波动，不利于稳定预期的形成。从变化方向来看，两者仍然呈现出相反的变化方向，这表明相机抉择成分在加大汇率波动幅度的同时，货币政策规则成分能够有效地降低汇率的波动程度，从而起到了自动稳定器的作用。因此，从汇率波动的视角看，货币政策相机抉择是造成汇率剧烈波动的主要因素，而规则性成分能够有效地将该波动降到最低，因此同样凸显了货币政策操作转型的必要性。

仔细分析表 5 - 9，我国汇率对自身波动的解释在 1～10 个月里由 100% 缓慢下降至 98.47%，在后 10 个月里下降更慢，下降并保持在 98.42%。这说明，在相当长的时间里，汇率自身的波动受货币政策的影响较小，而主要受自身及其他因素的影响，从而为我国货币政策最终目标的单一化提供了契机。另外，货币政策对汇率波动的影响程度由第 1 个月的 0 缓慢上升至第 20 个月的 1.583%，其中规则因素的影响程度为 0.118%，相机抉择因素为 1.465。再次说明了相投抉择相对于规则而言更容易造成汇率的波动，加大汇率的波动幅度。

横向看，第一，货币政策对产出、通货膨胀率与汇率的影响程度由大到小分别为产出（25.108%）、通货膨胀率（12.59%）与汇率（1.583%）。因此从实践的角度讲，货币政策对各宏观经济变量的影响程度依次体现为货币政策相机抉择的产出效应与通货膨胀效应，而对汇率的效应则较小。

第二，从方差分解的结果看，我国根据经济形势相机出台的货币政策对产出波动的影响远远大于对通货膨胀波动及汇率波动的影响，对通货膨胀的影响大于对汇率的影响，因此相机抉择仍然是我国目前货币政策操作的主要模式。

第三，尽管规则（4.15）表明基础货币增长率变化中的 37% 以上是根据规则作出的，但是基于圣路易斯方程的实证结果表明，该规则成分对于经济增长及保持物价平稳的即时效应要远远大于相机抉择成分的即时效应。而基于该规则的 VAR 方差分解表明相机抉择成分对产出、通货膨胀及汇率波动的时滞效应要远远高于规则的时滞效应。

综上分析，以相机抉择为主，规则为辅的货币政策中，规则成分的产出即时效应及物价水平效应要远远高于相机抉择成分的即时效应。但是，在经济波动的影响分析中，相机抉择成分对产出、通货膨胀及汇率的时滞效应要大于规则的时滞效应。此外，相机抉择也是造成产出波动、物价波动及汇率波动的主要原因。由此可见，相机抉择不但不利于产出效应及物价水平效应的提高，而且还由于其明显的滞后性及随意性造成了物价、产出及汇率的波动，凸显了货币政策由相机抉择为主向规则为主转变的必要性及紧迫性。

第6章 货币政策操作由相机抉择向规则转变的效果模拟

根据前文的分析，我们得知我国目前的货币政策操作框架是以相机抉择为主，以规则为辅，我国货币政策中确实存在着规则成分与相机抉择成分。同时，基于 VAR 的分析表明，以相机抉择操作为主的货币政策能够显著地影响产出、价格水平及汇率等宏观经济变量。那么，当我国的货币政策操作框架转变为以规则为主、相机抉择为辅后，货币政策对各个变量总效应是否会提高以及宏观经济波动的程度如何变化就成为我们所关心的问题。如果这种转变能够有效地提高货币政策对产出、价格及汇率等变量的效应，并能降低宏观经济的波动性，那么就应当向规则转变。如果这种转变并不能有效地提高政策效应并降低宏观经济的波动幅度，那么就没有必要进行转变。这里，我们将在前文分析的基础上，对以规则为主的货币政策效应及该政策下的经济波动程度进行模拟，并与前文的方差分解结果进行比较，以确认我国货币政策框架转变为以规则为主后，货币政策效应是否有所改善，经济波动程度是否有所提高。我们首先模拟生成具有更小标准差的相机抉择随机序列，进而构建并估计新的 VAR 模型，在此基础上，通过方差分解来判断货币政策效应是否提高。然后，再利用模拟生成的相机抉择成分生成各宏观经济变量的模拟值，从而能够实现模拟值与真实值的比较，借此判断由相机抉择向规则转变是否能够提高货币政策效应，降低经济波动的程度，增加经济系统的稳定性。

本章的结构如下：6.1 节阐述动态效应模拟的思路与方法；6.2 节模拟货币政策向规则转变后对各宏观经济变量的动态效应，并与转型前进行比较；6.3 节在模拟以规则为主的货币政策对经济波动的影响程度的基础上，与转型前的经济波动进行比较。

6.1 模拟思路的确定

和前文一致，我们以基础货币作为货币政策状态指示变量。模拟的整体思路遵行卞志村（2009），但是本书是将基础货币增长率中的相机抉择成分降低或者将其变动性降低，卞志村（2009）并没有具体指出货币政策的规则类型，具有一般性。本书将 McCallum 规则成分与相应的相机抉择成分进行分析更具有针对性。我们已经在 SVAR 的基础上，通过 McCallum 规则作为约束将基础货币增长率划分为规则成分 $\Delta b^* rule_t$ 及基础货币增长率的相机抉择成分 $\Delta b^* shock$，根据货币政策相机抉择的定义（2.2）及计量经济学模型假设，货币政策的相机抉择成分与规则成分是不相关的或者说是正交的。我们可以将 $\Delta b^* rule_t$ 序列与 $\Delta b^* shock$ 序列相乘，得到一个列向量 γ，该向量满足的性质如下：第一，$\sum_{i=1}^{118} \gamma_i = 0$[①]；第二，$var(\gamma_i) = 3.2426$。为了进行比较，我们再构造一个均值为 0，标准差为 0.1 的随机正态分布序列 λ^*，用新的序列 λ^* 除以 $\Delta b^* rule_t$，得到的序列为 $\Delta b^* shock^*$，由于 λ^* 的标准差小于 λ，而货币政策规则成分 $\Delta b^* rule_t$ 的标准差没有变化，从而使得模拟生成的序列 $\Delta b^* shock^*$ 的标准差小于原来序列 $\Delta b^* shock$ 的标准差。这样，在我们的模拟模型中，相机抉择的货币政策相机抉择成分相对于规则成分就处于次要的地位，模型的理论框架表明以规则为主而以相机抉择为辅。此时生成的新的相机抉择成分 $\Delta b^* shock^*$ 具有以下性质：第一，$\Delta b^* shock^*$ 与 $\Delta b^* rule_t$ 的相关性仍然为零，两者仍满足正交性质。第二，标准差要小于原来序列的标准差。这样，我们就可以分别建立以下三个模型分别考察以规则为主的货币政策对产出、通货膨胀及汇率等宏观经济变量波动的影响程度。

$$VAR(y_{xt}, \Delta b^* rule_t, \Delta b^* shock^*) \qquad (6-1)$$

$$VAR(y_{pt}, \Delta b^* rule_t, \Delta b^* shock^*) \qquad (6-2)$$

$$VAR(y_{et}, \Delta b^* rule_t, \Delta b^* shock^*) \qquad (6-3)$$

6.2 规则型货币政策对产出、通货膨胀及汇率的效应模拟

在构建了货币政策相机抉择模拟序列的基础上，我们分别将产出、通货膨胀率及汇率等宏观经济变量分别纳入 VAR（3）模型的分析框架中（估计结果见附录 C）[②]，分别模拟以规则为主、以相机抉择为辅的货币政策对宏观经济变

---

① 根据计量经济学常识及 SVAR 模型的估计，我们知道模型估计的残差项与模型的拟合值之间必须满足正交的性质，即两序列的内积为零。

② 受篇幅所限，这里没有给出具体的检验过程，如有需要，可向作者索取。

量的效应，从而与以相机抉择为主、以规则为辅的货币政策效应进行比较。

VAR 模型的重要应用之一就是对各个内生变量的预测，但是预测是存在误差的，误差越大说明波动程度越大，表明预测效果越差。方差分解就是研究不同内生变量对另一个内生变量预测误差的解释程度，解释程度越高越好。由上面的模型得知，所有的变量均为内生变量，我们最关注的是货币政策规则成分与模拟的相机抉择成分对产出、通货膨胀及汇率的影响程度。当影响越大时，说明货币政策的规则成分或相机抉择成分对经济的治理效果越为明显，对经济的预测越有力。

表 6 - 1　　　　　以规则为主的货币政策对宏观经济的模拟结果

货币政策规则与冲击对产出波动的影响程度分析			货币政策规则与冲击对通货膨胀率波动的影响程度分析			货币政策规则与冲击对汇率波动的影响程度分析		
T	y_{xt}	规则	冲击	y_{pt}	规则	冲击	y_{et}	规则	冲击
1	100.00	0.00	0.00	100	0	0	100.0	0.000	0.000
2	80.47	19.51	0.012	89.5	10.332	0.168	87.68	10.01	2.309
3	81.81	18.14	0.042	88.69	10.368	0.942	85.95	12.29	1.746
4	76.41	22.92	0.657	88.12	10.862	1.018	87.00	11.19	1.796
5	73.97	25.38	0.639	87.91	11.091	1.029	87.29	10.93	1.767
6	73.51	25.77	0.704	87.66	11.285	1.055	87.19	11.03	1.762
7	72.15	27.04	0.797	87.31	11.599	1.091	87.26	10.97	1.767
8	72.08	27.10	0.816	87.12	11.780	1.101	87.30	10.92	1.766
9	71.96	27.20	0.830	86.89	11.999	1.111	87.29	10.92	1.784
10	71.74	27.41	0.846	86.53	12.347	1.123	87.28	10.91	1.802
11	71.72	27.41	0.858	85.33	13.540	1.132	87.27	10.91	1.811
12	71.69	27.44	0.858	84.09	14.775	1.135	87.27	10.90	1.818
13	71.63	27.50	0.862	83.16	15.701	1.141	87.26	10.90	1.823
14	71.62	27.50	0.869	82.3	16.557	1.143	87.26	10.90	1.826
15	71.60	27.52	0.868	81.16	17.694	1.146	87.26	10.90	1.828
16	71.59	27.53	0.869	80.49	18.362	1.148	87.26	10.90	1.829
17	71.59	27.53	0.873	79.66	19.192	1.149	87.26	10.90	1.829
18	71.58	27.53	0.872	76.28	22.568	1.152	87.26	10.90	1.830
19	71.58	27.53	0.872	76.28	22.567	1.153	87.26	10.90	1.830
20	71.58	27.53	0.874	76.28	22.566	1.154	87.26	10.90	1.830

从图 6 - 1 可以观察到，模型（6.1）的方差分解结果描述了货币政策 Mc-Callum 规则及相应的相机抉择成分对于解释产出的影响程度。从总体来看，货

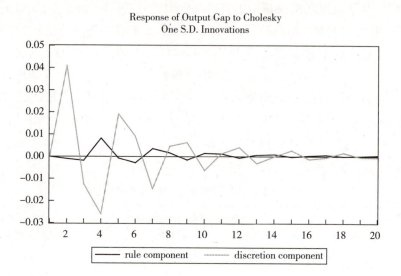

图 6-1　产出缺口对规则型货币政策的脉冲响应模拟图

币政策对经济产出的治理总效果为 28.4%，其中规则成分的效应为 27.53%，货币政策相机抉择的效应为 0.874%，由此可见，当货币政策转向以规则为主时，货币政策的相机抉择效应大大减小，而货币政策规则对产出的解释程度上升，由于减小了相机抉择成分的影响，从而有利于提高货币政策对产出波动的熨平效果。与表 5-9 进行比较，我们不难发现，以相机抉择为主、以规则为辅的货币政策对产出的效应为 25.108%，其中规则的效应保持在 0.728%，相机抉择的效应保持在 24.38%。由此可见，从对产出影响程度的角度讲，由相机抉择转向规则在增加规则效应的同时，减少了相机抉择的效应，并且使货币政策的总效应得到了提高，减少了相机抉择带来的不确定性。从脉冲响应图 6-1 的走势看，以规则为主的货币政策对经济的影响更具有可控性与节奏性，有利于当局根据实际经济形势作出系统性决策，决策的最终目的就是在短期内实现经济的均衡增长，即产出缺口收敛于零。在这个过程中尽可能地减少经济的波动，防止经济大起大落。从该图可以看出，规则型货币政策的微调显示出无可比拟的优势，从而使经济稳定地收敛于均衡水平，有利于稳定预期机制的形成。同时，由于相机抉择成分下降，相机抉择对经济的波动影响达到最小，从而避免了因其时滞性造成的经济波动，增强了经济系统的稳定性与可持续性。

从表 6-2 的计算结果看，当以货币政策规则为主时，货币政策对通货膨胀的总效应为 23.72%。其中，规则的效应为 22.566%，货币政策相机抉择的效应为 1.154%。与表 5-9 相比，以相机抉择为主的货币政策对通货膨胀率的治理

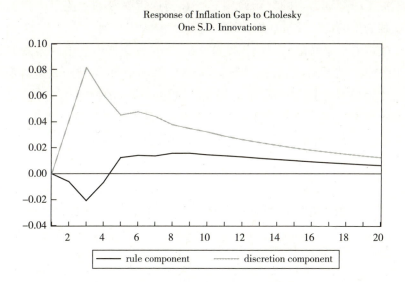

图6-2 通货膨胀缺口对规则型货币政策的脉冲响应模拟图

总效应为12.583%。其中,规则的效应仅为2%,相机抉择的影响程度在10%左右。由此可见,当货币政策的操作模式由相机抉择转向规则后,货币政策对通货膨胀治理的总效应将由原来的12.583%上升到23.72%,上升约11个百分点,而规则效应由原来的2%上升到22.566%,货币政策相机抉择效应由原来的10%下降到1.154%,大大降低了货币政策相机抉择的不确定性。从图6-2的脉冲响应看,尽管以规则为主的货币政策中相机抉择成分对物价水平的波动具有一定的影响,但是其影响的最大幅度仅为0.08,远远低于未转变之前的影响幅度0.14,最大波动幅度降低了约45%,因此操作模式的转型是具有成效的。值得注意的是,以规则为主的货币政策对通货膨胀的影响更趋于渐近、平缓,从而更有利于引导市场对通货膨胀合理预期的形成。但是由于价格黏性的缘故,通货膨胀缺口仍然具有较强的持续性,并且通货膨胀缺口最终仍未收敛于零,这表明我国货币政策对通货膨胀的调控并非以零通货膨胀为目标,而以2%左右的通货膨胀作为调控目标,这符合我国的操作实践。同时也表明,我国经济仍然处于非均衡状态(厉以宁,2010)[①]。

———————————

① 在网易"意见中国——经济学家座谈录"第1期中,厉以宁认为对中国的宏观调控,一定要从非均衡出发,就是说假定是在均衡经济条件下,经济运行的警戒线应该是零通货膨胀率线、零失业率线,因此当突破了零通货膨胀后,政府就应该进行干预。言外之意,当经济处于非均衡时,经济的警戒线就不能定为零通货膨胀率、零失业率,必须根据国情来确定适宜的通货膨胀水平或失业率水平。比如说通货膨胀的警戒线应该在4%、3%。

在模拟了以规则为主的货币政策对产出与通货膨胀的效应后，我们进一步模拟以规则为主的货币政策在维持汇率稳定上的效应如何。从表6-1中可以看出，货币政策对汇率稳定的影响程度在12.7%左右，其中货币政策规则成分的效应为10.9%，货币政策相机抉择的效应为1.83%，可见货币政策对汇率的调控效应主要以规则为主。与表6-1相比，在相机抉择的操作模式下（见表5-9），货币政策对汇率稳定的效应约为1.583%，其中规则因素为0.118%，相机抉择因素为1.465。可见，当货币政策的操作模式由相机抉择转向McCallum规则后，货币政策对汇率调控的效应由原来的1.583%上升至12.7%，效果改善显著。

表6-2 货币政策操作模式转变前后对各宏观经济变量波动程度的影响对比

模式与效应 变量	以相机抉择模式为主的政策框架			以规则模式为主的政策框架		
	总效应	规则效应	相机抉择效应	总效应	规则效应	相机抉择效应
y_{xt}	25.108%	0.728%	24.38%	28.4%	27.53%	0.874%
y_{pt}	12.583%	2%	10%	23.72%	22.56%	1.154%
y_{et}	1.583%	0.118%	1.465%	12.7%	10.9%	1.83%

综上所述，通过模拟按规则行事的货币政策对产出、通货膨胀与汇率的效应，我们发现，当货币政策操作模式由相机抉择为主转向以规则为主时，货币政策对各个宏观经济变量的调控效应均得到大幅度的提高，效果明显。同时，货币政策相机抉择对各个宏观经济变量影响的不确定性得到了降低，因此，我们认为我国当前完全有必要改变相机抉择的操作模式，而实行按规则制定与执行货币政策的政策框架。

6.3 以规则为主的货币政策对经济波动的影响程度模拟

在模拟了规则型货币政策对产出、通货膨胀及汇率的效应后，我们得出向规则转变能够提高货币政策调控经济效应的结论。但是，我们仍不清楚以规则为主的货币政策对经济波动幅度的影响如何。

6.3.1 产出缺口等变量的模拟值生成方法

将货币政策规则成分 $\Delta b^* rule_t$ 与模拟生成的相机抉择成分 $\Delta b^* shock^*$ 分别

代入模型（5-11）至模型（5-13），利用递归算法得到产出缺口、通货膨胀缺口及汇率失调程度的模拟值。然后将模拟值与实际值进行比较，就可以看出不同的操作模式对宏观经济波动程度的影响差异。

下面，我们给出产出缺口、通货膨胀缺口及汇率失调程度的实际值及模拟值的走势图。由于模型（5-11）-（5-13）均为滞后3阶的VAR模型，因此模拟值则损失三个值。

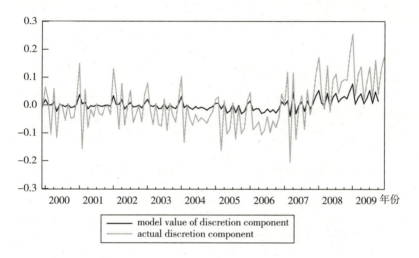

图6-3　我国实际相机抉择成分（actual）与相机抉择模拟成分（model）对比图

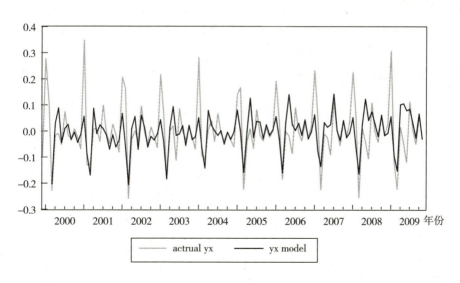

图6-4　产出缺口的实际值（actual yx）与模拟值（yx model）

121

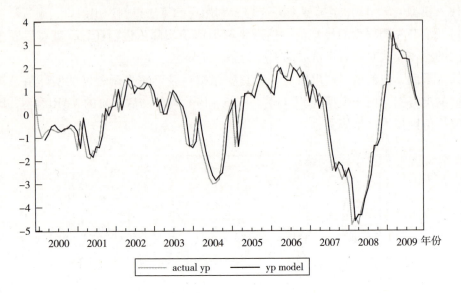

图 6 - 5　通货膨胀缺口的实际值（actual yp）与模拟值（yp model）

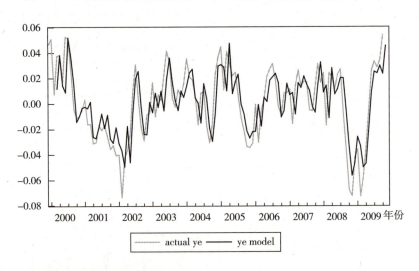

图 6 - 6　汇率失调的真实值（actual ye）与模拟值（ye model）

6.3.2　模拟结果及分析

这里，为了模拟以规则为主的货币政策下各个宏观经济变量（产出缺口、通货膨胀缺口及汇率失调）预测值的方差来表示其波动程度。根据模型（5.11）～（5.13），我们可以计算出不同内生变量的预测值及其方差。

表 6 - 3　　　　　　　货币政策转型前后宏观经济变量的波动程度比较表

		标准差	方差	方差减小程度
货币政策相机抉择成分	真实值	0.066675	0.004446	94.534%
	模拟值	0.015602	0.000243	
产出缺口	真实值	0.106997	0.011448	57.154%
	模拟值	0.070038	0.004905	
通货膨胀率缺口	真实值	1.767542	3.124205	12.817%
	模拟值	1.650383	2.723764	
汇率失调程度	真实值	0.028233	0.000797	37.516%
	模拟值	0.022307	0.000498	

从表 6 - 3 可以看出，根据前文模拟思路形成的相机抉择模拟成分的波动趋势相对于我国实际的相机抉择成分减缓了许多。从整体趋势来看，其波动的幅度也大大减小。根据模拟思路，基础货币增长率的实际相机抉择成分的方差为0.004446，标准差为 0.066675，而模拟生成的相机抉择成分的方差为 0.000243，标准差为 0.015602。方差减小的程度为 94.543，这表明模拟生成的相机抉择成分相对于规则成分大大减小了。

根据本节的模拟思路，我们将原来的规则成分 $\Delta b^* rule_t$ 与模拟生成的相机抉择成分 $\Delta b^* shock^*$ 分别代入模型（5.11）至模型（5.13），就形成了产出缺口模拟值、通货膨胀缺口模拟值及汇率失调程度的模拟值（见图 6 - 4 至图 6 - 6）。从图 6 - 6 可以看出，各个内生变量的模拟值的波动频率及波动幅度均大大低于其真实值的波动频率与幅度。从表 6 - 3 的分析结果看出，当货币政策操作的相机抉择成分下降时而规则成分相对上升时，实际产出缺口的波动方差由原来的0.011448 减少为 0.004905，方差减少幅度高达 57.154%。当货币政策操作的相机抉择成分下降时，通货膨胀缺口的波动方差由原来的 3.124205 下降到2.723764，下降幅度高达 12.817%。当货币政策操作的相机抉择成分下降，而实施以规则为主的货币政策操作模式后，汇率失调程度也有所下降，其波动方差由 0.000797 下降至 0.000498，下降幅度高达 37.516%。

第7章 基于新凯恩斯模型的货币政策工具及规则分析

7.1 引言

近年来，伴随着我国经济的迅速崛起，我国经济发展中所面临的问题受到国际的广泛关注。经济增长结构性失衡问题、外部依赖性问题、人民币汇率问题、结构性通胀、资源与环境等问题相互交织、错综复杂。货币政策一直被视为解决上述问题不可或缺的重要组成部分，而这又必须依赖于恰当的货币政策工具、良好的货币政策规则及清晰稳定的货币政策传导机制。但是，受国际游资频繁流动以及金融创新等因素的影响，货币供给内生性日益增强，且其与调控目标的关联性也日渐弱化，货币供应作为工具与中间目标日益受到质疑（夏斌和廖强，2001）；另外，我国利率尚未完成市场化过程，利率定价及调控机制未完全理顺，利率也不能完全充当工具与中间目标。由于缺少合适的政策工具（包括价格工具与数量工具）与中间目标，中国目前并未形成公开、透明、一致的货币政策操作规则或框架，从而不利于货币政策分析，也不利于形成稳定、一致的市场预期。近来，源于美国的新凯恩斯模型逐渐成为这一分析领域的利器。许多国家的中央银行及金融机构都以新凯恩斯模型为骨干来构建中型分析模型，并取得了良好的效果。正是基于此，文章对我国的货币政策工具及规则进行分析，研究新凯恩斯模型是否能够合理地描述我国的货币政策及经济运行，这对于货币政策的制定与执行具有重要的理论与现实意义。

7.2 我国货币政策特征及文献综述

7.2.1 我国货币政策特征

对我国货币政策进行分析必须考虑两个因素：一是我国央行的货币政策操

124

作规则，二是我国央行为实现调控目标所运用的政策工具及其组合。文章认为，尽管我国央行目前并未明确宣布执行某一货币政策规则，但是大量的研究表明，我国货币政策的制定与执行已经越来越多地呈现出规则特征，并且从政策的执行实践看，我国当前的货币政策操作规则具有双重性（混合性），即货币盯住规则与汇率盯住规则相结合①。

在操作层面，为实现以上目标，中国人民银行可使用的货币政策工具主要有定量工具及定性工具。前者包括央行基准利率、存款准备金率及贴现率，后者包括再贴现、选择性信贷、窗口指导及其他行政手段。人民银行通过操作工具影响中间目标，进而通过中间目标影响最终目标。

劳伦斯（Laurens）和马伊诺（Maino）（2007）认为，我国选择"工具—中间目标—最终目标"式的货币政策规则是由我国当前经济发展阶段及所处发展水平决定的，具有合理性。Gerlach 和 Kong（2006）认为，我国的货币供给与通货膨胀在统计上存着显著的长期均衡关系，从而为我国选择货币盯住作出了辩护。Goodfriend 和 Prasad（2006）认为，我国的固定汇率制度在很大程度上限制其货币政策操作的独立性及自由性，似乎限制了我国货币盯住规则的执行，但是资本项目管制为我国货币政策的独立性提供了一定的空间②。而我国货币政策的汇率盯住规则也无法摆脱嫌疑，尤其是当大量热钱流入时，人民币频频承受较大的升值压力。此外，日益扩大的冲销干预及不断增长的官方储备也为货币盯住与汇率盯住两种规则的兼容提供了条件。

Liu 和 Zhang（2007）认为，由于我国当前的利率渠道存在功能性障碍，单纯依靠利率工具调控经济并不能充分实现调控目标。具体地，我国当前金融市场分隔现象严重，金融制度不健全且存在结构性、功能性障碍，国有银行（包括国有控股）仍然占据银行业主体，利率市场化仍然局限于银行间市场（做市商制度）及贷款利率，这些因素的存在均在不同程度上阻碍了央行单纯依靠利率渠道对国民经济的调控——单纯依靠利率实现货币政策目标是不充分的。

鉴于我国货币政策的这些特征，分析我国货币政策时，模型的构建应当至少包括两个方面的内容：首先，我国货币政策最终目标的实现离不开两个中间目标：货币供给与名义汇率；其次，我国货币政策同时通过定量工具与定性工

---

① 《中国人民银行法》规定：货币政策的目标在于保持物价稳定并以此促进经济增长。而保持物价稳定包括对内物价稳定（货币稳定）及对外稳定（汇率稳定）。

② 尽管并不是所有的研究均支持我国资本项目管制措施的有效性，但是资本项目管制的存在在一定程度上给货币政策的独立操作提供了一定的空间。

具来影响中间目标，进而影响最终目标。

7.2.2 文献综述

目前，只有 Liu 和 Zhang（2007）使用标准的新凯恩斯模型对我国的货币政策进行分析，该研究以央行的基准利率为基础，同时设定了利率规则与货币规则对我国 1990—2005 年的货币政策进行分析。但是，该研究存在三个缺陷：第一，该研究假设人民银行能够完全控制货币供给，这是不合理的；第二，该研究将中间目标与操作工具人为分隔，从而与传统做法相违背；第三，尽管该研究的结果是合理的，但是利率规则的参数是预设的，并非来自样本估计，从而无法研究我国货币政策的执行情况。继 Liu 和 Zhang 之后，Malhotra 和 Jose（2010）利用我国 1994—2008 年的数据估计了麦克勒姆规则及泰勒规则。结果表明，我国基础货币与产出缺口负相关，与理论相符。但是，基础货币与通货膨胀正相关，与经济理论相悖。此外，基础货币对汇率的反应并不显著，只有利率对通货膨胀的反应系数在 10% 的显著性水平上显著，但反应系数非常小。因此，他们认为麦克勒姆规则更适合我国货币政策分析。Fan 等（2011）再次估计了我国的麦克勒姆规则及泰勒规则，结果表明，我国的基础货币对产出缺口、通货膨胀及汇率的反应系数要比利率的反应系数更大、更显著，从而再次支持了"麦克勒姆规则更适用于中国"的观点。Burdekin 和 Siklos（2006）、Chen 和 Huo（2009）的研究更为极端，两个研究均只估计了麦克勒姆规则，而没有估计利率规则。Burdekin 和思科洛斯（Siklos）（2006）认为，麦克勒姆规则以货币供给为中间目标，这与我国央行追求的货币规则相一致，从而避免了"利率既没有完全市场化，又不能作为货币政策态势代理变量"的尴尬。该研究以我国的广义货币供给（M2）为解释变量，并在原有解释变量的基础上加入了真实汇率与官方储备两个解释变量。估计结果表明，货币政策对产出的变化具有顺周期性；汇率的变化方向为负，与预期一致；官方储备系数虽然为正，但是在统计上并不显著。Chen 和 Huo（2009）利用马尔科夫转移及时变参数估计技术估计了我国麦克勒姆规则，从而对我国货币政策行了研究。

但是，Kong（2009）认为，我国货币政策的制定与执行更接近于泰勒类型的规则。此外，Zhang 利用动态随机一般均衡框架估计了我国的数量规则与价格规则，结果表明，价格规则（泰勒规则）更能描述我国货币政策的制定与执行特征。

总之，目前的文献并不能清晰而一致地表明我国货币政策到底对哪些因素作出反应及如何作出反应。更为重要的是，目前仍然缺少一致的框架来模拟我国的货币政策。尽管 Liu 和 Zhang（2007）为本书的分析提供了借鉴，但是该研究除了上述三个不足外，没有体现出我国货币政策的混合盯住特征及定性货币政策工具特征。基于此，本书在新凯恩斯模型框架内，提出了分析我国货币政策的新方法以同时捕捉我国货币政策的两个特征。

7.3　基于新凯恩斯模型的理论模型构建

7.3.1　标准的新凯恩斯模型

新凯恩斯模型（New Keynesian model，NKM）中的经济包括家庭、厂商和政府。厂商与家庭的行为具有代表性，即家庭与厂商的整体行为可以由任意一个家庭或厂商的行为代替。由于家庭与厂商是理性的且具有前瞻性，从而避免了"卢卡斯批判"。模型中的厂商属垄断竞争型，假设厂商不能或不想每期调整其产品价格，价格水平具有黏性。假设产出与物价受利率影响（即货币政策非中性）。对家庭及厂商行为目标函数求一阶必要条件，在稳定状态附近取对数并求解模型，从而得到 NKM 的前两个方程：IS 曲线及菲利普斯曲线。最后，央行的行为规则构成 NKM 的最后一个方程。按照惯例，经常假设央行行为遵循泰勒型规则，即利率的变化依赖于通货膨胀偏差（实际通货膨胀与目标通货膨胀之差）及产出缺口。因此，NKM 如下所示：

$$y_t = \alpha_1 E y_{t+1} - \alpha_2(i_t - E\pi_{t+1}) \tag{7-1}$$

$$\pi_t = \alpha_3 E\pi_{t+1} + \alpha_4 y_t \tag{7-2}$$

$$\Delta i_t = \alpha_5(E\pi_{t+1} - \pi^*) + \alpha_6 E y_{t+1} \tag{7-3}$$

方程（7-1）为 IS 曲线，其中 y_t 为产出缺口，与期望产出缺口 Ey_{t+1} 正相关，与实际利率（$i_t - E\pi_{t+1}$）负相关。方程（7-2）为菲利普斯曲线，通货膨胀率 π_t 依赖于期望通货膨胀率 $E\pi_{t+1}$ 及产出缺口 y_t。方程（7-3）为利率规则，该规则表明，名义利率的变化 Δi_t 取决于两个因素：一是通货膨胀相对于目标通货膨胀率的偏差 $E\pi_{t+1} - \pi^*$，二是产出缺口 y_t。

7.3.2　模型修正

NKM 源于美国，并不完全适用于中国，因此必须对其进行修正。修正主要包括两个方面：一是关于货币政策工具的修正。一方面，我国利率传递机制并不完全有效，因此以利率为货币政策工具不能体现我国货币政策特征；另一方面，使用利率作为货币政策工具，仅仅体现了公开市场操作利率、贴现率及存款准备金率等定量工具，而没有体现出我国央行对定性工具如窗口指导及选择性信贷的使用，因此仅考虑定量工具的做法有悖于事实，模型设定存在偏误。为弥补这一不足，文章构建货币政策指数 mpi 来代替利率变量。二是关于货币政策中间目标的修正，在构建我国的货币政策反应函数（规则）时，充分考虑货币政策的货币盯住规则与汇率盯住规则，而原有的利率规则只体现最终目标，并未涉及中间目标，因此这里对方程（7-3）进行扩展，形成扩展的 NKM。修正后的模型如下[①]：

$$y_t = \alpha_0 + \alpha_1 y_{t+1} - \alpha_2 mpi_{t+1} + \varepsilon_t \qquad (7-4)$$

$$\pi_t = \beta_0 + \beta_1 \pi_{t+1} + \beta_2 y_t + \eta_t \qquad (7-5)$$

$$mpi_t = \gamma_0 + \gamma_1 \pi_{t+1} + \gamma_2 y_{t+1} + \gamma_3 m2_{t+1} + \gamma_4 neer_{t+1} + v_t \qquad (7-6)$$

其中，mpi 为货币政策指数，m2 为广义货币供给 M2，neer 为名义有效汇率。

从以上模型的设定可知，三个方程至少有三个内生变量，模型被解释变量的内生性使得传统的 OLS 估计存在非一致性，因此 OLS 估计不再适用，基于此，这里采纳 Hansn（1982）的广义矩估计方法对以上模型进行估计。在估计之前，首先要对 MPI 进行测算。

7.3.3 货币政策指数 mpi：原理、构建与估计

7.3.3.1 货币政策定性工具测度

由于我国定性工具数据的缺失，从而使得货币政策指数成为不可观测变量，故这里采用 Kalman-filter 对货币政策指数进行测度。本书构建的状态空间模型如下：

量测方程：$m_2 = \theta_0 + \theta_1 openr_t + \theta_2 disr_t + \theta_3 rr_t + \theta_4 sv1_t + \mu_{1t} \qquad (7-7)$

转移方程：$sv1_t = \theta_5 sv1_{t-1} + \mu_{2t} \qquad (7-8)$

其中，量测方程的解释变量为广义货币供给增长率 m2，可观测解释变量 $openr_t$、$disr_t$ 及 rr_t 分别表示央行的公开市场操作利率、贴现率及存款准备金率，不可观测解释变量 $sv1_t$ 为我国央行的定性工具，μ_{1t}、μ_{2t} 为两个方程的白噪声残差项。

模型假设不可观测的货币政策定性工具 $sv1_t$ 服从一阶自回归模型。利用卡尔

---

① 在该模型中，我们假设市场个体具有完全的预见性，即先见之明，故用变量的领先一期值代替了期望值。

曼滤波估计以上状态空间模型①，估计结果如下：

$$m2_t = \underset{\substack{(0.0214)\\[3.3692]}}{0.0721} - \underset{\substack{(0.0128)\\[-4.375]}}{0.056}openr_t - \underset{\substack{(0.0098)\\[-4.997]}}{0.049}disr_t - \underset{\substack{(0.0261)\\[-15.049]}}{0.3928}rr_t - \underset{\substack{(0.1049)\\[-3.4242]}}{0.3592}sv1_t \qquad (7-9)$$

$$sv1_t = \underset{\substack{(0.2012)\\[3.2470]}}{0.6533}sv1_{t-1} \qquad\qquad\qquad (7-10)$$

从参数的显著性（圆括号内为标准误，方括号内为 T 值，下同）看，无论是定量货币政策工具 $openr_t$、$disr_t$、rr_t，还是定性货币政策工具 $sv1_t$ 的参数都具有非常好的显著性，这表明两类工具对于调控我国的货币政策均有效。在定量工具中，存款准备金率对货币供给的影响程度最大，与理论相符。定性工具对货币供给的影响程度为 0.3592，不可忽视。这表明，定性工具序列的向上调整对应着流动性的收缩，说明我国对窗口指导及选择性信贷等定性工具的使用大多数是在通货膨胀严重、流动性过剩的情况下。从转移方程的估计结果看，$sv1$ 的自回归系数为 0.6533，说明状态的转移程度较为缓和，没有大起大落的现象。建立在状态空间模型基础上的货币政策冲击［方程（7-9）的残差项②］及 $sv1$ 序列如图 7-1、7-2 所示。残差项为平稳过程表明货币供给增长率的外生性、规律性变化可大部分由定量工具及定性工具的变化来解释。

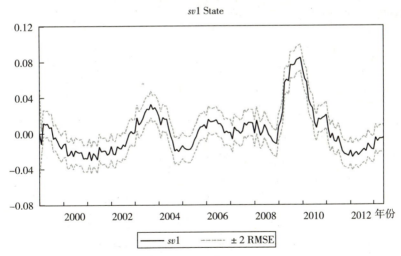

图 7-1　不可观测变量 $sv1$ 测度值

---

① @ signal gm2 = c (1) * 1 + c (2) * openr + c (3) * dr + c (4) * rr + c (5) * sv1 + ［var = exp (c (6))］；@ state sv1 = c (8) * sv1 (-1) + ［var = exp (c (7))］

② gm2 shocks 序列的 ADF 检验统计量为 - 11.27759，远远小于 1% 临界值 - 2.578717，因此拒绝"至少含有一个单位根"原假设，故为平稳过程。

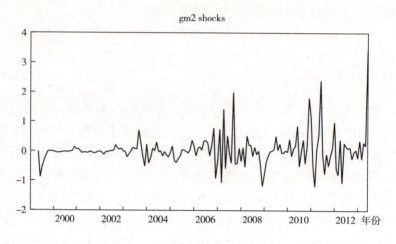

图 7－2　货币政策冲击估计值

7.3.3.2　货币政策指数构建：定性工具与定量工具的加权平均

首先，将方程（7－9）回归系数标准化，将标准化的系数作为各自的权重（6.53%、5.72%、45.83%、41.91%）；其次，将各个序列除以样本均值进行标准化，从而排除计量单位的影响；最后，将标准化的变量值与标准化的系数值相乘得到最终的 MPI。

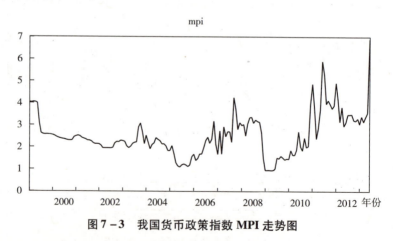

图 7－3　我国货币政策指数 MPI 走势图

7.4　实证分析

7.4.1　数据说明及处理

文章以我国 1999 年 1 月至 2013 年 6 月为研究区间，研究所涉及的数据有央行公开市场操作利率、贴现率、法定存款准备金率、货币政策指数 MPI、通货膨胀率、工业总产值增长率、名义有效汇率。

这里选择银行间质押式债券回购利率作为央行公开市场操作 openr 的代理变量。原数据均为日交易数据，文章对每个月的数据求取算术平均值作为该月的月度数据。采用大型金融机构的法定存款准备金率作为 rr 的代理变量。公开市场操作利率、法定存在准备金率及贴现率均来自 Wind 数据库。MPI 数据来自上文的计算。其他数据均来自和讯宏观数据库。为减少模型异方差，这里对货币供给量 M2、名义有效汇率 neer 取自然对数。

7.4.2 数据平稳性检验

GMM 方法要求模型中的所有变量均为平稳过程。检验结果表明，除工业总产值增长率为平稳变量外，其余变量均为一阶单整变量，因此工业总产值增长率之外的变量必须以一阶差分的形式进入模型（7-4）~模型（7-6）。

表 7-1   变量平稳性检验

变量	检验形式（C, T, L）	ADF 统计量	5% 临界值	相伴概率
y	(0, 0, 0)	-6.122255	-3.439658	0.0000 ***
π	(C, T, 12)	-2.869000	-3.437977	0.1775
D（π）	(0, 0, 11)	-5.708674	-1.942818	0.0000 ***
LogM2	(C, T, 12)	-2.948997	-3.437977	0.1502
D（logm2）	(0, 0, 11)	-7.554184	-1.942818	0.0000
logneer	(C, T, 1)	-1.717612	-3.436163	0.7394
D（logneer）	(0, 0, 0)	-9.052700	-1.942688	0.0000 ***
MPI	(0, 0, 2)	-0.254387	-1.942699	0.5932
D（MPI）	(0, 0, 0)	-10.82007	-1.942699	0.0000 ***

注：＊＊＊表示在1%的显著性水平上显著。

7.4.3 模型估计[①]、检验与分析

对模型的估计采用系统估计法而不是对单个方程逐个估计，原因在于系统估计法能够挖掘并充分利用方程之间的交互信息，从而使参数估计更为有效。由于模型的解释变量存在内生性，因此传统的 OLS 估计结果不具有一致性，估

---

① 出于篇幅限制及本书研究重点的考虑，只给出货币政策规则及其不同修正式的估计结果。

计失效，这里选择允许随机误差项存在异方差及序列相关、对随机误差项分布特征无具体要求的 GMM 对模型（7-4）~（7-6）进行系统估计。

需要注意的是，系统广义矩 SGMM 方法的使用需要为内生变量指定相应的工具变量，原则上工具变量的个数不能少于方程中内生变量的个数，一般情况下用滞后解释变量作为工具变量。模型（7-4）~（7-6）中的产出、通货膨胀及货币政策指数具有非常强的内生性，用这些内生变量的滞后值作为工具变量的具体含义是货币当局的决策具有充分的理性，即央行在制定政策时能够吸收所有的信息，从而使得预测误差与所获信息不相关（正交）。文章借鉴 Clarida 等的做法，将内生变量滞后 1~7 期的变量作为各方程的工具变量，并通过 J 检验来判断这些工具变量的适宜性[1]。

7.4.3.1 完全前瞻性货币政策规则估计

方程（7-6）中的所有解释变量均为一期先行值，体现出央行的前瞻性行为，将此规则称为完全前瞻性货币政策规则。

$$\Delta mpi_t = \underset{\substack{(0.0161)***\\[4.3478]}}{0.07} + \underset{\substack{(0.1038)**\\[2.0202]}}{0.2697} \Delta mpi_{t+1} - \underset{\substack{(1.9907)\\[-1.9436]}}{3.8912} \Delta\pi_{t+1}$$

$$+ \underset{\substack{(0.1907)\\[1.4394]}}{0.2745} \Delta y_{t+1} - \underset{\substack{(0.1537)***\\[-14.1054]}}{2.1680} \Delta\log(M_2)_{t+1} - \underset{\substack{(1.4701)\\[-0.6856]}}{1.0080} \Delta\log(neer)_{t+1}$$

$$J\ test\ P\ value = 0.93 \quad \bar{r}^2 = 0.7647 \tag{7-11}$$

从检验结果看，模型拟合优度较好，且 J 检验表明工具变量选择具有合理性。通货膨胀变化率及货币供给增长率的参数具有显著性，但是符号与理论不符；产出增长率及名义有效汇率变化率的符号尽管与理论相符，但不显著。因此，该模型的估计并不理想，有待于进行修正。这表明，央行在制定和执行货币政策时，依靠完全前瞻性的货币政策规则无法实现其调控目标。

7.4.3.2 瞻前顾后型货币政策规则估计

这里进一步建立同时具有前瞻性信息及后顾性信息的政策规则，从而能够观察我国央行的行为是否会对过去信息、现在信息及未来信息作出反应以及对不同时点信息反应的强弱程度。瞻前顾后型的货币政策规则估计如下：

$$\Delta mpi_t = \underset{\substack{(0.0143)***\\[-7.6923]}}{-0.11} + \underset{\substack{(0.1214)***\\[5.3154]}}{0.6453} \Delta mpi_{t-1} + \underset{\substack{(0.2117)***\\[13.8951]}}{2.9416} \Delta\pi_{t-1} + \underset{\substack{(0.1143)\\[1.0586]}}{0.1210} \Delta\pi_t$$

$$+ \underset{\substack{(1.1241)\\[1.5239]}}{1.7131} \Delta\pi_{t+1} + \underset{\substack{(0.0362)\\[1.2072]}}{0.0437} \Delta y_{t-1} - \underset{\substack{(0.0283)***\\[-6.9187]}}{0.1958} \Delta y_t - \underset{\substack{(0.1869)\\[-1.3184]}}{0.2464} \Delta y_{t+1}$$

---

① 原假设：检验模型中工具变量的设定是合理的或工具变量对于模型的识别是有效的。

$$+ \underset{\underset{[12.9400]}{(1.5714)***}}{20.3339} \Delta \log(M_2)_{t-1} - \underset{\underset{[-86.3883]}{(0.1128)***}}{9.7446} \Delta \log(M_2)_t - \underset{\underset{[-5.3397]}{(0.7721)***}}{4.1228} \Delta \log(M2)_{t+1}$$

$$+ \underset{\underset{[1.3917]}{(0.4751)}}{0.6612} \Delta \log(neer)_{t-1} + \underset{\underset{[1.4924]}{(0.5122)}}{0.7644} \Delta \log(neer)_t + \underset{\underset{[1.7294]}{(0.2701)}}{0.4671} \Delta \log(neer)_{t+1}$$

$$J \ test \ P \ value = 0.95 \quad \bar{r}^2 = 0.8721$$

$$(7-12)$$

从检验结果看,模型拟合优度较好,且 J 检验表明工具变量选择具有合理性。相对于现在及未来的通货膨胀信息,我国货币政策更偏好于根据历史通货膨胀来制定与调整货币政策;当前经济增长的反应系数虽然显著但与理论相悖,未来经济增长情况对当前货币政策的影响既不符合理论期望,也不具有统计上的显著性;而经济增长的历史值对货币政策的影响与理论预期相符,但是在统计上也不显著。货币供给增长率对货币政策的影响与经济增长的影响相似。值得注意的是,汇率调整的过去值、当前值及未来预期值班对货币政策的影响均不符合理论预期。

7.4.3.3 后顾型货币政策模型估计

现在进一步估计后顾型反应函数。具体估计结果如表 7-2 所示。从后顾型模型的估计结果看,所有变量待估参数的符号均与理论相符,因此,本章着重对后顾型模型进行分析。

IS 曲线中的经济增长率 y 的系数非常显著,这表明我国经济机构非常具有前瞻性,即当未来预期乐观时,产出会较快增加。IS 曲线中货币政策指数 MPI 的参数符号与理论期望一致,且参数也具有很好的显著性。但是,该参数非常小,表明我国货币政策的调控偏好以物价稳定为主,以经济增长为辅。

在菲利普斯曲线中,未来通货膨胀与产出的系数高度显著,但是影响的程度非常小。

在货币政策规则中,滞后货币政策指数 Δmpi_{t-1} 的系数非常显著,对货币政策的影响程度为 0.96,这表明我国的货币政策存在着强烈的货币政策平滑现象。滞后通货膨胀的参数估计值非常显著,这表明央行在制定与调整货币政策时,历史通货膨胀水平是其考虑的必要因素。但是,由于滞后通货膨胀 $\Delta \pi_{t-1}$ 的系数仅为 4.14,因此央行调整货币政策时,对历史通货膨胀的响应比较弱。同样,经济增长对货币当局的影响也是非常显著的,当经济增长率提高 1 个单位时,货币政策会收紧,收紧的程度为 0.53 个单位,从而有力地反驳了"我国货币政策顺周期调控"的观点。作为重要的货币政策中间目标,上期 M2 增加 1 个单位,会促使当局提高本期的货币政策指数 29.14 个单位,从而收紧了流动性。

从货币政策关于汇率中间目标的反应系数看，人民币名义有效汇率的上升（人民币升值）会促使当局降低当前的 MPI，增加流动性供给，从而平抑汇率的上升趋势，保持汇率稳定。

表 7 - 2　　　　　　　　后顾视角下的新凯恩斯模型 GMM 估计结果

IS 曲线		菲利普斯曲线		货币政策规则	
y		$\Delta \pi_t$		Δmpi	
常数	0.02 **	常数	0.03 ***	常数	- 0.61 ***
y_{t-1}	0.87 ***	$\Delta \pi_{t-1}$	0.76 **	Δmpi_{t-1}	0.96 ***
Δmpi_{t-1}	- 0.12	y_{t-1}	0.04 ***	$\Delta \pi_{t-1}$	4.14 **
				y_{t-1}	0.47 **
				$\Delta \log (M2)_{t-1}$	29.14 ***
				$\Delta \log (neer)_{t-1}$	- 0.71 ***

J 检验 P 值 = 0.975　　$\bar{r}^2 = 0.8607$

从以上分析可知，后顾型的货币政策反应函数能够较好地解释和拟合我国货币当局的政策执行行为与特点。

7.4.3.4　仅考虑定量工具情况下的货币政策分析

上述后顾型规则的建立是以 MPI 为工具的，那么 MPI 的构建与使用是否一定优于传统的定量工具呢？为此，这里将上述后顾型规则与以公开市场操作利率 OPENR 为工具的后顾型规则进行比较，希望得出一些有用的结论。以公开市场操作利率 OPENR 为工具的后顾型规则估计如下：

$$\Delta openr_t = \underset{\substack{(0.0009)*** \\ [-33.3333]}}{- 0.03} + \underset{\substack{(0.13011)*** \\ [3.79448]}}{0.4937} \Delta openr_{t-1} + \underset{\substack{(0.11401)*** \\ [1.0590]}}{0.12074} \Delta \pi_{t-1}$$

$$+ \underset{\substack{(0.0100) \\ [4.3700]}}{0.0437} \Delta y_{t-1} - \underset{\substack{(0.09270)*** \\ [-4.9635]}}{0.46012} \Delta \log(M_2)_{t-1} - \underset{\substack{(0.1201) \\ [-4.2523]}}{0.5107} \Delta \log(neer)_{t-1}$$

$$J\ test\ P\ value = 0.81 \quad \bar{r}^2 = 0.8012 \tag{7 - 13}$$

式（7 - 13）与表 7 - 2 中的货币政策规则估计有以下不同：第一，只使用定量工具而忽略定性工具的式（7 - 13）中的通货膨胀参数不显著。因此，如果我们仅以定量工具为准构建货币政策反应函数，则很容易犯"货币当局不会对通货膨胀作出反应"的错误，这显著是不对的。第二，式（7 - 13）中货币供给量的参数符号与理论不符，从而可能得出我国货币政策顺周期调控的错误结论。

综上所述，传统的货币政策分析与研究存在两个缺陷，一是只考虑定量工具对经济的影响，忽略定性工具如选择性信贷及窗口指导等对经济的影响，研究具有片面性；二是大多数研究几乎都忽略了我国货币政策同时具有货币盯住及汇率盯住的特征，从而使货币政策反应函数的拟合存在设定偏误。基于此，本研究对传统的新凯恩斯模型进行了相应的修正：用 MPI 替代原来的利率等定量工具，将货币供给 M2（货币盯住）及名义有效汇率 NEER（汇率盯住）作为货币政策的响应变量纳入传统的货币政策规则。在模型修正的基础上，分别估计了四个模型：以 MPI 为工具的前瞻性规则、以 MPI 为工具的瞻前顾后型规则、以 MPI 为工具的后顾型规则、以公开市场操作利率 OPENR 为工具的后顾型规则。

第一，货币政策定量工具与定性工具对于我国货币政策的制定与执行都十分重要。伴随常规货币政策工具的日益成熟及货币内生性的增强，定性工具将变得更为重要。

第二，货币供给及名义有效汇率的变化是我国货币当局调控经济的重要渠道及中间目标。但是，相对于汇率而言，货币当局对经济的调控更倚重于货币供给。这符合我国当前的金融改革：通过汇率的市场化及资本账户的稳步放开，增强货币政策的独立性。因此，对于汇率渠道而言，我国当前既不能过分倚重，又不能完全放弃汇率传递渠道对经济的调控作用。

第三，尽管我国货币政策的最终目标呈现出多元性特征，但是产出与通货膨胀的稳定仍然是其最重要的目标，其中对通货膨胀的响应更要远远大于对产出的响应程度。

第四，我国货币政策的制定与执行具有完全的后顾性特点。首先，相对于前瞻性信息而言，历史信息的获取成本低、信息量充分、数据信息误差小且获取快速。其次，央行在历史信息的获取上相对于公众而言占优，从而能够比公众更好地了解市场与经济气候，并最终增加了央行调控经济的主动权。再次，以历史信息为基础的后顾型规则能够充分考虑到市场主体的预期。最后，前瞻性信息充满很大的不确定性（尤其是美国次贷危机及欧洲主权债务危机之后，经济不确定性陡增，各主要国际机构如 IMF、BIS 频繁调整其对未来经济走势的预测），这将导致建立在前瞻性规则基础上的货币政策持续性下降，反而更不利于市场主体形成稳定预期。

第8章 基于 SETAR 模型的利率调整对股票市场门限效应计量分析

股票价格对央行政策的响应一直是货币经济学研究的重要内容，是研究货币政策影响经济的关键，国内外经济学家对此进行了大量的理论与实证研究，但仍存分歧。同时，各国利率调整与股市同向变化的现象日益突出，与经济理论相悖，有必要对利率与股票之间的关系进一步深入研究。此外，美国次贷危机迅速演化为国际金融危机，全球股票价格急剧下跌。发达国家与发展中国家纷纷采取宽松的货币政策以抑制经济急剧下滑。美国等主要发达经济体还采用了非常规货币政策（量化宽松）以尽可能多地注入流动性，以求稳定资本市场，使经济企稳复苏。尽管宽裕的流动性使得短期利率下降，但是短期利率的下降是否能够有效刺激股票价格目前仍不能清楚地观察到。在此背景下，研究利率对股票市场的影响机制对于央行进一步调控经济具有重要的理论与现实意义。

8.1 文献综述

股票价格与货币政策之间的关系一直备受关注，大量的文献对利率与股票价格之间的关系进行了研究，主要有三种结果。

第一，利率与股票价格之间存在显著的负相关关系，即提高利率会导致股票价格显著下降。法玛（Fama）（1981）的研究结果表明，由于短期利率经常被用做预期通货膨胀率的代理变量，而预期通货膨胀率与股票市场收益负相关，因此，股票市场收益应当与短期利率存在负相关关系。弗兰纳里（Flannery）和詹姆斯（James）（1984）、布斯（Booth）和奥菲瑟（Officer）（1985）、Elyasiani 和 Mansur（1998）的研究结果均支持了以上观点。阿卜杜拉（Abdullah）和海沃思（Hayworth）（1993）认为，美国股市收益率与通货膨胀率及货币供给存在正相关关系，与短期利率的变动存在负相关关系。Zordan（2005）的研究结果表明，美国19世纪80年代至20世纪60年代的股票价格与短期利率存在显著的负相关关系。Bernanke 和 Kuttner（2005）认为未预期到的货币政策冲击能够在很大程度上解释美国股票价格的变化及预期超额收益率的变化。具体地，美国联邦基金利率未预期到的下降（如 25 个基点）与股票价格指数 1% 的上涨存在着显著的相关关系。

第二，利率与股票价格之间存在显著的正相关关系，即提高利率不但不导致股票价格下降，反而会提高股票价格。蒂特曼（Titman）和 Warga（1989）的研究结果表明，股票收益与未来利率变化之间存在显著的正相关关系。李（Lee）（1997）利用滚动回归技术分析了股票市场与短期利率之间的关系，结果表明，股票市场与短期利率之间的关系并不稳定，具有时变性，有时正相关、有时负相关。Apergis 和 Eleftheriou（2002）发现，利率与股票价格之间具有正相关关系。Bohl 等（2007）认为利率与股票价格之间存在正相关关系，但是又取决于利率与股票收益的异方差性。当股票收益存在较大的波动性时，利率与股票收益之间的协方差矩阵正定。

第三，两者之间无显著相关关系。Domian 等（1996）的研究结果表明，利率与股票价格之间几乎不存在任何相关关系。戴维（Davig）和 Gerlach（2006）发现，当股票收益率波动性较大时，美国联邦基金率目标的调整与股票收益率之间并无显著的相关关系。

国内学者也对利率与股票之间的关系进行了大量研究，研究结果与国外研究相似，仍然存在较大分歧。刘维奇、邢红卫和张云（2012）基于 GARCH 模型的事件研究表明，股票市场多次对利率上调呈同向利好反应，其原因可能与政策公告被股票市场投资者预测到有关。刘崴和高广智（2012）对短期利率、股票价格波动性进行分析检验，结果表明，股票价格对利率变化短期内有较弱正向反应，而长期内有负向反应。李明扬和唐建伟（2007）对中国的实证分析表明，我国利率变动与股票价格有一定的影响作用，但由于二者之间的传导机制存在问题，所以这种影响的具体效应是不确定的。

总之，股票价格与利率之间的关系尚未统一。本研究认为，伴随着利率的变化，股票价格与利率之间的关系可能会交替出现正相关与负相关。利率下降对股票价格的影响具有两种方式：第一，根据席勒（Shiller）（1988）的研究结果，股票价格的变化反映出投资者对未来特定经济变量投资价值预期的变化。利率下降使得投资者预期到未来存在着利率进一步下调的空间。如果利率持续下调，则固定收益证券将会升值，从而形成固定收益证券对股票的巨量替代，使得股票价格持续低迷，而不会出现股价大幅上升的现象。在此情况下，利率与股票价格之间呈现正相关关系。第二，利率下调降低了企业与投资者的投资成本，并刺激了股票价格。在此情况下，利率与股票价格之间呈现负相关关系。

利率变化对股票价格影响的净效应则取决于以上两种方式中哪种处于主导地位。当央行初步提高利率，利率对股票价格的第一种影响方式处于主导地位。投资者认为未来仍然存在上调空间，就会抛售其固定收益证券，保持并扩大其对股票的持有量，从而带动股票上升，利率与股票价格之间呈现出正相关关系。但是，当利率的上调超过某一门限值（阈值）时，认为利率进一步上调的投资者越来越少，且高利率严重增加了投资者与企业的投资成本，此时利率影响股票价格的第二种方式逐渐处于主导地位，利率变化与股票价格之间又呈现出负相关关系。当央行开始下调利率时，投资者在利率进一步下调的预期下，大量购进固定收益证券。此时，利率对股票价格影响的第一种方式占据主导地位，利率变化与股票价格呈现出正相关关系。当利率下调突破某一阈值时，投资者预期到利率进一步下调的空间越来越小，而较低的利率大大降低了投资者与企业的投资成本，投资者会将资金从债券市场撤出并投入股票市场，从而使得利率与股票价格呈现出负相关关系。

基于此，本研究拟利用门限回归方法对美国、英国、加拿大及新西兰的利率变化与股票价格之间的相关性进行实证研究。

8.2 计量经济模型设计

我们采用门限回归技术［汉森（Hansen），1996，2000］进行研究。首先，使用 Augmented – Dickey – Fuller（ADF）检验对变量序列进行单位根检验；其次，利用门限回归技术估计利率与股票价格之间的相关关系，并利用自举法（bootstrap）对结果进行检验。为了避免"伪回归"的出现，采用协整检验与误差修正模型研究变量之间的长期均衡与短期波动关系。

8.2.1 ADF 检验

格兰杰（Granger）和纽博尔德（Newbold）（1974）认为，不存在相关关系的两个非平稳时间序列进行回归时，其回归系数也有可能非常显著，从而形成"伪回归"。因此，需要对原序列进行适度差分以实现平稳性，单整概念由此而来。若某序列 y_t 经过 d 次差分后，具有平稳可逆的 ARMA 表达式，则称 y_t 为 d 阶单整，记为 $y_t \sim I(d)$。单位根检验是利用自回归方法判断变量的平稳性。根据施沃特（Schwert）（1989）的研究结果，具有较长滞后期的 ADF 检验（Dickey and Fuller，1981）比其他的检验方法更具有优势。具体地，ADF 检验是对下式进行 OLS 估计，通过回归系数的显著性来判断是否存在单位根。

$$\Delta y_t = \alpha_0 + (\rho - 1)y_{t-1} + \sum_{i=1}^{L} \alpha_i \Delta y_{t-i} + \varepsilon_t \qquad (8-1)$$

其中，y_t 为待检验变量，Δ 为一阶差分算子，ε_t 为具有零均值、同方差的误差项。ADF 检验的原假设为：$\rho - 1 = 0$（y_t 非平稳）；备择假设为：$\rho - 1 < 0$（序列 y_t 具有平稳性）。

8.2.2　门限回归模型 TRM

目前，对非线性时间序列进行研究的主流方法有两种：一是传统的时间分段研究方法（piecewise in time），该方法将时间看做结构性断点（structural change）的标志；二是 Tong（1978）提出的门限自回归方法，也称变量分段方法（piecewise in variable）。不过，Tong（1978）的模型中并没有包含其他的解释变量，存在一定的局限性。此后，Hansen（1996，2000）在门限回归模型的右侧加入了其他解释变量，丰富了 Tong（1978）的研究结果。Hansen（1996）根据门限变量将观测值分为若干区制，利用门限变量估计门限值，在此基础上利用续贯 OLS 回归模型估计回归参数。首先构建如下指示函数 $I_t(\gamma)$：

$$I_t(\gamma) = \begin{cases} 1, R_t \leq \gamma \\ 0, R_t > \gamma \end{cases} \qquad (8-2)$$

则门限回归式可写成：

$$\begin{aligned} S_t = & (\eta_{10} + \eta_{11}(E_t^* O_t) + \eta_{12}R_t)I(R_t \leq \gamma) \\ & + (\eta_{10} + \eta_{11}(E_t^* O_t) + \eta_{12}R_t)I(R_t > \gamma) + \varepsilon_t \end{aligned} \qquad (8-3)$$

其中，S_t 表示股票价格指数，E_t 表示美元汇率，R_t 表示短期利率，用以捕捉各国的需求冲击，O_t 表示原油价格，用于捕捉各国的供给冲击。由于国际原油价格以美元定价，因此将国际原油价格 O_t 与美元汇率相乘转化为本币价格。误差项 ε_t 为独立同分步的白噪音，γ 为待估计的门限值或阈值，η_{1i}，$\eta_{1i}(i = 0,1,2)$ 为模型待估计参数。根据式（8-3）可得模型的残差平方和为：

$$SSE_1(\gamma) = \hat{\varepsilon}_t(\gamma)' \hat{\varepsilon}_t(\gamma) \qquad (8-4)$$

根据 Hansen（1996）可知，通过对式（8-4）进行最小化可以求得门限值 γ，故最小门限值可由下式求得：

$$\hat{\gamma} = \arg \min SSE_1(\gamma) \qquad (8-5)$$

此时，残差的方差为：

$$\hat{\sigma}^2 = T^{-1}\hat{\varepsilon}'_t\hat{\varepsilon}_t = T^{-1}SSE_1(\hat{\gamma}) \tag{8-6}$$

通过最小化方程（8-3）的残差平方和获取门限值，在此基础上再对其参数进行估计。由于本书的研究目的在于考察利率变化对股票价格的门限效应，因此这里选择利率作为门限变量。在获取门限值后，还需要检验门限效应的显著性：

$$H_0 : \eta_{1i} = \eta_{2i}, i = 0,1,2$$

当原假设成立时，表明利率变化对股票价格的影响不具有门限效应。相反，若原假设不成立，则表明利率变化对股票价格存在门限效应。为此，Hansen（2000）建议采用 F 统计量对以上假设进行检验：

$$F_1 = \frac{SSE_0 - SSE_1(\hat{\gamma})}{\hat{\sigma}^2} \tag{8-7}$$

其中，$SSE_0, SSE_1(\hat{\gamma})$ 分别为无约束回归模型（不含有门限效应）的残差平方和与模型（8-3）的残差平方和。在原假设条件下，模型中不含有门限效应。由"Davies' Problem"可知，F 统计量为非标准分布。为此，Hansen（1996）提出了解决办法，即通过自举法可以获得 F 统计量的渐近一致分布。这意味着，判断门限效应显著与否的 P 值在自举程序下是渐近有效的。Hansen（1999）认为，为 γ 构建置信区间的最好方法是利用似然比统计量形成接受域。为检验原假设 $\gamma = \gamma_0$，似然比统计量为

$$LR_1(\gamma) = \frac{SSE_0 - SSE_1(\hat{\gamma})}{\hat{\sigma}^2} \tag{8-8}$$

需要注意的是，$LR_1(\gamma)$ 并非正态分布。Hansen（1999）的计算结果表明，对于给定的渐近水平 α，当 $LR_1(\gamma) \leqslant c(\alpha) = -2\ln(1 - \sqrt{1-\alpha})$ 时，接受原假设 $\gamma = \gamma_0$；否则，拒绝原假设。

8.2.3 门限协整检验

非平稳变量之间的线性回归容易受"伪回归"困扰。为了避免该问题，本书利用 E-G 两步法检验利率与股票价格之间的长期关系。协整可以定义为两个或两个以上变量间的系统性协同变化。值得注意的是，当非平稳变量存在协整关系时，水平变量之间的 OLS 线性回归具有有效性、一致性，而不会出现"伪回归"现象。

在确定各序列的单整阶数后，对以下方程进行估计：

$$S_t = \eta_{10} + \eta_{11}(E_t^* O_t) + \eta_{12}R_t + \varepsilon_t, if \quad R_t \leqslant \gamma$$
$$S_t = \eta_{20} + \eta_{21}(E_t^* O_t) + \eta_{22}R_t + \varepsilon_t, if \quad R_t > \gamma \tag{8-9}$$

对上式的残差估计值进行 ADF 单位根检验，进而判断是否存在单位根。若不存在单位根，则表明上述方程满足协整关系。若存在协整关系，则根据 Engle 和 Granger（1987），上式存在如下形式的误差修正模型 ECM：

$$\Delta S_t = c_{11} + \lambda_{11}(ECM_{t-1}) + \eta_{11}(\Delta E_t + \Delta O_t) + \eta_{12}\Delta R_t + \varepsilon_t, if \quad R_t \leqslant \gamma$$
$$\Delta S_t = c_{21} + \lambda_{21}(ECM_{t-1}) + \eta_{21}(\Delta E_t + \Delta O_t) + \eta_{22}\Delta R_t + \varepsilon_t, if \quad R_t > \gamma$$

$$\tag{8-10}$$

其中，ECM_{t-1} 误差修正项滞后一期值，也就是式（8-4）的残差项。参数 λ_{i1} 表示因变量向其均衡水平的调整速度。该方程更容易捕捉利率与股票价格之间的长期均衡关系与短期调整关系。

8.3　变量与数据描述

本书选择美国、英国、加拿大、新西兰四个国家作为研究对象。为了获取尽可能多的观测值，同时为了更好地筛选银行间同业市场利率的真实新息，选择周数据进行研究。此外，选择周数据进行研究还有利于避免各国股票与货币市场交易时间、机制不同所带来的噪音。

为了研究以上四个国家短期利率与股票价格之间的关系，将货币政策分解为扩张期与紧缩期，即央行下调利率前为紧缩期，下调利率后为扩张期。在央行下调利率前，短期利率具有上升趋势，下调后具有下降趋势。据此进行趋势划分如图 8-1 所示。

各变量定义具体如下：S 为股票价格指数。具体地，美国选择 S&P500 指数作为股票市场价格的代理变量；英国选择 FTSE100 指数；加拿大选择 S&P TSX Capped Composite 指数；新西兰选择 NZX ALL 指数。E 代表各国货币的美元汇率。R 表示短期利率。美国使用美元的隔夜 LIBOR；加拿大使用加元的隔夜 LI-BOR；英国使用英镑的隔夜 LIBOR；新西兰使用新元隔夜 LIBOR。O 为西得克萨斯轻质原油价格 WTI。所有股票价格指数数据来自雅虎金融数据库；各货币的 LIBOR 隔夜数据来自 http：//www. stlouisfed. org/index. cfm；各国关于美元的汇率来自 The Pacific Exchange Rate Service；WTI 数据来自美国 EIA。

由于不同国家对经济调控具有非同步性，因此每个国家利率的上升期与下降期并不相同。具体地，美元 LIBOR 的上升期为 2004 年 6 月 25 日至 2007 年 8 月 31 日；英镑 LIBOR 上升期为 2004 年 1 月 2 日至 2007 年 8 月 31 日，加拿大 LIBOR 利率上升期为 2004 年 8 月 20 日至 2007 年 9 月 28 日；新西兰 LIBOR 上升期为 2004 年 1 月 23 日至 2008 年 9 月 19 日。而美元 LIBOR 的下降期为 2007 年 9 月 14 日至 2013 年 10 月 25 日；英国 LIBOR 下降期为 2007 年 9 月 7 日至 2013 年 10 月 25 日；加拿大 LIBOR 利率的下降期为 2007 年 10 月 5 日至 2009 年 6 月 26 日；新西兰 LIBOR 下降期为 2008 年 9 月 26 日至 2009 年 5 月 15 日。所有数据的描述性统计见表 8-1 与表 8-2。

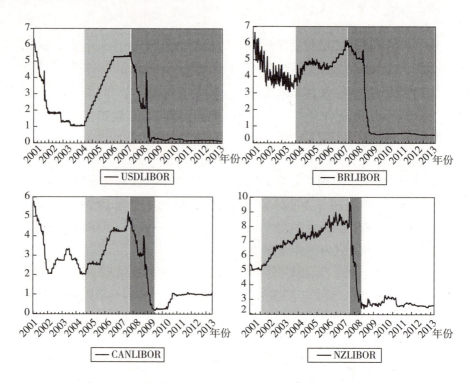

图 8-1　美元、英镑、加拿大元与新元 LIBOR 趋势划分

表 8-1　　　　　　　　各国利率上升期相关指标描述性统计分析

统计量	美国				统计量	英国			
	S	R	E	O		S	R	E	O
均值	1284.21	3.98		59.34	均值	5420.59	4.79	0.54	56.38
标准差	121.99	1.38		9.38	标准差	721.65	0.48	0.02	11.64
OBV	167	167		167	OBV	192	192	192	192

续表

统计量	加拿大				统计量	新西兰			
	S	R	E	O		S	R	E	O
均值	13180.53	3.51	1.16	60.74	均值	3491.41	7.29	1.43	67.77
标准差	1956.71	0.86	0.06	9.03	标准差	504.58	0.91	0.10	24.32
OBV	163	163	163	163	OBV	244	244	244	244

表 8-2　　　　　　　　　各国利率下降期各指标描述性统计分析

统计量	美国				统计量	英国			
	S	R	E	O		S	R	E	O
均值	1263.8	0.77		87.79	均值	5564.88	1.54	0.61	87.85
标准差	227.61	1.30		19.16	标准差	700.24	1.91	0.05	19.15
OBV	320	320		320	OBV	321	321	321	321
统计量	加拿大				统计量	新西兰			
	S	R	E	O		S	R	E	O
均值	13644.64	2.68	1.09	84.72	均值	2749.65	5.12	1.77	53.30
标准差	2732.69	1.48	0.11	31.04	标准差	124.03	2.16	0.12	17.28
OBV	91	91	91	91	OBV	34	34	34	34

8.4　实证研究

8.4.1　单位根检验

ADF 检验结果表明,无论是货币政策紧缩期(LIBOR 上升期)还是货币政策扩张期(LIBOR 下降期),各国利率、股票价格指数、汇率及石油价格在 5% 的显著性水平上不能拒绝序列包含单位根的原假设,而各变量的一阶差分均在 1% 的显著性水平上拒绝原假设,这表明,所有变量在两个时期均为一阶单整过程。

表 8-3　　　　　　　　　利率上调期单位根检验

	美国					英国			
	S	R	E	O		S	R	E	O
原变量	-3.43	0.13		-2.72	原变量	-0.91	-2.17	-1.92	-2.65
一阶差分	-14.02***	-4.01***		-10.86***	一阶差分	-15.07***	-23.45***	-8.74***	-11.64***

续表

	加拿大					新西兰			
	S	R	E	O		S	R	E	O
原变量	−0.95	−1.83	−1.84	−2.42	原变量	−0.04	−4.02	−2.07	−2.08
一阶差分	−13.20 ***	−11.39 ***	−10.91 ***	−10.56 ***	一阶差分	−14.55 ***	−10.82 ***	−12.49 ***	−12.23 ***

表 8 −4 　　　　　　　　　　　利率下降期单位根检验

	美国					英国			
	S	R	E	O		S	R	E	O
原变量	−1.99	−3.42		−2.04	原变量	−2.43	−1.81	0.5684	−2.06
一阶差分	−18.73 ***	−9.58 ***		−14.74 ***	一阶差分	−19.49 ***	−4.47 ***	−8.74 ***	−14.73 ***
	加拿大					新西兰			
	S	R	E	O		S	R	E	O
原变量	−1.36	−2.21	−1.73	−1.37	原变量	−0.88	−1.87	0.21	−1.19
一阶差分	−9.95 ***	−10.08 ***	−8.33 ***	−7.94 ***	一阶差分	−6.12 ***	−5.47 ***	−5.23 ***	−5.31 ***

8.4.2　利率变动影响股票价格指数的门限效应估计

在进行单整检验的基础上，进一步研究各国利率变化对股票价格的影响是否存在着门限效应。表 8 −5 给出了各国不同时期利率变化对股票价格影响的估计结果，表中圆括号内数字表示相应回归参数的 t 统计量。

从表 8 −5 估计结果看，无论是利率上升期，还是利率下降期，美国、英国、加拿大及新西兰四国的利率回归系数均在 1% 显著性水平上显著，且股票价格调整存在着关于利率的门限效应。

第一，美国利率在上升期与下降期均存在着显著的门限效应，上升期门限值为 5.27，下降期为 0.28。具体地，利率上升过程中，当利率水平低于门限值 5.27 时，利率上升并不会导致股票市场的回落，利率与股票价格指数同向变化；但是当利率突破 5.27 时，利率的进一步上调会显著地降低股票价格指数，两者呈反向变化。在利率下降过程中，当利率水平高于 0.28 时，利率的下降并不使股票价格指数马上逆转，两者同向变化，当利率进一步下调突破 0.28 时，股票价格指数止跌反转，与利率呈现出反向变化特征。

第二，英国利率在上升与下降期均存在着显著的门限效应，上升期门限值为 4.67，下降期门限值为 0.51。具体地，利率上升过程中，当利率水平低于门限值 4.67 时，利率上升并不会导致股票市场的回落，利率与股票价格指数同向

表 8-5　利率对股票价格的门限效应估计

美国

	利率上升期		利率下降期	
	R<5.27%	R≥5.27%	R<0.28%	R≥0.28%
C	1153.203*** (34.03)	914.21*** (17.69)	686.13*** (77.55)	666.15*** (43.22)
R	80.18*** (19.56)	-66.51*** (-21.14)	-1358.26*** (-209.95)	95.26*** (8.29)
O	-4.58*** (-5.48)	2.94 (1.07)	9.60*** (16.03)	3.49*** (6.96)
R²	0.77	0.14	0.69	0.78
OBV	106	61	236	84

英国

	利率上升期		利率下降期	
	R<4.67%	R≥4.67%	R<0.51%	R≥0.51%
C	3757.60*** (9.46)	-2022*** (8.63)	10151.41*** (8.04)	3087.34*** (18.78)
R	222.24*** (2.05)	-1081.64*** (-9.60)	-14077.21*** (-6.24)	101.70*** (6.58)
O*E	79.25*** (20.38)	70.04*** (7.28)	47.21*** (13.50)	41.13*** (13.64)
R²	0.91	0.67	0.91	0.89
OBV	73	119	81	240

加拿大

	利率上升期		利率下降期	
	R<4.1%	R≥4.1%	R<0.29%	R≥0.29%
C	2073.04*** (14.03)	9015*** (13.82)	686.13*** (77.55)	666.15*** (43.22)
R	65.35*** (19.38)	-176.51*** (-31.14)	-1358.26*** (209.95)	95.26*** (8.29)
O	69.85*** (6.48)	-42.94*** (2.43)	9.60*** (16.03)	3.49*** (6.96)
R²	0.92	0.47	0.69	0.78
OBV	92	71	36	56

新西兰

	利率上升期		利率下降期	
	R<8.11%	R≥8.11%	R<4.98%	R≥4.98%
C	-954.07*** (-5.45)	7646*** (9.68)	1454.12* (1.94)	2460*** (26.47)
R	683.9181*** (20.09)	-275.24*** (-2.98)	-71.56*** (-5.24)	9.50*** (2.99)
O*E	-4.65*** (-3.70)	-11.71*** (-13.08)	11.99* (1.87)	2.65 (1.39)
R²	0.78	0.75	0.67	0.51
OBV	185	59	16	18

变化；但是当利率突破 4.67 时，利率的进一步上调会显著地降低股票价格指数，两者呈反向变化。在利率下降过程中，当利率水平高于 0.51 时，利率的下降并不使股票价格指数马上逆转，两者同向变化，当利率进一步下调突破 0.51 时，股票价格指数止跌反转，与利率呈现出反向变化特征。

第三，加拿大利率对股票市场的影响也存在着显著的门限效应，其中利率上升期的门限值为 4.1，下降期的门限值为 0.29。具体地，利率上升过程中，当利率水平低于门限值 4.1 时，利率上升并不会导致股票市场的回落，利率与股票价格指数同向变化；但是当利率突破 4.1 时，利率的进一步上调会显著地降低股票价格指数，两者呈反向变化。在利率下降过程中，当利率水平高于 0.29 时，利率的下降并不使股票价格指数马上逆转，两者同向变化，当利率进一步下调突破 0.29 时，股票价格指数止跌反转，与利率呈现出反向变化特征。

第四，新西兰利率对股票价格的影响也同样存在着门限效应，其中利率上升期的门限值为 8.11，下降期的门限值为 4.98。具体地，利率上升过程中，当利率水平低于门限值 8.11 时，利率上升并不会导致股票市场的回落，利率与股票价格指数同向变化；但是当利率突破 8.11 时，利率的进一步上调会显著地降低股票价格指数，两者呈反向变化。在利率下降过程中，当利率水平高于 4.98 时，利率的下降并不使股票价格指数马上逆转，两者同向变化，当利率进一步下调突破 4.98 时，股票价格指数止跌反转，与利率呈现出反向变化特征。

以上结果表明，当央行开始上调利率时，股票价格并非如经典经济学理论所表明的那样下降。这是因为，当市场主体相信市场仍然存在较大的利率上调空间时，未来固定收益证券的价格将迅速下降，这导致投资者抛售债券而购进股票，形成了股票对债券的替代，进而使得股票需求及股票价格上涨，从而在利率开始上调时出现了利率与股票价格指数同时上扬的态势。但是，伴随着利率的上升，投资者相信利率进一步上调的空间越来越小，当利率向上突破门限值时，过高的利率使得投资者成本上升，投资需求下降，最终导致股票价格下降，从而形成了利率上升而股票价格下降的态势。同时，过高的利率使越来越多的投资者相信未来利率下调的空间逐渐增大，从而使得固定收益证券看涨，从而大量资金从股市撤出进入债券市场，形成了债券对股票的替代，这进一步加剧了股票价格的回落。因此，在利率上调过程中，当利率水平低于门限值时，利率上升并不会导致股票价格下降，而是进一步上涨，两者同向变化；当利率向上突破门限值时，股价开始下降，两者又出现反向变化关系。

同理，当央行开始下调利率时，市场主体一致认为利率仍然存在很大的下调空间，这等价于未来固定收益证券价格存在很大的上涨空间，因此，大量的投资者会继续从股市撤出资金进入债券市场，形成债券对股票的有效替代，股票价格继续下跌，利率下调与股票价格同向变动，这也解释了扩张性货币政策在短期内不会立刻改变股市走向的原因。但是，伴随着利率进一步下调，当利率低于某一门限值时，市场预期会发生变化。市场主体意识到利率下调空间越来越小，这也意味着未来固定收益证券的价格也将停止上涨，即将发生逆转，从而导致股票对债券的有效替代，股价开始回升；同时，过低的利率也大大降低了市场主体的投资成本，投资需求上升，进一步导致股价回升。因此，在利率下降过程中，当利率水平高于门限值时，利率下降并不会导致股票价格上升，而是进一步降落，从而利率与股票价格呈现同向变化关系；当利率水平低于门限值时，股价开始上升，两者又出现反向变化关系。

为了进一步检验门限效应是否显著，这里采用式（8－7）构造的 F 统计量对原假设（不存在门限效应或不存在多个区制）进行检验，为了得到 F 统计量的渐近一致分布，这里采用 bootstrapping 方法得到 F 检验的 bootstrapping P 值，结果见表 8－6。从表 8－6 的检验结果看，四个国家均在 1% 的显著性水平上存在门限效应，即美国、英国、加拿大及新西兰利率在上调过程与下调过程中均存在着两个区制：高利率区制与低利率区制。

表 8－6　　　美国、英国、加拿大及新西兰利率门限效应显著性检验

	利率上调期		利率下调期	
	F	自举 P 值	F	自举 P 值
美国	79.21***	0.0000	120.31***	0.0000
英国	714.54***	0.0000	45.66***	0.0000
加拿大	475.19***	0.0000	64.17***	0.0000
新西兰	102.87···	0.0000	42.10***	0.0000

8.4.3　门限协整检验与门限误差修正模型

基于 E－G 两步法的协整检验结果见表 8－7，门限误差修正模型的估计结果见表 8－8。从表 8－7 的检验结果看，所有国家无论在利率上调期还是利率下调期，均在 1% 的显著性水平上存在着门限协整关系。

表 8 - 7 　　　　　　　　　　　　模型协整检验

	利率上调期		利率下调期	
	低利率区制 （＜R_i）	高利率区制 （≥R_i）	低利率区制 （＜R_i）	高利率区制 （≥R_i）
美国	- 9.21 ***	- 3.79 ***	- 12.13 ***	- 11.84 ***
英国	- 4.54 ***	- 2.94 ***	- 5.66 ***	- 8.12 ***
加拿大	- 5.19 ***	- 6.17 ***	- 4.17 ***	- 6.31 ***
新西兰	- 2.87 ***	- 10.20 ***	- 2.89 ***	- 7.38 ***

表 8 - 8 　　　英国、美国、加拿大及新西兰四国 ECM 模型估计结果

	美国					英国			
	利率上升期		利率下降期			利率上升期		利率下降期	
	R＜5.27%	R≥5.27%	R＜0.28%	R≥0.28%		R＜4.67%	R≥4.67%	R＜0.51%	R≥0.51%
ecm_{t-1}	- 0.27 *** (- 9.21)	- 0.58 *** (- 4.77)	- 0.64 *** (- 10.17)	- 0.81 *** (- 6.09)	R	- 0.74 *** (- 4.33)	- 0.69 *** (- 6.21)	- 0.88 *** (- 9.12)	- 0.86 *** (- 5.73)
R^2	0.68	0.54	0.71	0.82	R^2	0.87	0.73	0.82	0.68
OBV	105	60	235	83	OBV	72	118	80	239
	加拿大					新西兰			
	利率上升期		利率下降期			利率上升期		利率下降期	
	R＜4.1%	R≥4.1%	R＜0.29%	R≥0.29%		R＜8.11%	R≥8.11%	R＜4.98%	R≥4.98%
ecm_{t-1}	- 0.22 *** (- 4.22)	- 0.34 *** (- 5.37)	- 0.67 *** (- 6.11)	- 0.89 *** (- 5.20)		- 0.16 *** (- 8.14)	- 0.31 *** (- 4.03)	- 0.88 ** (- 2.25)	- 0.91 ** (- 2.07)
R^2	0.73	0.51	0.53	0.61	R^2	0.77	0.57	0.81	0.79
OBV	91	70	35	55	OBV	184	58	15	17

　　误差修正模型将系统的短期波动与长期均衡联系起来，从而对短期失衡向长期均衡的收敛过程进行了量化。从表 8 - 8 估计结果看，无论是利率上调期还是利率下调期，四个国家的误差修正项均非常显著，且符合预期符号（小于零）。从横向看，尽管各国股票价格朝均衡水平的调整速度存在明显差异，但是各国利率下调期的股票价格调整速度要明显快于利率上调期内的股价收敛速度。以美国为例，当利率上调时，低利率区制与高利率区制下的误差调整系数分别为 0.27 与 0.58，远远小于利率下调时低利率区制与高利率区制下的误差调整系数 0.64 与 0.81。

8.5　总结

我们利用门限回归模型对美国、英国、加拿大及新西兰四国利率调整影响股票价格的门限效应进行了估计。结果表明：

第一，利率调整对股票价格的影响存在着显著的门限效应。利率开始上调时，并不会立刻导致股票价格回落，只有利率上调突破门限值时，股票价格才会出现反方向变化。同理，当利率开始下调时，股票价格也不会立即上升，只有利率水平下降到某一门限值以下时，股票价格才会上升，与利率呈反方向变化。

第二，利率影响股票价格受两个因素的影响：一是调整方向，二是调整程度。在调整方向不变的情况下，利率调整只有达到一定程度（门限值），利率的调整方向才与股票价格的变化方向相反，此时货币政策调控经济的目的才能实现。在利率调整之初，由于调整程度不够，而调整空间还非常大，利率与股票价格往往呈现出同向变化。

第三，股票价格向均衡水平的收敛速度也具有显著的门限性，且各国的调整速度存在显著差异。无论是利率上调过程中还是利率下调过程中，股票价格向均衡水平的收敛速度显著不同；无论是低利率区制还是高利率区制，各国股票价格在利率下调期的收敛速度明显快于利率上调期内的股价收敛速度。

综上所述，利率调整与股票价格变化之间存在着以门限效应为特征的非线性关系，如果模型构建中忽略该效应，则很难解释利率调整与股票价格变化之间日益突出的同向变化关系。在投资实践中，利率调整与股票价格之间的非线性关系对于设计高效的投资策略具有重要的指导意义。具体地，在经济过热时，国家会通过逐渐上调利率对经济降温。由于利率与股票价格之间存在非线性门限关系，利率开始上调时不但不会降低股票价格，而且还会由于股票对债券的替代效应使股票价格进一步上涨，在利率上调至门限值之前，利率与股价出现同时上涨的态势。因此，对冲基金管理者或股票投资者就可以推迟股票抛售时机，选择利率上调至门限值时再出售股票，从而提高收益率。相反，当央行为刺激经济而开始下调利率时，股票价格也不会立刻上升，而是继续下跌，直至利率下调至门限值以下时，股票价格才会反转。对于基金经理或股票投资者，推迟买入时机，直到利率下调至门限值时再买入可以大大降低投资成本。

第9章 结构与制度变迁视角下中国货币政策效应的 FAVAR 计量分析：2005—2014

9.1 引言

货币政策效应是货币经济学研究的核心课题。当前，我国经济正经历着显著的结构与制度变迁，经济增长充满不确定性，准确把握货币政策效应对于合理制定与执行货币政策、增强货币政策的灵活性与前瞻性具有十分重大的理论与现实意义。

当前对货币政策效应的研究存在以下缺陷：第一，我国目前正处结构调整与制度变迁进程中，且宏观经济数据的统计质量存在瑕疵，传统的单一产出变量（GDP、工业增加值等）及单一物价变量（CPI、RPI、PPI 等）均无法准确捕捉我国的产出与物价信息。第二，我国处于转轨经济阶段，货币政策调控手段与工具具有多样性，仅研究某种工具的效应并不能完全反映货币政策效应，效应估计不准确。第三，大量的研究认为我国存在"价格之谜"或利率调控无效，在我国利率市场化进程取得重大进展的背景下，这一结论仍然值得商榷与进一步研究。基于此，本书采用因子扩展型向量自回归模型对我国 2005 年以来货币政策效应进行研究。

9.2 FVAR 模型及其估计

大量的研究均以向量自回归模型为框架研究货币政策效应。VAR 模型不仅巧妙地规避了联立方程模型中变量内生与外生的界定问题，而且方差分解与脉冲响应工具对于刻画系统的动态响应机制具有其他模型无可比拟的优势。在 VAR 得到广泛应用的同时，VAR 模型的局限性也逐渐显现。第一，理性经济人的决策总是依赖于大量的经济信息或经济变量，这就要求 VAR 模型要尽可能多地包含多个变量，而不是少数几个变量。但是，过多的变量必然导致过多的待估参数（overparameterization），这就要求更长的时间序列数据以保证足够的自由度，从而使参数的估计质量不受影响。但是，对于我国而言，一方面，可获取的宏观经济数据有限，另一方面，数据质量也备受质疑，显然无法满足应用。第二，我国正经历着广泛而深入的结构与制度变迁，经济危机期间及经济复苏期间的货币政策效应研究成为研究的重点，这无疑再次减少了可用数据。以上两点使得标准的 VAR 模型不再适用于研究当前我国货币政策效应。为此，本书借鉴 Bernanke 和 Boivin（2003）及 Bernanke，Boivin 和 Eliasz（2005）的研究成果，采用因子增广型向量自回归模型（FAVAR）研究我国当前的货币政策效应。

FVAR 模型的实质是传统 VAR 模型与动态因子模型的结合，因此，本书首先介绍动态因子模型。

9.2.1　动态因子模型

动态因子模型由 Geweke（1977）及 Sims 和 Sargent（1977）提出，从 Stock 和 Watson（1998，1999）、Forni 等（2000）开始得到广泛应用。动态因子模型的作用是从大量的可观测数据 X 中提取出有限的潜在经济因子。如，"经济活动因子"可以从工业总产值、用电量、铁路货运量、贷款发放、国际贸易数据等指标中提取。由动态因子模型提取出来的"经济活动因子"要比 GDP 等单个表征经济活动的数据更真实、全面。通过将表征经济活动的多个指标提炼为一个潜在因子既可以减少 VAR 模型中的变量个数，又增加了信息的容量与真实性。

假设我国经济指标 X_t 由若干潜在经济因子 F_t 及非系统性噪音 ε_t 决定，即

$$X_t = \Lambda F_t + \varepsilon_t \tag{9-1}$$

潜在因子 F_t 的维数小于向量 X_t 的维数，矩阵 Λ 为因子载荷矩阵。在动态因子模型中，潜在因子 F_t（及数据序列 X）满足以下关系式：

$$F_t = A(L) F_{t-1} + \eta_t \tag{9-2}$$

其中，$A(L)$ 为滞后算子多项式。

9.2.2　因子增广型向量自回归模型 FAVAR

将动态因子模型中提取的潜在因子纳入 VAR 模型就构成了 FAVAR 模型：

$$\begin{bmatrix} F_t \\ Y_t \end{bmatrix} = A(L) \begin{bmatrix} F_{t-1} \\ Y_{t-1} \end{bmatrix} + \eta_t \tag{9-3}$$

其中，Y_t 表示可观测变量组成的向量，F_t 为动态因子模型提取的潜在因子。根据 Stock 和 Waston（1998，1999），利用主成分分析法提取动态因子模

型中的潜在因子 F_t。与他们不同，本书将 X 分为两组，一组为产出指标 X_1，另一组为通货膨胀指标 X_2，分别提出每组的第一主成分作为本组的潜在因子，即形成产出因子与通货膨胀因子，从而确保每个潜在因子具有清晰的经济含义。

在潜在因子提取过程中，缺失数据的处理显得至关重要。首先，使用 X 中的非缺失数据指标（t_0 期至 T 期）估计载荷矩阵 Λ 及潜在因子 F。其次，对 t_0 -1 期的缺失数据进行推断，并用其他 t_0-1 期非缺失数据、载荷矩阵 Λ 等推断潜在因子值 F_{t_0-1}。在获得 t_0-1 期的缺失数据后，利用 t_0-1 期至 T 期的数据再次估计载荷矩阵 Λ 及潜在因子 F。向后逐月重复以上过程，直到推断出所有的遗失数据。

本书首先估计我国经济的产出因子与通货膨胀因子，然后将两个因子纳入标准的 VAR 模型估计我国货币政策效应。关于货币政策工具，本书将模型（9-3）中的 Y_t 视为可观测的政策变量，采用递归识别约束条件，假设政策变量能够在当月对产出因子或通货膨胀因子作出响应，而产出因子与通货膨胀因子对政策变量的响应至少存在一个月的时滞。基于此，VAR 模型中各变量的顺序依次为：产出因子、通货膨胀因子、政策工具变量。

9.2.3　数据及其处理

当前，我国正处在结构与制度变迁进程中，为了深入研究我国在经济危机期间及经济危机之后货币政策效应，我们以 2005 年 1 月至 2014 年 6 月为研究区间，以尽可能减少我国宏观经济数据中结构性断点的影响（He et al.，2013），所有数据来自 Wind 资讯数据库。

9.2.3.1　货币政策工具变量 Y_t 的选择及数据说明

根据 FAVAR 模型的构造，变量 Y_t 为可观测的政策变量。本书选择 5 个货币政策表征变量：短期贷款利率（6 个月内）、中长期贷款利率（1~3 年）、存款准备金率、货币供给 M2 及银行贷款数量。短期利率、中长期利率与法定准备金率为政策性变量，这里不进行季节调整，货币供给月度增长率及银行贷款月度增长率进行季节调整。需要注意的是，这里的存款准备金率为大型金融机构存款准备金率与中小型存款准备金率的平均值。

9.2.3.2　国民经济生产指标 $X_1 \sim X_{31}$

本书选择以下指标作为产出因子的代理变量，通过对以下指标进行主成分分析，得到产出潜在因子。这些指标有 31 个：工业增加值、产销率、月出口金

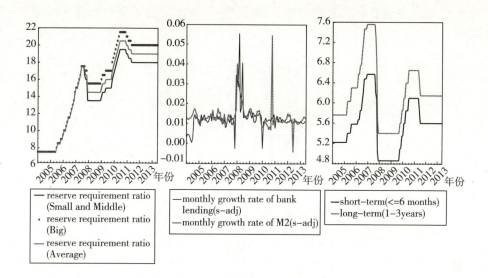

图 9 - 1 货币政策工具走势图

额、月进口金额、固定资产投资完成额、社会消费品零售总额、宏观经济景气指数（预警指数、一致指数、先行指数与滞后指数）、PMI 指数（包括总指数、生产指数、新订单指数、在手订单指数、采购量指数、进口指数）、消费者信心指数、上证平均市盈率、深证平均市盈率、房地产开发投资完成额、发电量、用电量、粗钢产量、入境游接待人次、入境游外汇收入、天然气产量、汽车产量、轿车产量、载货汽车产量。

9.2.3.3 物价水平指标 $X_{32} \sim X_{35}$

本书选择以下 4 个变量作为通货膨胀因子的表征变量：CPI、食品 CPI、非食品 CPI、36 个大中城市 CPI。

9.2.3.4 数据处理

春节效应处理：春节假期对我国 1 月或 2 月的月度生产与物价存在显著性的影响，表现为生产性指标的普遍下降与物价水平的普遍上升。为此，将上年 12 月数据与次年 1 月、2 月数据求平均值，并用平均值代替原数值，这样就使得上年 12 月至本年 2 月的生产与物价波动得到平滑。

季节效应处理：由于本书采用的是月度数据，这里采用 TRAMO/SEAT 程序去除各序列的季节效应。

对数差分处理：去除所有序列的春节效应与季节效应后，对所有序列取对数，在此基础上进行一阶差分。

分别对 X_1 及 X_2 进行动态因子分析，对 X_1 的第一主成分命名为产出因子 F_{1t}，

对 X_2 的第一主成分命名为通货膨胀因子 F_{2t}。各潜在因子序列如图 9 - 2、9 - 3 所示。

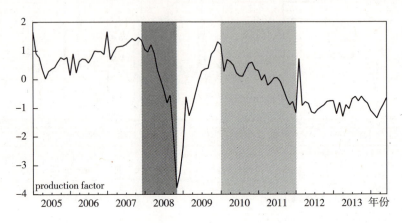

图 9 - 2　产出因子

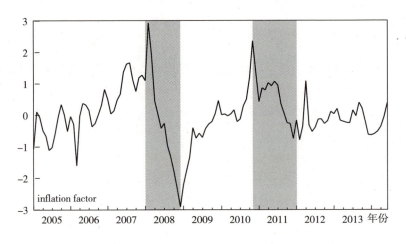

图 9 - 3　通货膨胀因子

可以看出，产出因子及通货膨胀因子均较为准确地捕捉到了 2007—2008 年的经济危机及其之后的强劲复苏。2010 年的欧洲主权债务危机也在两个因子中得到充分体现。值得注意的是，我国经济在 2012 年进入稳定发展期，这与我国主动进行结构调整、调低经济增长目标的事实相吻合。可见，产出因子与通货膨胀因子均能较好地反映我国宏观经济运行的现实。

9.4　实证分析

9.4.1　模型估计与检验

采用递归识别约束，按照产出因子、通货膨胀因子、政策工具变量先后顺序构建 VAR 模型。本书首先针对每一个货币政策变量构建三变量 VAR 模型，然后将所有货币政策工具变量的线性组合纳入 VAR 模型，再对模型进行估计。根据 AIC 准则与 SC 准则，所有模型选择滞后阶数为 2 的 VAR 模型。受篇幅所限，这里没有给出各 VAR（2）模型的估计结果，只给出了各模型的平稳性检验结果。只有当 VAR 模型平稳时，脉冲响应函数分析才具有意义。

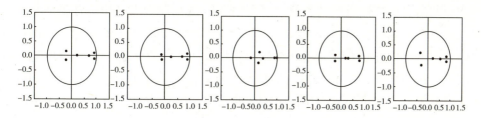

注：从左到右分别为以短期贷款利率（RS）、长期贷款利率（RL）、法定存款准备金率（RRR）、货币供给 M2（RM2）、银行信贷（RLN）为工具变量的 FAVAR 模型的特征根倒数图。

图 9 - 4　各 FAVAR（2）模型平稳性检验（单位根倒数图）

9.4.2　脉冲响应分析：基于单位政策变量的分析

从产出因子与通货膨胀因子对一个单位的短期利率正向冲击的响应看（图 9 - 6 第一行），产出活动与通货膨胀在前 4 个月内出现小幅上升，在以后的两年时间里均显著下降。产出因子与通货膨胀因子的累积下降幅度分别为 1% 与 0.5%。

从长期利率正向冲击对产出因子与通货膨胀因子的影响看，产出因子首先在前 10 个月内小幅上升 0.2%，在随后的 20 个月内迅速下降至 - 1%。通货膨胀因子的响应机制与产出因子非常相似，也呈现出先升后降的特征。具体地，通货膨胀在前 8 个月内上升 0.5%，在随后的两年时间里迅速下降至 - 0.6%。

以上研究结果表明：第一，无论是短期利率还是长期利率，利率正向冲击对我国经济的影响在短期内均存在"价格之谜"，即利率上升首先导致产出与通货膨胀上升，然后再下降。第二，长期内，我国利率的上升对产出与物价水平均有显著影响，利率市场化提高了利率传递机制的有效性，这与 He 等（2013）对中国利率政策工具效应的研究结论相反。

本书对我国"价格之谜"的解释是：央行上调贷款基准利率的目的是紧缩流动性，表明经济出现过热征兆。央行的非盈利性质与信息占优使其决策具有前瞻性与果断性。相比之下，投资主体在经济过热阶段的狂热行为欲罢不能，不会因为利率的小幅上升而有明显下降，此外，大型项目的长期投资也不会因为利率的上调而中止，这对长期以来过度依赖投资拉动经济增长的我国而言尤其如此。这都是利率上升短期内促进通货膨胀与产出活动上升的原因。

从产出因子与通货膨胀因子对存款准备金率 RRR 的响应看，RRR 对我国经济在短期内也存在轻微的"价格之谜"现象。从长期来看，法定存款准备金率对产出具有显著、长期的负向影响。从图 9-4 中可以看出，在 50 个月的时间窗口内，RRR 对产出的负向影响仍然未达到收敛（实际情况是在 54 个月时达到收敛状态 -2%）。但是，RRR 对通货膨胀的负向影响响较小。这与我国长期贸易顺差、外汇占款及热钱流入等因素密不可分，这些因素在某种程度上抵消了法定准备金上调对通货膨胀的影响。

从货币供给增长率 RM2 对产出因子与通货膨胀因子的影响看，货币供给冲击使产出因子在以后的 17 个月内显著上升并达到收敛，累积响应达 0.6%；货币冲击对通货膨胀的影响与前者相似，在冲击后的 20 个月内显著上升并达到收敛状态。这表明，货币供给影响我国经济的时效为 1.5 年左右，货币政策在长期内是中性的。

从银行贷款 RLN 对产出因子与通货膨胀因子的影响看，银行信贷的增加在短期内显著、快速提高了产出因子与通货膨胀因子，但是在长期内该效应无法得以维持。这表明，通过"窗口指导"（window guide）具有见效快、时效短、重总量、轻结构的特点，频繁使用会加剧经济的波动，而无益于经济的稳定与持续。

9.4.3　基于政策变量组合的脉冲响应分析

我国货币政策工具较多，不同的工具有不同的特点，如何识别这些工具对我国产出因子与通货膨胀因子的综合影响对于合理制定与执行货币政策组合拳、增强政策灵活性、拓展货币政策实施空间具有重要的意义。因此，我们首先对 5

种货币政策工具进行主成分分析，取其第一因子，并命名为货币政策因子。

9.4.3.1　货币政策因子及其性质

根据 SPSS13.0 的运算结果，货币政策因子表达式如下：

$$F_{3t} = 0.936RS_t + 0.907RL_t + 0.359rrr_t - 0.519RM2_t - 0.488RLN_t$$

由上式可知，货币政策因子与短期利率 RS、长期利率 RL、法定准备金率 RRR 正相关，与货币供给量增长率、信贷总量增长率 RLN 负相关。由于利率、法定准备金率上升时为紧缩政策，此时导致 F_3 上升；货币供给与信贷下降时为紧缩政策，此时也导致 F_3 上升，因此，货币政策因子 F_3 增大表明紧缩性货币政策态势，反之则为宽松性货币政策态势。货币政策因子如图 9 - 5 所示。

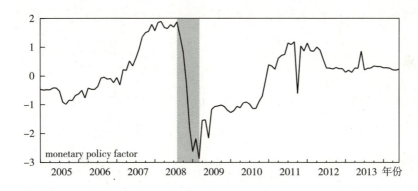

图 9 - 5　货币政策因子趋势图

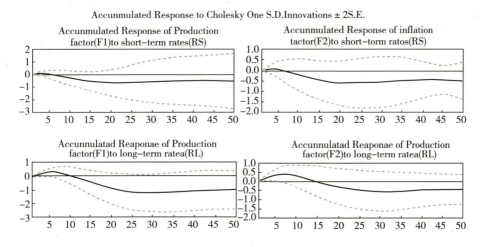

图 9 - 6　FAVAR 脉冲响应图

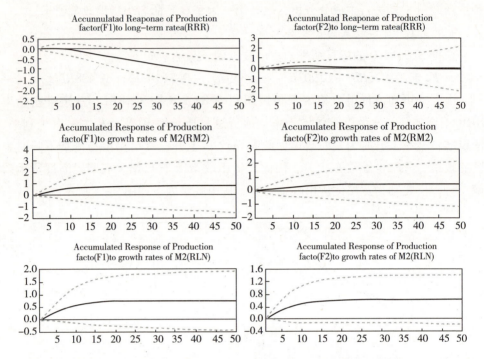

注：第一行至第五行表示分别以短期贷款利率（RS）、长期贷款利率（RL）、法定存款准备金率（RRR）、货币供给 M2（RM2）、银行信贷（RLN）为工具变量的脉冲响应函数，其中第一列表示产出因子（F1）的响应函数，第二列表示通货膨胀因子（F2）的响应函数。

图 9 - 6　FAVAR 脉冲响应图（续）

9.4.3.2　基于 F1、F2、F3 的 FAVAR 脉冲响应分析：稳健性检验

表 9 - 1 　　　　　　　　基于货币政策因子 **F3** 的 **FAVAR** 模型估计结果

	F1	F2	F3
F1（-1）	0. 647874	0. 112764	0. 018254
	[6. 84249]	[1. 00223]	[0. 22546]
F1（-2）	0. 180721	0. 036041	0. 007321
	[2. 04644]	[0. 34345]	[0. 09696]
F2（-1）	0. 307306	0. 828284	0. 203881
	[3. 64606]	[8. 27005]	[2. 82893]
F2（-2）	-0. 195018	-0. 091022	0. 040850
	[-2. 21602]	[-0. 87040]	[0. 54285]
F3（-1）	-0. 058847	-0. 142145	0. 596848
	[-0. 52207]	[-1. 06124]	[6. 19244]
F3（-2）	-0. 109012	0. 104185	0. 245698
	[-1. 00720]	[0. 81007]	[2. 65480]

续表

	F1	F2	F3
C	− 0.022280	0.004329	0.007319
	[− 0.55823]	[0.09128]	[0.21447]
R − squared	0.829213	0.696092	0.878677
Adj. R − squared	0.819454	0.678726	0.871744
F − statistic	84.96702	40.08317	126.7431
Log likelihood	− 58.60432	− 77.92672	− 41.07016

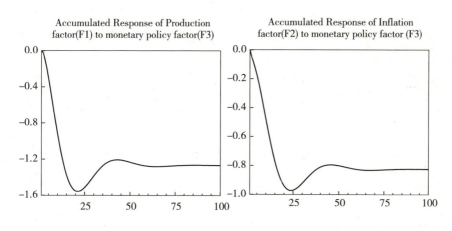

图 9 − 7 脉冲响应图

可以看出，货币因子 F3 一个单位的正向冲击，对产出因子 F1 的累积冲击效应在 21 个月的时间里达到最大（− 1.5 个单位），并在第 60 个月收敛于 − 1.3。对通货膨胀因子的影响与对产出因子的影响非常相似，在第 25 个月达到最大值 − 0.9，并于第 60 个月前后收敛。

以上分析表明，我国货币政策的综合效应是非常显著的，符合经济学原理。此外，利用货币政策因子进行分析，不存在"价格之谜"，且货币政策因子对产出因子与通货膨胀因子的影响程度均远远大于上述各工具变量的单独影响，更体现了货币政策因子的综合性与复合性，从而进一步说明了以单一货币政策工具变量研究货币政策效应具有片面性，低估了真实的货币政策效应。

综上所述，当前国内外对我国货币政策效应的研究存在以下缺陷：第一，所有研究没有考虑到我国当前正处于结构调整与制度变迁阶段，标准的 VAR 模型及有限的数据量无法完全捕捉这种变化。第二，传统研究仅以某一货币政策工具如利率、货币供给等作为货币政策的代理变量，无法完全捕捉我国货币政策态势的所有信息，货币政策效应估计存在误差。第三，当前研究，除了在VAR模型中加入商品价格这一变量外，再无其他方法解决货币政策效应中存在的"价格之谜"。基于此，本书采用2005年1月至2014年6月相关变量（31产出相关变量、4个物价相关变量、5个货币政策工具变量），利用动态因子模型分别构建产出因子、通货膨胀因子、货币政策因子，在此基础上首先估计单个货币政策工具变量的因子扩展向量自回归模型（FVAR），并进一步估计由三因子组成的FAVAR模型，对我国货币政策效应进行了实证分析。

第一，短期贷款利率与长期贷款利率冲击均能显著地影响我国产出与通货膨胀水平，利率传递机制有效，这与He等（2013）对中国利率政策工具效应的研究结论相反。此外，长期利率冲击对产出与通货膨胀的影响程度要大于短期利率冲击的影响。

第二，利率调控在我国存在"价格之谜"。研究结果表明，无论是短期利率冲击还是长期利率冲击，都使得通货膨胀先升后降，在短期内与经济理论不符，即存在所谓的"价格之谜"。长期、过分依靠投资拉动经济增长以及欠理性的投资主体是导致我国存在"价格之谜"的重要原因之一。央行上调贷款基准利率的目的是紧缩流动性，表明经济出现过热征兆。而投资主体在经济过热阶段的狂热行为欲罢不能，不会因为利率的小幅上升而有明显下降，此外，大型项目的长期投资也不会因为利率的上调而中止，这在长期以来过度依赖投资拉动经济增长的我国而言尤其如此。

第三，法定存款准备金率对产出因子的影响显著，而对通货膨胀的影响程度较小。同样，法定存款准备金对经济的影响在短期内也存在"价格之谜"现象。这与商业银行追求盈利从而导致其经营具有顺周期性的事实分不开。

第四，货币供给增长率与银行信贷增长率均能显著地影响我国的产出与通货膨胀。两者的影响程度相似，但是后者影响周期较短，频繁使用信贷控制会加剧经济波动，不利于经济平稳增长。

第五，基于产出因子、通货膨胀因子、货币政策因子的FAVAR模型表明，我国货币政策的总体复合效应远远大于以单个变量为政策工具的效应，表明现有货币政策效应研究大多都低估了货币政策的真实效应。更为重要的是，以货币政策因子为政策变量的FAVAR模型避免了"价格之谜"现象，模型更符合经济理论。这是因为，货币政策因子同时包含了价格型工具信息与总量型工具信息，价格工具所具有的"价格之谜"现象因为货币与信贷的总量控制而被抵消。

第六，所有研究均再次验证了"货币政策长期中性"假设。

　　以上分析表明，央行应当进一步加快推进利率市场化进程，尤其是突破存款利率市场化这一关卡，逐步构建以利率为主要工具的价格型调控体系。同时，央行应当构建货币政策因子（或货币政策态势指标）以完整地捕捉多种货币政策工具的综合效应。

第10章　资产价格波动的货币
政策应对策略：理论框架

10.1　引言与文献综述

　　货币政策与资产价格之间的联系一直受到各国货币当局及相关决策者的格外关注。美国 1920—1929 年股票市场的起伏，日本 20 世纪 80 年代的房地产价格泡沫的破裂以及 2007 年以来美国次贷危机的产生及蔓延使得各国货币当局及决策者对资产价格波动、经济稳定及货币政策之间的关系的研究越来越深入。综观各国治理危机的实践，各国对资产价格的调控态度更多地表现出事后调控（ex post），或者说是一种消极的反应态势。在历次事后调控都使经济得到了恢复的同时，各国经济学家就资产价格泡沫的破灭会导致长时间的经济衰退与通货紧缩基本上达成了一致。现在关键的问题是，如果货币当局能够尽早的干预资产市场，那么资产价格泡沫的产生与破裂还会发生吗？或者资产价格泡沫的破裂还会导致如此严重的经济衰退及通货紧缩吗？从另一个角度讲，货币当局采取积极的干预政策是否会比消极干预政策能更成功地调控经济？而这个问题也就引出了当前该领域最有争议的话题，也是一直悬而未决的问题：货币当局在制定货币政策时如何对资产价格作出反应？资产价格应该不应该成为货币政策的调控目标及参考目标？如果应该，那么货币政策对资产价格的调控机制又该如何？

　　目前，国内外关于货币政策是否应当对资产价格作出调控或反应存在着两种观点：第一种观点是以 Hessius（1999）为代表的"消极反应论"或"不反应论"，Bernanke 和 Gerterler（2000）用实证的方法为这种观点进行了辩护。Bernanke 和 Gerterler（2000）认为货币当局应当在资产价格泡沫破裂后再进行补救。原因在于，货币当局不能准确地度量与识别资产价格泡沫的大小与发生时间，同时资产价格泡沫化的具体原因（是受经济基本面驱动影响还是受其他不可控因素影响或兼而有之）在短时间内难以分辨，因此对于不同原因形成的资产价格波动不能"一刀切"。第二种观点是以切凯蒂（Cecchetti）等（2000）为代表的"积极反应论"或"直接干预论"。Cecchetti 等（2000）认为，尽管货币当局必须对资产价格泡沫的成分进行评价与辨别（这一点与 Bernanke 等人的观点相同），但是他们认为这一任务是可行的，也是比较容易完成的。理由是，资产价格泡沫的识别与成分的分辨比产出缺口的识别更容易，而后者目前已经成为多国货币当局的决策变量。此外，Cecchetti 等（2000）认为，泰勒规则在各国的适用性也是值得商榷的（Bernanker 等是在泰勒规则的框架下得出了"消极反应论"观点）。

我国对货币政策与资产价格之间互动关系的研究起步较晚，争论也较为激烈。目前，国内关于货币政策是否应该对资产价格的变化作出反应也存在着两种观点：一是"关注论"，二是"非关注论"。"非关注论"的代表性研究主要有钱小安（1998）、苟文均（2000）、戴根友（2000）、谢平（2004）等。以上研究认为，由于中国的资本市场开放度有限，金融资产种类少、规模小，货币政策对资产价格的干预是无效的（冯用富，2003）。他们认为，货币政策将资产价格泡沫作为调控目标会进一步增加货币政策操作的复杂性与难度，直接干预也会导致其他负面影响，从而影响货币政策的有效性与针对性。"关注论"的代表性研究有邢天才和田蕊（2010）、段忠东和朱孟楠（2011）、陈伟忠和黄炎龙（2011）、石建民（2001）、吕江林（2004）、王虎等（2008）、徐贤慧（2009）、赵进文和高辉（2009）等。石建民（2001）认为，尽管我国资本市场与实体经济的偏差是客观存在的，如果从一般均衡分析出发，随着资本市场的日益壮大，市值与交易量不断扩大，资产交易会对货币产生一种额外需求，且资本市场还将通过财富效应、资产组合效应等影响货币需求。而在应对经济衰退的货币政策中，由于没有考虑到这种额外的货币需求，从而使得扩张的货币政策扩张有限，资金没有完全流向实体经济，从而影响了实体经济的复苏速度与力度。资产价格已经成为我国货币政策的重要传导渠道之一，且对实体经济的作用日益明显，资本市场发展到一定阶段与实体经济会存在多重协整关系及因果关系（吕江林，2004）。此外，王虎等（2008）认为，我国资产价格可以作为通货膨胀的指示器，但并不认为与实体经济具有正相关性。徐贤慧（2009）认为，当泡沫崩溃的风险逐渐增加时，采取前瞻性的货币政策是最优的选择。赵进文、高辉（2009）也认为，应将资产价格纳入前瞻性利率政策规则。

资产价格泡沫破裂对真实产出及物价水平等宏观经济变量有严重的不良影响（bordo 和 Jeanne，2002；Bernanke 和 Gerterler，2002）。但是各国对资产价格的政策态度并不明朗，一个重要原因在于各国当局在面对货币政策价格的波动时都面临着两难选择：一方面，如果当局放任资产价格"繁荣"而不进行调控，那么当局将面临着价格泡沫破裂的风险，并因此导致"信贷断层"（credit crunch），信贷的萎缩又会在某种程度上导致经济的过冷，加剧经济的波动性；另一方面，如果当局在资产价格出现上升时就进行积极干预，虽然能够大大降低价格泡沫及"信贷断层"的风险，但是这种操作同样付出成本：经济的低增长。由此可见，最优的货币政策取决于两种选择之间的成本与收益比较。

以此为基础，本书主要研究货币当局采取消极反应货币政策（reactive mone-tary policy）与积极干预货币政策（pro – active monetary policy）时面临的约束条件及在相应条件下采取不同政策的成本与收益。由于货币当局面临的约束条件在不断地发生变化，因此最优的货币政策在很大程度上取决于当时的经济条件，包括私人部门的信念（private sector's belief）。

一般而言，当资产价格破裂的风险非常大，且当局能够以较低的成本缓解这种风险时，积极干预的货币政策就成为最优的。但是在通常情况下，资产价格破裂的风险与平息这种风险所付出的成本这两个条件之间的关系是正相关的，从而使得决策者面临着权衡（trade – off）。伴随着投资者热情的高涨，资产价格回落（reversal）的市场情绪也在加剧。此时，要想刹住投资者的乐观之风，就要求过激的同时也是成本更大的货币行为。为了达到最优，积极干预的货币政策必须在风险已经完全被察觉，同时当局还有能力作出干预时进入角色。

另外一个更困难的问题是以上条件能否满足，这也是本书要解决的重点问题。

本书的研究在以下若干方面不同于以前的研究。

第一，没有必要过度关注"泡沫"。在我们的模型中，货币当局需要明确资产价格回落的风险，但是这种回落是资产价格泡沫的破裂还是由于基本面因素引起的正常变化则不是特别重要。非基本因素的影响会加剧资产价格波动，从而使得当局的任务复杂化，但是这些因素本身并不是关键。即便在市场充分有效的情况下，基本面因素导致的资产价格突然变化也时有发生，而这同样会为货币当局带来相同的问题。

第二，最优货币政策规则不一定是泰勒规则，在对泰勒规则进行扩展后（将资产价格泡沫以线性的形式加入规则表达式），这一问题仍然存在。如果存在着积极干预的空间，那么这种政策则随意地依赖于一些因素，依赖于私人部门资产负债表中的风险状况，而产出、通货膨胀及资产价格的当前水平等变量并无法提供这些风险的相关信息。私人部门资产负债表的风险不可能通过两到三个宏观经济变量就能刻画出来，况且这种风险具有时变性。

第三，指出了使用简单货币政策规则调控经济的潜在风险。由于金融脆弱性对于货币政策在某种程度上是内生的，关系是复杂的，因此简单的货币政策规则在这一事实面前凸显其盲目性。资产价格、金融易变性及货币政策之间的联系非常复杂，因为它们之间具有非线性性且包含着极端事件（尾部概率）。这种联系的复杂性是不可忽视的，货币当局必须对极端事件的概率进行估计。我们的分析结果认为，最优的货币政策决策不是简单的规则就能办到的，在某种程度上最优的货币政策包含着或多或少的相机抉择的味道。

10.2　模型构建与理论分析

资产价格泡沫破裂时的一个共同特点是经济活动的放缓甚至经济负增长，并伴随一系列的金融问题。有许多理论可以解释这种现象，这些理论均从不同的角度对资产价格影响实体经济的机制进行了解释。其中，贷款抵押品价值理论就是其中之一。该理论认为，当资产价格上升时，厂商用于贷款的抵押品价值也随之上升，此时其可贷金额上升，从而使得私人机构通过举债渠道形成的投资也随之上升。但是当资产价格下降时，私人机构的抵押品价值也随之下降，押抵品剧烈萎缩，从而使得其可贷数额也下降，从而影响了企业的后续经营，并进一步影响了投资需求[①]。

但是，伴随着价格的高位运行，其发生回转的风险也越来越大，价格回转往往会导致由抵押物贬值引致的信贷断层，从而进一步影响总需求及总供给。那么，价格回落风险对于货币政策的设计与制定有什么后果或影响？

货币政策的反应无非有两种方式：一是消极反应方式，货币当局持观望态度，直到其发生泡沫破裂才采取行动，这种方式完全符合标准的货币政策规则（如泰勒规则）的精神，主张事后的适应性响应。当危机发生时，货币当局会通过大量的流动性注入来尽量保持金融系统的平稳性（Bernanke 和 Gerterler，2000）。二是在资产价格上升过程中实施更加积极的主动干预型货币政策。货币当局会尽力控制资产价格的上升及国内信贷规模的极速扩张，从而在最大程度

---

① 这种解释的一个假设是银行在资产价格泡沫形成及破裂时期的放贷条件是不变的，如果放弃这一假设，并把银行在繁荣时期放宽放贷条件、萧条时期收紧银根考虑在内的话，则更能导致由于信贷断层引起的经济波动。

上减轻泡沫破裂的概率或发生后对经济造成的损失。这种方式意味着对资产价格实施货币约束以减轻通货膨胀与经济过热的压力。但是，积极的干预策略所要求的货币约束程度要偏离标准货币政策规则的约束水平，那么，货币在当局应当在什么样的条件或环境下偏离标准的货币政策规则呢？并且货币当局制定货币政策所依赖的指标有哪些呢？

为了回答这些问题，我们提出了一个阐明上述两种观点区别的理论模型（stylized model），并以此模型为基础提出政策建议。与以前的研究不同（Bernanke 和 Gertler，2000；Batini 和 Nelson，2000；Cecchetti 等，2000），我们的目的不是为了比较不同的货币政策规则的效果与表现，而是在简单与透明的框架下分析两种货币政策的区别在什么地方。尽管我们建立的模型比较简单，但是事实表明最优货币政策并不是空洞无物的，它依赖于外生性的经济条件，并且呈现出非线性关系。尽管这种非线性性增加了我们分析问题的复杂性，但是金融危机本身就是一个非线性事件。而将非线性模型转化为更实际的模型将是我们下一步的研究方向。

10.2.1　动态供给函数的构建

10.2.1.1　模型假设

（1）模型分为三个时期 $t = 0,1,2$，从而使得资产价格具有内生性。

（2）模型假设经济中有两个部门：家庭与厂商。每个部门均为1的连续闭合集合。家庭向厂商提供劳动力及资金，而厂商提供无差异消费品。

（3）假设经济中存在着数量固定的生产性资本。资本不会发生贬值且不能再生。

（4）家庭是同质的，且生活在三个时期。厂商生活在第0与第1期共两个时期。

（5）假设厂商的生产性资本为土地，其产品为水果等无差异产品。

10.2.1.2　家庭

假设家庭的跨期效用函数为

$$U^h = u(C_0) + C_1 + C_2 \qquad (10-1)$$

其中，C_t 表示家庭的消费，$u(t)$ 是递增的、凹的。

10.2.1.3　厂商

假设每个厂商使用1个单位的土地，则当与 L_t 个单位的劳动力结合时，其生产函数为

$$y_t = L_t^{1-\eta}, t = 0,1 \qquad \eta \in (0,1) \qquad (10-2)$$

假设第 2 时期不再需要厂商部门，时期 2 的生产过程与卢卡斯的"树型经济"相同：每单位的土地生产数量为 R 的产品，该产量外生于土地等投入。该假设的中心意思是经济在长期会达到均衡，而不再受金融冲击的影响，R 可以解释为生产性资本的长期生产率。其取值在 0 期未知，在第 1 期时为 1。

在 0 期，生产资本为家庭所有。厂商为了生产，就必须取得这些资产的所有权，其初始禀赋为 K，但是这些资金不足以取得这些土地的所有权，所以厂商要通过向银行贷款筹集资本。假设在 0 期，土地的资产价格为 Q_0，则其需要向银行借贷 $D = Q_0 - K$。

由于厂商需要在第 0 期与第 1 期之间进一步融资以增加其营运资本（working capital），在这期间，如果无法顺利实现进一步融资，那么该厂商就会停产退出生产领域。不同厂商的期间信贷需求不同，假设为 $\gamma(j)$。

由于厂商的再贷款需要经过银行对其债务进行再评估（哈特（Hart）和莫尔（Moore），1994；清滝（Kiyotaki）和 Moore，1997），当厂商的总债务（0 期用于购买生产性资本的贷款加上期间营运资本债务）超过了其抵押价值，则该厂商就不得不退出市场。如果授信人认为某厂商存在违约风险，则会停止向其借贷期间营运资本，则厂商也不得不退出市场。因此，厂商能够正常营运的充分必要条件是其期间借贷量必须小于其净资产值，即

$$\gamma(j) < Q_1 - (1+r)D \qquad (10-3)$$

其中，Q_1 为抵押品在第 1 期的价值，r 为贷款利率。厂商满足该条件，得到贷款则不受任何其他约束，否则就会因得不到营运资金而被迫退出市场，可见该约束的类型是"全有或全无"型的（all-or-nothing type）。当不满足以上约束时，厂商就必须将其现有资产作价出售，偿还期初贷款后退出市场，因此这就要求 $Q_1 \geqslant (1+r)D$。

为简单起见，假设经营期间积极厂商（需要继续贷款）与非积极厂商（不需要继续贷款）的比例分别为 φ 及 $1-\varphi$，则时期 1 的积极厂商数量 N_1 为

$$\begin{cases} N_1 = 1, Q_1 \geqslant \gamma + (1+r)D \\ N_1 = 1-\varphi, Q_1 < \gamma + (1+r)D \end{cases} \qquad (10-4)$$

在 0 期与 1 期，在生产行为发生后，家庭需要在金融市场上交换消费品、货币及生产性资本。假设厂商不参与金融市场的交易，则通过求取家庭跨期最优问题的一阶条件就得到资产在 0 期的真实价格：

$$Q_0 u'(C_0) = E_0(Q_1) \qquad (10-5)$$

$$u'(C_0) = 1 + r \qquad (10-6)$$

效用函数是时期 1 与 2 的线性函数，资产价格在 1 期的值是其最终收益：

$$Q_1 = R \qquad (10-7)$$

厂商在 0 期及 1 期需要货币。从现金预付预约得到的货币需求为

$$C_t = \frac{M_t}{P_t}, t = 0,1 \qquad (10-8)$$

假设政府对家庭需求货币的发放采取一次性方式，通过一次性转移支付的方式使得家庭的消费与厂商的消费相等或与其产出成比例：

$$C_t = \lambda Y \text{①} \qquad (10-9)$$

假设在 0 期设定的 0 期与 1 期的名义工资水平为 W_0 及 W_1，在这之前，M_0 与 M_1 未知。为简单起见，假设名义工资水平是外生的。

劳动市场完全竞争，时刻 t 的总供给等于积极厂商的数量乘以单位厂商的供给量。积极厂商的生产量为 $\left(\frac{W}{(1-\eta)P}\right)^{-(1-\eta)/\eta}$，消极厂商的产量为 0。因此，总供给为

$$Y_t = N_t \left(\frac{1}{1-\eta}\frac{W_t}{P_t}\right)^{-\alpha} \qquad (10-10)$$

其中，$\alpha = (1-\eta)/\eta$ 为总供给的真实工资弹性。

将总供给函数写成对数表达式为

$$y_t = \alpha p_t + \varepsilon_t \qquad (10-11)$$

其中，$y_t = \log(Y_t)$，$\varepsilon_t = \log(N_t)$。在没有信贷断层（信贷危机）时 $\varepsilon_t = 0$，1 期存在信贷危机时 $\varepsilon_1 = -v \equiv \log(1-\varphi)$。

根据 $D = Q_0 - K$ 及一阶条件（10-5）~（10-6）可得 1 期的债务负担为

$$(1+r)D = E_0(Q_1) - K(1+r) \qquad (10-12)$$

10.2.2 动态新凯恩斯模型的构建

模型的简化式如下：

$$\begin{cases} y_t = m_t - p_t & (10-13) \\ y_t = \alpha p_t + \varepsilon_t & (10-14) \\ y_0 = -\sigma r & (10-15) \end{cases}$$

其中，y_t 为产出，m_t 为货币供给，p_t 为价格水平，r 为 0 期与 1 期之间的真实

---

① 由于两个部门的消费相同，因此此时的 $\lambda = 0.5$。

利率。除利率外，其余变量均以对数形式表示。

方程（10 - 13）与（10 - 14）分别表示总需求方程与总供给方程。工资黏性假设使得总供给伴随着价格水平的上升而上升。方程（10 - 15）是指 0 期的产出随着利息的增加而减少，它来自消费的欧拉方程。

本书所建立的模型与标准的宏观经济模型的区别在于供给冲击 ε。标准的宏观经济模型中 ε 表示外生的技术冲击或其他外生事件，如地震。这里，ε 为金融冲击，并且具有内生性，因为该变量依赖于厂商的债务及资产价格，而这两个变量是受货币政策影响的。货币政策能够事先影响 0 期的债务数量，ε 对于积极货币政策的分析起着重要的作用。

金融冲击来源于公司部门信贷危机的爆发，这里我们假设信贷危机只发生在 1 期，即

$$\varepsilon_0 = 0, \varepsilon_1 = \left\{ \begin{array}{l} 0, otherwise \\ -v, credit crisis happen \end{array} \right.$$

从前文可知，信贷危机的发生依赖于公司部门的债务负担及抵押品的价格。厂商在 0 期得到 D 数量的贷款，就必须在 1 期偿还 $D(1 + r)$。此外，由前文可知，某些厂商必须获得新的贷款 γ 以充实其 0 - 1 期间的营运资本，否则将停止生产，供给减少。而厂商在 1 期能否获得新的贷款依赖于其抵押资产的价值 Q_1。当公司抵押价值小于其总贷款量时，信贷危机就会产生，即

$$Q_1 < \gamma + (1 + r)D \qquad (10 - 16)$$

10.2.3　货币政策与金融脆弱性

货币政策通过影响两个关键变量（负债数量和抵押资产价格）进而影响信贷危机发生的概率。第一，事后的货币扩张（时期1）会增加抵押资产价值，并且可能放宽抵押约束，这就是消极货币政策的事后信贷渠道。第二，事先的紧缩政策（时期0）会减少公司债务人积聚量，而这也正是积极干预货币政策的主要目的。为简单起见，假设事后抵押物价格对于货币政策是外生的，依此展开事后消极型货币政策的分析。①

我们用经济陷入信贷危机的概率 μ 表示金融的脆弱性，即厂商抵押物价值低于式（10 - 16）给出的门限值的概率值：

$$\mu = \Pr[Q_1 < \gamma + (1 + r)D] \qquad (10 - 17)$$

该式表明，信贷危机发生的概率与厂商的负债规模 $D(1 + r)$ 同向变化，厂

---

① 在前文的供给函数构建中，通过假设家庭效用函数关于 1 期的线性性可以得到该结果。

商的初始负债量 D 是实际利率 r 的减函数。当货币当局在 0 期增加利率时，就会减少厂商在 1 期的债务负担。也就是说，厂商借贷关于实际利率弹性为负，我们的模型正好满足这一条件，因此推导出以下表达式：

$$(1 + r)D = E_0(Q_1) - K(1 + r) \qquad (10-18)$$

其中，K 为厂商的所有者权益水平。负债规模关于抵押值预期线性增加，关于实际利率线性递减。因此，我们可以推出，信贷断层（信贷危机）发生的概率为真实利率的减函数：

$$\frac{\partial \mu}{\partial r} < 0 \qquad (10-19)$$

这个结果对于我们的分析是至关重要的：事前积极的（Preemptive）货币政策约束（0 期）能够减少 1 期发生信贷危机及经济衰退的风险或概率。因为事前的货币约束减少了厂商债务的积累，从而使得厂商在面对同样的质押价格风险（资产价格下滑）时能更从容、更有弹性地适应。

10.3 消极反应政策与积极干预政策的选择——基于成本收益的理论分析

如前所述，本书模型与标准的宏观经济学模型的主要区别在于金融冲击 ε_1 的分布内生于货币政策，即货币政策态势与操作在相当程度上影响着金融冲击 ε_1（资产价格泡沫破裂引致的信贷危机）发生的概率。因此，这里的"积极干预"的货币政策就是旨在避免 1 期发生信贷危机的政策。与此相比，"消极反应"政策作出反应的时候就是泡沫破裂的时候，货币政策对金融冲击的消极反应。

积极货币政策的响应机制面临着 0 期产出水平下降与 1 期信贷危机发生概率下降两者之间的权衡与取舍（trade-off）。因为，货币当局实施积极事前干预时，虽然 1 期发生资产价格泡沫破裂引致的信贷危机概率下降，但是当局不得不在 0 期面临缓慢的经济增长与较低的物价水平，因为

$$y_0 = -\sigma r \qquad (10-20)$$
$$p_0 = -\sigma r/\alpha \qquad (10-21)$$

为了探讨这种取舍机制，本书赋予货币当局一个跨期目标函数，跨期目标函数的具体形式为二次损失函数（Quadratice Loss Function，QLF）：

$$L = \sum_{t=0,1} (p_t^2 + \bar{\omega} y_t^2) \qquad (10-22)$$

10.3.1　非线性泰勒规则的推导

我们进一步研究两种类型货币政策之间的选择机制，这里我们要借助最近关于"新经济"与股票市场争论的模型进行表述。假设在时期 1 抵押物的价值可能出现两个值：一个较高值 Q_H 与一个较低值 Q_L。前者对应着"新经济形势"，后者对应着"旧经济形势"。新经济形势是 0 期市场参与者乐观程度的测度，用 P_{NE} 表示；相应的旧经济发生的概率为 $P_{OE} = 1 - P_{NE}$，则此时 $E_0(Q_1) = P_{NE}Q_H + (1 - P_{NE})Q_L$。

当资产价格下降，信贷危机产生时，此时也就出现了旧经济。根据方程（10 – 16），当 $Q_L < (1 + r)D + \gamma$ 时，信贷危机产生，旧经济形势实现。用方程（10 – 18）替换 D，并且已知 $E_0(Q_1) = P_{NE}Q_H + (1 - P_{NE})Q_L$，此时信贷危机产生的条件可写为

$$K(1 + r) < \gamma + P_{NE}(Q_H - Q_L) \qquad (10 - 23)$$

从该式可以看出，当经济中私人部门对新经济的信心越大时（P_{NE} 越大），厂商借贷规模越大，信贷危机发生的概率就越大。同样，当新旧经济形势下资产价格相差（$Q_H - Q_L$）越大时，信贷危机产生的概率也越大。货币当局可以通过设定期初（0 期）的真实利率水平将信贷危机爆发的概率控制在最低值 0 上，而设定利率的机制要遵循的规则如下

$$1 + r = \frac{\gamma + P_{NE}(Q_H - Q_L)}{K} \qquad (10 - 24)$$

这就是本书所推导出的非线性泰勒规则，该规则的含义是针对日益上升的市场乐观情绪，央行可以通过提高实际利率实施货币约束。

需要注意的是，与标准的规则如泰勒规则相比，该规则有着很大的不同。在标准的货币政策规则下，当局会对若干宏观经济变量如产出缺口或通货膨胀率的当前值或期望值作出反应，而在本书的规则（10 – 24）下，央行是针对厂商等部门对资产市场前景变化作出的反应，而这些关于资产市场前景的信息在以往的宏观经济变量中是体现不出来的。但是，货币当局并不一定总是想将信贷危机的爆发概率控制在 0 水平上。当积极干预的货币政策所需求的真实利率水平 r 高过一定程度时（如门限值 $\bar{r}$），干预的成本远远大于不干预的成本，则此时当局会宁愿选择承受信贷危机的发生而采取事后的消极反应政策。

采取消极的货币政策，当局会将其 1 期的损失设定为 0，即放任经济的增长。与此同时，当资产价格泡沫破裂发生时，当局在 2 期会面临很大的严格为正的损失。后面这种情况下的线性规则为

$$\text{Min} p_1^2 + \omega y_1^2$$
$$\text{s. t} \quad y_1 = \alpha p_1 - v$$

通过拉格朗日法求解此模型，解为：$p_2 = \overline{\omega} \alpha v / (1 + \overline{\omega} \alpha^2)$，$y_2 = -v / (1 + \overline{\omega} \alpha^2)$，此时的损失为 $\overline{\omega} v^2 / (1 + \overline{\omega} \alpha^2)$。跨期损失等于信贷危机爆发的概率 P_{OE} 乘以信贷危机下的条件损失 $\overline{\omega} v^2 / (1 + \overline{\omega} \alpha^2)$，即

$$L_{reactive} = P_{OE} \times \frac{\overline{\omega} v^2}{(1 + \overline{\omega} \alpha^2)} \tag{10-25}$$

相反，如果政府为了避免信贷危机的产生，而在期初根据非线性泰勒规则（10-24）提高利率，则产出与价格就会在 1 期下降至目标水平以下。由于 $y_1 = -\sigma r$，$p_1 = -\sigma r / \alpha$，则当局必须承受的损失为

$$L_{proactive} = (1 + \overline{\omega} \alpha^2) \left(\frac{\sigma r}{\alpha} \right)^2 \tag{10-26}$$

根据以上两个损失值，本书就可以得出消极政策与积极政策的选择标准。当 $L_{proactive} < L_{reactive}$ 时，政府会选择积极干预的政策，反之则相反。

对式（10-25）与（10-26）进行简单的换算，当政府调控经济的实际利率满足以下标准时，就可以采用事先积极干预的货币政策：

$$r \leqslant \overline{r} \equiv \frac{\alpha}{\sigma} \frac{v}{1 + \overline{\omega} \alpha^2} \sqrt{\omega P_{OE}} \tag{10-27}$$

可见，政府为了事先化解信贷危机产生的风险而必须承受的利率水平与信贷危机爆发的概率 P_{OE}、需要付出的产出成本 v 正相关，而与产出的利率敏感性 σ 负相关。作为一种示例，我们假设 $Q_H = 100$、$Q_H = 75$、$K = 75$、$\gamma = 200/3$、$\alpha = 1/2$、$v = 10\%$。旧经济下的抵押值比新经济下的相应值低 25%，信贷危机导致 10% 的产出下降量，第 1 期的产出关于实际利率的弹性为 0.25。

伴随着私人部门乐观情绪的高涨，经济会经历三个阶段。第一，如果 P_{NE} 较低，厂商的借贷规模较小，旧经济的实现不会导致信贷危机。在这种情况下，由于没有理由进行干预，政府会采取消极的反应政策。第二，如果 P_{NE} 取值位于区间内部，则政府会以积极的态度采取干预性政策。第三，如果 P_{NE} 非常高，政府虽然能够通过积极的干预政策使信贷危机发生的概率大大降低，但是这需要真实利率水平远远高出门限值，从而会导致成本过高。因此，政府会采用消极反应政策。综上分析，积极干预的货币政策适用于第二阶段的经济形势，即中度市场繁荣。

本书建立的模型同时强调了积极货币政策的潜在收益及其局限。在某种环境下，该政策以牺牲部分产出为代价以减小由抵押值萎缩引致的信贷危机，从

而成为最优的货币政策。但是，在其他的环境下，政府及当局会选择消极货币政策，接受信贷危机发生的风险。政府在某个特定的时期是否会选择积极干预的货币政策完全随机地依赖于某些因素，在某种程度上取决于政府与当局的判断。在本书建立的模型中，最优的货币政策非线性地依赖于可观测的宏观经济变量、私人部门的预期。这就告诉我们，最优货币政策的形式很可能不是机械的政策规则，如泰勒规则。从我们建立的程式化模型中很难获得现实中最优货币政策应当采取的形式。在找到最优的积极货币政策区间之前，仍需要我们进一步进行理论及实证研究。

10.3.2　非理性繁荣

需要强调的是，对积极货币政策的分析并不是因为资产价格偏离其基本价值。从决策者角度讲，这里分析的重点变量是资产市场回落引致的信贷危机风险的大小。而资产市场的态势可以依据各国的历史记录及具体信息进行评判，评判的重点是争议较大的资产价格波动时期。但是，正如模型表明的，泡沫本身并不是问题的实质，在没有泡沫的环境下信贷危机也是会发生的。因此，积极货币政策与消极货币政策的争论不应当简单地认为是央行识别泡沫能力的争论。回顾本书的模型，假设私人机构 0 时期的决策建立在其对"新经济"形势过于乐观的评价基础上，则这种评价就是非理性预期。主要表现为，厂商在 0 期对"新经济"的判断为 P'_{NE}（ $P'_{NE} > P_{NE}$ ），以此为基础进行贷款，而货币当局的判断却是真实的概率 P_{NE} 。

10.4　小结

资产价格波动的产出成本是非常大的。美国的"大萧条"、日本房地产泡沫的破裂以及最近美国的次贷危机均证明了这一点。本书认为，在某种环境下，当局可以采取积极干预的货币政策约束私人信贷的规模，从而能够平息资产价格的过度繁荣，进而降低信贷危机爆发的风险。但是，时下的货币政策决策者追求的不是如何通过积极的干预政策来降低资产价格泡沫破裂，进而降低信贷危机风险，而是遵循着一种消极的事后处理与应付策略，即当资产价格泡沫破裂发生后，货币当局再采取应对措施。根据本书建立的模型，我们认为相对于直接将资产价格列入当局目标函数的做法，各国货币当局时下遵循某种特定规则如泰勒规则（该规则只关注通货膨胀偏差及产出缺口）进行决策，在信贷危机发生后再注资治理的策略在一定环境下会付出更大的经济增长成本。从某种意义上讲，如果美联储按照 Strong 和哈里森（Harrison）的观点对 1928 年股票市场的繁荣进行适度干预，而不是事后干预，结果可能会大不一样。从日本 20 世纪 80 年代的房地产发展经历及日本央行的应对策略也可以得出类似的结论。

本书主要是从理论模型的角度对货币政策应对资产价格泡沫的形成与破裂的策略进行了分析，由于没有作进一步的实证研究，因此没有对不同政策下的治理成本进行定量研究。要对此进行研究，要么在计量经济学模型框架内对不同货币政策规则的效应进行模拟、比较，要么在校准的动态一般均衡模型中进行，但是无论在哪种框架下进行，均离不开对非线性规则的研究，这也是我们进一步研究的方向。

第11章 基于递归SVAR的 货币政策与资产价格互动关系研究

11.1 理论模型的构建

假设任何一种资产的价格 s_t 是由其内在价值 $\bar{s}$ 及价格泡沫 b_t 组成，即 $s_t = \bar{s} + b_t$，当 $b_t > 0$ 时，表明资产存在高估，泡沫产生；当 $b_t < 0$ 时，资产价值低估；当 $b_t = 0$ 时，表明处于均衡，资产价值与价格一致。在预期机制的作用下，未来时期的资产价格 s_{t+1} 会以 p 的概率上升，上升幅度为 $g_1 \geqslant 0$，也会以（1 - p）的概率下降或保持不变，下降幅度为 $g_2 \geqslant 0$，从而资产价格的变化过程会满足以下公式：

$$s_{t+1} = \bar{s} + b_{t+1} = \begin{cases} \bar{s} + b_t(1 + g_1), p \\ \bar{s} + b_t(1 + g_2), 1 - p \end{cases} \tag{11 - 1}$$

由于预期机制的不完美性以及市场信息的不充分，未来时期的资产价格预期值与实际值之间存在一定的误差 $\varepsilon_{t+1} \sim i.i.d N(0, \sigma^2)$，因此，上式的随机形式如下所示：

$$s_{t+1} = \bar{s} + b_{t+1} = \begin{cases} \bar{s} + b_t(1 + g_1) + \varepsilon_{t+1}, p \\ \bar{s} + b_t(1 - g_2) + \varepsilon_{t+1}, 1 - p \end{cases} \tag{11 - 2}$$

根据经济学理论，菲利普斯曲线描述了产出缺口与通货膨胀率之间的关系，而通货膨胀率在某种程度上是多种因素（包括资产价格泡沫）共同作用的结果。因此，我们假设产出缺口不仅受当期资产价格泡沫的影响，而且还会受到未来资产价格泡沫预期的影响，依此建立产出缺口与通货膨胀缺口之间的关系[①]：

$$y_{t+1} = \beta y_t - \beta_2(r_t - \pi_t) + \beta_3 b_t + \beta_4 Eb_{(t+1|t)}, \beta \geqslant 0 \tag{11 - 3}$$

---

① 无论是我国的经验数据还是美国的经验数据，均表明了资产价格泡沫与产出缺口之间的相关性越来越大。价格泡沫与产出缺口之间的相关系数，1966—2005 年为 0.342、1990—2005 年为 0.513、1995—2005 年则为 0.831（Semmler and Zhang，2007）。

y_t, r_t, π_t 分别为产出缺口、利率缺口和通货膨胀缺口，$Eb_{(t+1|t)}$ 为 b_{t+1} 在第 t 期的预测值或期望值，利率缺口为短期利率与长期利率的之差。根据以上假设可知：

$$Eb_{(t+1|t)} = p(1 + g_1)b_t + (1 - p)(1 - g_2)b_t = b_t[(1 - g_2) + p(g_1 + g_2)]$$

$$(11 - 4)$$

将式（11-4）代入（11-3）式中得到：

$$y_{t+1} = \beta y_t - \beta_2(r_t - \pi_t) + b_t[\beta_3 + \beta_4((1 - g_2) + p(g_1 + g_2))]$$

$$(11 - 5)$$

因此，为了得到货币政策反应函数，我们需要建立一个考察产出缺口、利率及通货膨胀缺口关系的最优利率函数。根据式（11-3），由于产出缺口考虑了资产价格变动的影响，因此，最优的货币政策反应函数也考虑了资产价格的影响。建立如下模型：

$$\min_{\{r_t\}_0^\infty} \sum_{t=0}^\infty \rho_t L_t$$

$$s.\, t \begin{cases} y_{t+1} = \beta y_t - \beta_2(r_t - \pi_t) + b_t[\beta_3 + \beta_4((1 - g_2) + p(g_1 + g_2))] \\ \pi_{t+1} = \pi_t + a y_t \end{cases}$$

$$(11 - 6)$$

其中，$L_t = (\pi_t - \overline{\pi})^2 + \lambda y_t^2$，$0 < \rho < 1$ 为贴现因子，$\overline{\pi}$ 为目标通货膨胀率。在这里我们假定其为 0。因此，最优货币政策反应函数为

$$r_t = a_1 y_t + a_2 \pi_t + a_3 b_t \qquad (11 - 7)$$

其中，$a_1 = \dfrac{\beta_1}{\beta_2} + \dfrac{\rho a^2 \Theta}{(\lambda + \rho a^2 \Theta)\beta_1^2}$；$a_2 = 1 + \dfrac{\rho a^2 \Theta}{(\lambda + \rho a^2 \Theta)\beta_1^2}$；

$$a_3 = \frac{1}{\beta_2}(\beta_3 + \beta_4(1 - g_2 + p(g_1 + g_2)))$$

可以看出，最优货币政策反应函数的形式与泰勒规则非常相似，可以看做经资产价格泡沫修正的泰勒规则。资产价格上升或下降的概率 P 可由 a_3 关于 P 的导数求得。即

$$\frac{da_3}{dp} = \frac{1}{\beta_2}(\beta_4(g_1 + g_2)) > 0 \qquad (11 - 8)$$

因此，概率 P 与资产价格泡沫的方向有关，当资产价格为正向变动时，资产价格的泡沫发生的概率增大，a_3 也增加。根据式（11-7）可知，此时的利率会提高，从而体现出了货币政策的相机抉择性质，即当资产价格上升出现泡沫时，货币当局会提高利率以提前防止资产价格泡沫的加剧。反之，当资产价格

负向变动时，b_t 也变小，从而使得利率下降，以刺激资产价格的上涨。因此，该货币政策反应函数能够很好地诠释利率与资产价格泡沫之间的逻辑关系，符合经济学原理。从模型的结果看，该反应函数的实质是对经典泰勒规则的扩展。

11.2　计量模型构建

令 Z_t 为包含以上六个变量的 6×1 列向量，且各变量之间的顺序为 $Z_t = (y_t, pi_t, p_t, sse_t, r_t, m2_t)^T$，$y_t, pi_t, p_t, sse_t, r_t, m2_t$ 分别表示工业增加值实际增长率、通货膨胀率、企业商品价格指数、上证综合指数、实际利率及实际广义货币供给。当 VAR 模型满足平稳性条件时，由 WALD 定理可以将其表示为 VMA 模型，即

$$Z_t = B(L)\mu_t \qquad\qquad (11-9)$$

μ_t 为独立同分布的 6×1 列向量，称为简化式冲击信息，即 $\mu_t \sim iid(0, \sigma^2)$，$B(L)$ 为 6×6 滞后算子矩阵多项式。假设结构性冲击 ε_t 是简化式冲击的线性函数，即 $\mu_t = A\varepsilon_t$，A 为 6×6 方阵，这时式 $(11-9)$ 可写为

$$Z_t = B(L)A\mu_t = C(L)\varepsilon_t \qquad\qquad (11-10)$$

其中，$\varepsilon_t = (\varepsilon_t^y, \varepsilon_t^{pi}, \varepsilon_t^p, \varepsilon_t^{sse}, \varepsilon_t^r, \varepsilon_t^{m2})^T$，$\varepsilon_t^r, \varepsilon_t^{m2}$ 为结构式的货币政策冲击，ε_t^{sse} 为资产价格结构性冲击。根据克里斯蒂亚诺（Christiano）（2005），利用 VAR 模型研究变量的动态关系时，不仅要考虑变量间的滞后影响，更要将变量间的即期关系反映在模型中，这也正是 SVAR 模型的精髓。这里我们采用递归假设条件，递归 SVAR 模型可表示为

$$Z_t = (y_t, pi_t, p_t, sse_t, r_t, m2_t)^T = B(L)\begin{bmatrix} a_{11} & 0 & 0 & 0 & 0 & 0 \\ a_{21} & a_{22} & 0 & 0 & 0 & 0 \\ a_{31} & a_{32} & a_{33} & 0 & 0 & 0 \\ a_{41} & a_{42} & a_{43} & a_{44} & 0 & 0 \\ a_{51} & a_{52} & a_{53} & a_{54} & a_{55} & 0 \\ a_{61} & a_{62} & a_{63} & a_{64} & a_{65} & a_{66} \end{bmatrix} \times \varepsilon_t$$

$$(11-11)$$

递归约束意味着货币政策对资产价格波动的反应是滞后的，即货币政策的变化中不包含资产价格波动的即时信息，只包括滞后信息；而资产价格对货币政策的反应则既包括滞后反应，也包括对即时反应。从宏观经济的运行实践看，这种假设符合当前我国实际。

11.3　实证分析

11.3.1　变量的选择与数据说明

这里我们所要考虑的变量如下：货币供给量 M2、利率 R、工业增加值增长率 Y、消费者价格指数 CPI、商品价格指数 P 及上证综合指数 SSE 等 6 个变量。其中，上证综合指数 SSE 表示以股票为代表的资产价格，工业增加值增长率 Y 用于计算产出缺口①。利率 r 采用同业拆借月加权利率，货币供给量 M2 采用广义货币供给量，商品价格指数 P 采用中国人民银行发布的企业商品价格总指数。以上变量除 SSE 来自上海证券交易所的《上证统计月报》外，其余数据均来自和讯网的宏观经济数据库②。分析区间为 1999 年 1 月至 2014 年 3 月。

本书中的数据处理分为以下几个步骤：首先，将名义数据用消费者价格指数进行平减；其次，将真实货币供给量 RM2、真实工业增加值增长率 RY、消费者价格指数 CPI、商品价格指数 P、上证综合指数 SSE 等变量取自然对数；最后，采用 X – 12 方法对其进行季节过滤，消除模型中存在的周期性影响及季节性影响。处理后的变量分别记为 m2、y、pi、p、r、sse。以上 6 个变量的平稳性检验结果表明，所有变量均服从一阶单整过程，均存在一个单位根，可能存在着协整关系。

对六个变量的协整检验结果见表 11 – 1。检验结果表明，工业增加值、消费价格指数、商品价格指数、上证综合指数、利率和货币供应量之间存在协整关系。

表 11 –1　　　　　　　　　　　　协整检验结果

协整方程个数	Eigen value	Trace Statistic	0. 05 临界值	Prob. **	MaxEigen Statistic	0. 05 临界值	Prob. **
None *	0. 2747	141. 29	95. 753	0. 0000	44. 970	40. 077	0. 0130
At most 1 *	0. 2542	96. 319	69. 818	0. 0001	41. 071	33. 876	0. 0058
At most 2 *	0. 2189	55. 248	47. 856	0. 0087	34. 593	27. 584	0. 0053
At most 3	0. 0748	20. 655	29. 797	0. 3795	10. 893	21. 131	0. 6580
At most 4	0. 0579	9. 7619	15. 494	0. 2995	8. 3633	14. 264	0. 3430
At most 5	0. 0099	1. 3986	3. 8414	0. 2370	1. 3986	3. 8414	0. 2370

---

①　由于我国目前还没有公布 GDP 的月度数据，因此这里我们用月度工业增加值数据作为 GDP 的代理变量。

②　http：//mac. hexun. com/Default. shtml？ id = D117M.

11.3.2　模型的估计及分析

最终预测误差（FPE）、AIC 和 HQ 准则都显示二阶为最佳滞后期，故我们把滞后期定为二阶。模型估计结果表明[①]，约 2/3 的参数在 5% 的显著性水平上显著，且各个方程的拟合优度均在 95% 以上，模型估计有效。通过对变量进行单位根检验，结果显示没有根落在单位圆外，说明 VAR 模型满足稳定性条件。在此基础上，估计 SVAR 模型，限于篇幅这里省略 SVAR 的估计结果。

11.3.2.1　脉冲响应分析

从工业增加值增长率对一个单位的 cholesky 标准新息冲击的响应看，前 6 个月内，工业增加值增长率对自身变化的响应是最大的，其次是通货膨胀率，然后依次是企业产品价格指数、上证综合指数、利率，最小的是货币供应量，并且所有的响应均呈现出先增后减的变化轨迹。

通货膨胀率 pi 对工业增加值的影响较为明显。从短期来看，适度的通货膨胀冲击对于经济增长或工业增加值的增长具有正向的拉动作用。但是，这种拉动作用在第 3 个月达到顶峰，并且呈现出下降的态势，在以后的 4~50 个月内通货膨胀对工业增加值增长率的拉动作用稳步下降，并逐渐趋于零。这主要是由于个人、家庭、企业等逐渐形成了合理的通货膨胀预期，从而使得货币的面纱最终被揭开，经济的增速又回复到了以前的水平；另外，通货膨胀的持续性在央行紧缩性货币政策的干预下也会产生逆转，从而导致工业增加值增长率出现阶段性的回复。值得注意的是，本书中的通货膨胀冲击对工业增加值的长期影响收敛于零，期间并没有出现负冲击的过程，这与其他研究（王柏杰，2010）的结果有所不同。

上证综合指数的一个标准 Cholesky 新息也使工业增加值增长率产生一个迅速向上的变化态势，并在第 2 个月达到顶峰，并在第 3 个月迅速归零。奇怪的是，第 4~7 个月又有小幅度的正向波动，从第 7 个月开始（半年以后）这种波动由正向波动转为负向波动，即股票价格的适度上涨对于企业、居民都有着正向的刺激作用。对于企业而言，股票价格的上涨反映出其经营状况、盈利状况及偿债能力的改善及提高，这有利于刺激企业对投资的进一步需求，扩大生产

[①]　模型包含 6 个内生变量，且每个内生变量滞后两期，因此参数共计 72 个。由于篇幅所限，且非约束 VAR 模型的参数估计并不是我们关注的重点，因此这里没有给出估计结果，但是读者可以向作者索取。

规模，引进技术，提高生产率，从而拉动了经济的增长。对于居民而言，股票价格的普遍上涨增加了居民的财富及可支配收入，直接带来了财富效应，有利于扩大内需，因此也拉动了工业增加值的上涨。但是，股票市场不同商品市场，其价格不仅受市场供求的影响，还受其他很多复杂因素的影响。当股票价格呈现出非理性增长的态势时，在带来严重资产价格泡沫及通货膨胀的同时，会引起市场的恐慌，从而会带来经济增长的负面影响。这是因为资本市场的高收益性使得其占据了大量的流动性，从而对实体经济中的流动性形成了挤出效应。因此，资产价格上涨对实体经济的正向影响是短暂的。

利率的一个标准 Cholesky 新息使工业增加值呈现出先增后减再增的变化轨迹。在利率的标准新息影响下，工业增加值增长率在 1～3 个月内呈现出正向增长的态势，并且在第 2 个月达到高峰，从第 3 个月开始，这种正向影响转变为负，并在第 10 个月达到波谷，从第 11 个月开始逐渐上升并保持负向影响，到第 55 个月收敛为零。正常情况下，利率的一个正向冲击，会导致投资需求的下降，进而导致工业增加值增长率的下降，但是为什么会出现不降反而增长的现象呢？本书认为，这是由于货币政策的内部时滞性及市场利率价格黏性造成的，由于价格具有黏性，作为资金价格的利率释放出上升的信号后，这种信号要经过一段时间才能传递到实体经济领域。在央行释放出加息信号前，会给各存贷款金融机构足够的缓冲、消化时间，在这段时间里，所有的在建项目及待建项目会加紧项目审批及贷款申请的速度，从而造成了加息信号释放后贷款井喷的现象，这在某种程度上导致了工业增加值一定程度、一定时间内的上升。

货币供应量 M2 的一个正向冲击对工业增加值的影响并不是特别明显。同样是扩张性的货币政策，减息与增加货币供给对工业增加值增长率提高的影响是不同的，这是因为利息的调整直接影响的是企业投资的成本，对企业的投资需求及居民的消费需求有着直接影响，而增加的货币供给不一定完全流入实体经济领域，即便流入实体经济领域，也一定流入二次产业，因此，M2 的正向冲击对工业增加值增长率的影响较小。

CPI 受到自身、产出、商品价格指数、上证综合指数、利率与货币供应量六个变量的冲击。产出对 CPI 的冲击是先正后负的过程，产出一个标准差的正冲击让 CPI 迅速向上，并在第 7 个月时达到最高，在第 18 个月时变为负反应，到第 47 个月时冲击消失。CPI 对本身的冲击是一个递减的过程，到第 19 个月时冲击由正转负，到第 24 个月达到波谷，到第 54 个月消失。商品价格指数对 CPI 的冲击效应也较为明显，商品价格指数一个标准差的冲击让 CPI 马上产生正向反应，并在第 7 个月时达到最高，然后减弱，至第 15 个月时变为负反应，到第 58 个月时冲击消失。上证综合指数对 CPI 的冲击效应恒为正，上证综合指数一个标准差的正冲击让 CPI 有正向反应，并在第 10 个月时达到最高，然后慢慢减弱，到第 48 个月时冲击消失，这说明上证综合指数对 CPI 产生持续的正冲击，即资产价格对通货膨胀有明显的指示器作用。利率对 CPI 的冲击为负反应，这也说明了利率与 CPI 为负相关关系。货币供应量一个标准差的正冲击会使 CPI 缓慢上升，在第 9 个月达到最高，说明货币供应量在一年半后对通货膨胀有较强的作用，到第 22 个月时冲击消失。

综上所述，资产价格波动能对 CPI 产生持续的正冲击，这与王柏杰（2010）等的结论是一致的。

11.3.2.2　Cholesky 方差分解

该方法通过分析不同结构性冲击对内生变量预测方差的贡献度评价不同结构性冲击的重要性，这有助于当局在制定政策时考虑到不同变量的影响程度。

从产出方差分解结果来看，对产出预测影响最大的因素是产出本身，贡献度占到 75% 以上；其次是通货膨胀率，在第 50 期稳定在 10.47% 左右，此时也达到最高峰；再次是利率，到第 48 个月基本稳定在 6.58%；然后是商品价格指数，在第 36 期达到最高的 19.43%；股票价格指数，在第 24 期的贡献度就达到 2.71%，到第 49 个月则达到 2.94%，贡献度有持续上涨的趋势，这说明股票价格指数对产出的贡献非常显著，也即资产价格对产出有较明显的作用，甚至超过了货币供应量对产出的贡献。

从工业增加值增长率预测的方差分解结果，我们还可以得到以下结论：同样作为货币政策调控经济的手段，货币供给量对工业增加值增长率的影响远远不如利率的调控效果明显，这表明货币供给量对实体经济的调控效果弱化，我国今后的货币政策调控应当加大对利率手段的应用，这就要求我国加快利率市场化的进程，拓展货币政策调控经济的空间，增强货币政策的调控成效。

同时，通货膨胀对产出的影响力非常大，在六个因素中仅次于产出对自己的影响，这表明控制通货膨胀将是我国长期面临的任务。而证券价格指数对产出的影响也不容忽视，因此货币当局应当在重点防治通货膨胀的同时，加大对资本市场、资产价格的监控力度及调控力度。货币政策应当将资产的价格变化作为自己反应函数的一个变量。

表11-2　　　　　　　　　工业增加值增长率预测的方差分解结果

t	S. E.	y	pi	p	sse	r	m2
1	2.676	100.0000	0.000000	0.000000	0.000000	0.000000	0.000000
2	2.973	89.06900	6.535600	1.748444	2.325098	0.320120	0.001742
6	3.592	83.53723	10.28685	3.196653	1.655461	1.316401	0.007413
12	3.759	79.55929	10.80159	3.475171	1.714964	4.440937	0.008046
18	3.822	77.02961	10.48543	4.260190	2.288921	5.925869	0.009982
24	3.842	76.25433	10.39970	4.296178	2.710601	6.329154	0.010034
30	3.852	75.94336	10.41967	4.330702	2.855252	6.440613	0.010396
36	3.861	75.77802	10.45159	4.365495	2.895375	6.498826	0.010692
48	3.867	75.64143	10.47014	4.362112	2.933440	6.582134	0.010745
49	3.867	75.63544	10.47036	4.361680	2.935746	6.586027	0.010744
50	3.867	75.63002	10.47055	4.361295	2.937891	6.589497	0.010743

　　从对CPI预测的方差分解结果来看（见表11-3），在第1~9个月期间，通货膨胀率对自身变化的影响是最大的（49%~97.01%），并且1~9月通货膨胀对自身变化的贡献率呈现出迅速下降的趋势。从第10期开始，产出对通货膨胀预测的影响就占据了第一位，其对通货膨胀的影响在以后的时间里保持在36.35%~37.84%。其次对通货膨胀预测影响较大的是上证综合指数，其对通货膨胀的最大贡献率为第21个月的18.23%，并且从第16个月开始，基本上均保持在16%~18%，可见股票价格波动已经成为通货膨胀的重要组成部分。商品价格指数对消费者价格指数的贡献度也不容忽视，在第30个月的贡献度达到15.88%；其次是利率对CPI的贡献度，其值均在1.47%以上，最高达到1.97%（第6个月）；最后是货币供应量对CPI的贡献度，从第18期起也达到0.05%以上。

　　从通货膨胀预测的方差分解结果看，由于利率及货币供给量对通货膨胀预测的贡献率相对于其他变量非常小，这表明我国当前的利率变化及货币供给量的变化中包含的关于通货膨胀的信息是非常小的。与产出预测的方差分解结果对照，我国当前利用货币政策调控经济的重点仍然是促进经济增长，而对通货膨胀的调控相对较弱。

表 11 - 3　　　　　　　　　　　　通货膨胀预测的方差分解结果

t	S. E.	y	pi	p	sse	r	m2
1	0. 005	2. 985232	97. 01477	0. 000000	0. 000000	0. 000000	0. 000000
2	0. 006	5. 245169	92. 11422	0. 817632	0. 023320	1. 757429	0. 042230
6	0. 013	28. 53336	49. 24999	13. 20927	7. 010478	1. 973562	0. 023343
12	0. 019	37. 57819	32. 34720	14. 42103	14. 31855	1. 293690	0. 041331
18	0. 020	37. 03873	30. 08794	13. 70681	17. 94416	1. 180110	0. 042255
24	0. 020	36. 42689	29. 01825	15. 37209	18. 01370	1. 128548	0. 040517
30	0. 021	36. 86473	28. 51808	15. 87526	17. 51588	1. 183028	0. 043020
36	0. 021	37. 02271	28. 38833	15. 80139	17. 39699	1. 335805	0. 054784
42	0. 021	36. 99627	28. 33293	15. 74367	17. 41897	1. 436356	0. 071798
48	0. 021	36. 97368	28. 30100	15. 72236	17. 44546	1. 468160	0. 089344
49	0. 021	36. 97231	28. 29671	15. 72153	17. 44733	1. 469890	0. 092222
50	0. 021	36. 97152	28. 29255	15. 72133	17. 44844	1. 471070	0. 095091

　　我国《国民经济和社会发展第十二个五年规划纲要》中对国民经济增长的速度设定为 7%，这远远低于我国过去 30 年的平均增长速度。在这样的背景下，货币政策有能力将促进经济增长的重点转身为控制严重通货膨胀的产生上，从而为货币政策调控宏观经济空间的拓宽提供了基础。

　　综上所述，运用基于递归约束的结构向量自回归（SVAR）模型对 1999 年 1 月至 2014 年 3 月的上证综合指数、CPI、央行商品价格指数、工业增加值增长率、M2 及利率的月度数据进行实证研究，发现我国的股票价格与通货膨胀以及产出之间存在较大的内在关联性，主要结论有三点。

　　第一，我国资产价格对产出的贡献作用显著。

　　上证综合指数对产出的贡献度达到 2.9% 以上，远远大于货币供给对工业增加值增长率的贡献。研究发现，我国股票价格指数与工业增加值增长率间存在着双向因果关系，并且存在着协整关系。目前，我国上市公司达 1700 多家，投资者开户数达 1.2 亿户，股票市值达 30 万亿元，我国资本市场已经成为企业主要的融资渠道之一，股市的财富效应与投资效应越来越明显。我国的资产价格与产出的这种内在关联效应有理由成为央行的最终目标工具之一（王柏杰，2010）。

　　第二，我国资产价格对通货膨胀具有明显的指示器作用。

　　我国上证综合指数对 CPI 的贡献度为 10% 以上，最高为 17.51%，且具有持续的正向冲击效应。我国的股票价格指数与 CPI 及央行商品价格指数之间关系稳定，其变化快于通货膨胀的变化，说明股票价格能预测未来通货膨胀变化的信息，这与王柏杰（2010）的结论一致。我们发现，上证综合指数与 CPI 之间互为因果关系，且上证综合指数是央行商品价格指数的原因。上证综合指数、CPI 及央行商品价格指数之间存在 3 个协整关系。股票价格等金融资产价格能汇集投资者对当期经济中供求冲击与未来经济状况预期的信息，本书的实证结果也充分证明了股票价格指数具有这种功能，因此可以作为央行制定货币政策的重要参考变量。

第三，我国的货币供应量作为货币政策的中介工具对产出不具有快速的正向冲击作用。

货币供应量对产出不具有较为明显的刺激作用，这与王柏杰（2010）的研究结果相反。货币供应量一个标准差的正冲击会使 CPI 缓慢向上反映，在第 9 个月达到最高，即说明货币供应量在一年半后对通货膨胀有较强的作用，到第 22 个月时冲击消失。货币供应量、CPI 及央行商品价格指数之间存在 3 个协整关系，且货币供应量的增长率是上证综合指数波动的格兰杰原因，但上证综合指数不是我国货币供应量增长的格兰杰原因，这说明了我国的货币供应量尚未考虑资产价格的波动，徐贤慧（2008）、王柏杰（2010）也得出类似的结论。

为此，应采取以下政策建议：

第一，央行货币政策的决策与执行应当适度考虑对资本市场的影响及响应。

由于资产价格与通货膨胀之间存在着双向因果关系，前者的变动中隐含着通货膨胀未来变化的信息，因此，适时、适度地关注与调控资本市场对于预防严重通货膨胀的产生具有十分重要的意义。这就要求当局密切跟踪资本市场的变化，当资产价格变化中包含着未来通货膨胀变化的信息时，应当采用合适的货币政策工具或手段对资本市场进行调控；当资产价格的变化不包括未来通货膨胀变化的信息时，货币政策采取关注而不响应的对策即可。

第二，加快利率市场化进程，转变货币政策的量化调控机制。

在过去较长的时期里，我国通过货币政策调控经济的主要手段是通过货币供给量影响信贷规模，进而影响总需求，达到调控经济的目的。但是，我们的实证研究表明，货币供给量对于产出与通货膨胀的调控效果远远落后于利率的调控效果，并且货币供给量的时滞性要大于利率的时滞。原因在于，货币供给量虽然能够影响经济体中的流动性总量，但是流动性的结构控制很难做到最优，会使资金从生产领域流向非生产领域，严重时会导致实体经济投资不足从而出现产业"空心化"，这对央行寻求新的变量来替代货币供应量的预测与指示作用提出了挑战。

第三，利用"十二五"期间经济增长速度放缓的契机，加大力度调控通货膨胀，为经济的平稳运行提供稳定的物价环境。

货币政策一直面临着促进经济增长与调控通货膨胀的双重目标，甚至更多目标。从上面的实证分析看，过去我国的货币政策的信息中大部分体现了对经济增长的内容，而对于防止通货膨胀的信息则体现得较少。当前，我国在牺牲经济增长速度的代价加大产业结构调整，客观上减轻了当局调控经济的压力。货币当局应当加快利率市场化进程，完善和规范货币政策传递机制，为扩大货币政策调控经济的空间奠定基础。

总之，通过对资产价格与货币政策内在关联的理论探讨及利用我国数据进行的经验研究，证明了货币政策应该关注资产价格波动。我国央行在后危机背景下采用了加息、紧缩货币供应量等措施，从实践上也体现出了央行密切关注资本市场与资产价格泡沫。然而，央行如何对资产价格波动作出反应却存在着诸多的困难，一方面，关注资产价格波动会使央行在选择货币政策工具时面临多重困难；另一方面，各国央行在执行货币政策的效力方面也存在着诸多差异。因此，央行如何对资产价格波动作出反应，就成为学术界与货币当局下一步研究的重要课题。

第 12 章　我国货币政策独立性与国际石油价格影响力存在权衡关系吗

能源定价权的增强对于我国经济的持续、快速发展有举足轻重的作用。石油作为最重要的能源之一，其定价权的提高对于经济发展就显得更加重要。在金融市场全球化背景下，石油除了其原始的商品属性外，其金融属性也逐渐确立（K Tang 和 W Xiong，2010）。从商品属性看，石油价格的决定取决于市场供给予需求；从金融属性看，由于货币政策的变化会导致金融资产价格的变化（易纲和王召，2002），因此，具有金融属性的石油的价格也可能会受到货币政策的变化。由于石油具有双重属性，我国提高石油定价权有两种策略，即供需策略与金融策略。供需策略包括两个渠道：一是供给渠道，二是需求渠道。前者可以通过我国加强对海外油企的战略性收购、兼并等资本手段来实现，过程较为缓慢、曲折。从需求渠道看，国际需求疲软及经济增长前景不明朗等因素显著降低了对原油的需求量，石油的定价将更多地依赖于石油需求方，而我国石油需求量的急剧攀升及较强的经济增长前景有利于增强我国在国际原油市场的定价权。从金融策略看，由于持续扩张的货币政策会导致金融资产价格上涨（易纲和王召，2002），因此，具有金融属性的石油的价格也可能会受到货币政策的影响。那么，在我国货币政策持续宽松的背景下，我国流动性能否影响国际石油价格，流动性的油价影响对货币政策的执行是否具有负面影响，这对于增强我国在原油市场中的定价权、减轻原油价格波动对经济的负面影响、制定与执行更为适宜的货币政策均具有重要的现实意义。

12.1　文献综述

在 Hamilton（1983）首次发现石油价格与美国经济增长之间呈负相关关系之后，大量学者对石油价格波动的原因及其影响进行了深入研究。一种观点认为，石油价格波动主要受新兴工业化国家石油需求急剧攀升及持续、快速的经济增长形势所驱动。Hamilton（2011）的研究结果表明，中国自 1998 年以来的石油消费复合增长率为 6.3%，新兴市场（主要是中国与印度）石油需求量的大幅增长成为 1998 年以来原油价格急剧上升最主要的影响因子。基连（Kilian）和布克斯（Hicks）（2012）则将 2003—2008 年原油价格的波动归咎于未预测到的新兴经济体的经济增长。具体地，伴随着新兴经济体（如金砖国家）的强劲增长，石油价格在 2003—2008 年大幅上升；受次贷危机影响，2008 年下半年以来，全球经济增长减缓，新兴经济体发展也面临着诸多不确定性，国际原油价格大幅回落。

　　还有一类文献将争论的焦点集中在石油价格是否扮演着全球宏观经济外生性冲击的重要角色。以 Bernanke，Gertler 和 Watson（1997）为代表的研究认为，石油价格冲击是一种重要的外生冲击，并且 20 世纪 70～80 年代是全球经济受原油价格外生性冲击最为显著的时期，这种冲击通过各国的货币政策响应进行传播，最终导致市场经济国家的滞胀。相反，Barsky 和 Kilian（2002）则认为，石油价格冲击并不是外生冲击，石油价格的变化是由于货币因素的变化而导致的，是一种内生冲击。Barsky 和 Kilian（2002）认为货币政策制度的变化是 20 世纪 70 年代石油价格上涨及经济滞胀的关键原因。20 世纪 70 年代，主要工业国家（美国及 OECD 国家）流动性出现大幅度摆动，工业品价格的大幅上涨领先于 1973—1974 年的石油价格上涨，从而表明全球流动性需求上升是导致石油价格上涨及经济滞胀的主要原因，石油价格冲击是一种需求引致的内生冲击。弗兰克尔（Frankel）（2008）进一步详细研究了农产品价格、矿物产品价格与货币政策之间的关联性。结果表明，低利率下的宽松货币环境直接导致商品价格上涨。在其他相似的研究中，Frankel 和罗斯（Rose）（2010）的研究得出了相反的观点。Frankel 和 Rose（2010）认为，石油价格受存量供给与流量需求的影响，奎斯特（Alquist）和 Kilian（2010）对此提出了一个正式的预测模型并进行了检验。Kilian 和墨菲（Murphy）（2010）对此问题进行了实证分析，认为投机性交易并不能解释 2003—2008 年的石油价格上涨。Belke，Bordon 和亨德里克斯（Hendricks）（2010）的研究结果表明，货币总量与石油价格之间存在着双向因果关系。Bodenstein，Guerrieri 和 Kilian（2012）利用货币政策冲击与系统性货币政策响应发展了一个完全设定的 DSGE 模型，结果表明石油价格与货币政策之间存在双向因果关系。具体地，石油市场事件会导致货币政策的系统性响应，而货币政策的变化也会导致石油价格的系统性响应。

　　本书借鉴 Kilian（2009）的研究，对石油价格变化的供给冲击进行分解，并对结构性冲击的波动特征进行分析。按照 Kilian（2009）的做法，将原油价格冲击分解为石油供给冲击、总需求冲击及石油预防性需求冲击（源于原油期货市场的特有冲击）。本书的贡献之处在于，将流动性引入模型，对 Kilian（2009）进行扩展与修正。

12.2 流动性、总需求影响石油价格的理论分析

12.2.1 石油的商品属性决定了石油价格受总需求的影响

石油作为稀缺的战略资源，其供给在短期内缺乏弹性，因此其价格在短期内主要受需求因素的影响。而石油需求量很可能受到国民经济总需求因素的同向影响，当经济处于繁荣阶段时，社会总需求增加，对石油的需求也增加，在石油产量短期内稳定的情况下必然会导致石油价格上升；当经济处于萧条阶段时，社会总需求疲软，对石油的需求量也呈下降趋势，此时又会导致石油价格的下降。

在长期内，石油供应量的弹性较大。因此，石油价格在长期内取决于供给与需求的相互作用。但是，由于石油是不可再生资源，其储存量有限，因此即使是在长期内，其供给量的增加也是比较有限的。

12.2.2 石油的金融属性决定了石油价格受货币政策的影响

伴随着金融创新步伐的加快，世界石油市场经历了现货市场、远期市场、期货市场的演变过程。在该过程中，石油的金融属性也得到确立。石油除了满足工业生产的需要外，作为金融衍生品，在价格发现、规避风险及套期保值中也发挥着重要的作用。石油期货的交易量已经远远超过现货市场的供需规模。由于石油已经具备了金融属性，石油储备具备了金融资产的性质，因此其价格很可能受到货币政策的影响。作为需求调控政策，扩张性的货币政策一方面通过增加总需求导致石油的生产性需求上升，进而导致价格的上涨（易纲和王召，2002）；另一方面扩张性的货币政策及总需求上升均会释放出利好信息，从而增强投资者的乐观预期，投机性需求上升，导致石油金融衍生品价格的上升，最终又会影响石油现货价格[1]（Hmilton，2008；K Tang 和 W Xiong，2010）。反之，紧缩的货币政策则会导致石油价格下降。需要说明的是，我国仍未完全放开资

---

[1] 请参阅 Hamilton（2008）"Understanding Crude Oil Prices" 中关于 "role of future markets" 与 "role of speculation" 的相关论断。

本账户，而石油又是以美元定价，因此，中国货币政策或流动性对石油价格的影响更多的是一种间接性影响。根据以上逻辑，流动性对石油价格的影响机制可归纳如下。

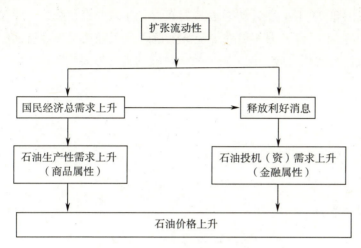

图 12 - 1　流动性影响石油价格传导机制

那么，石油价格波动是否与我国货币供给量 LM2_ CHINA 有关系呢？根据美国能源局发布的 WTI 原油价格数据可知，原油价格的快速上升分为两个阶段（如图 12 - 2 所示）。第一阶段从 2003 年 4 月每桶 28.17 美元上升至 2008 年 8 月的 133.88 美元。第二阶段从 2009 年 3 月的每桶 47.94 美元上升至 2013 年 6 月的每桶 95.77 美元。值得注意的是，受次贷危机影响，全球总需求及流动性增速下降，从而导致了 2008 年 9 月至 2009 年 2 月 WTI 的短暂回落（最低调至每桶 39 美元）。

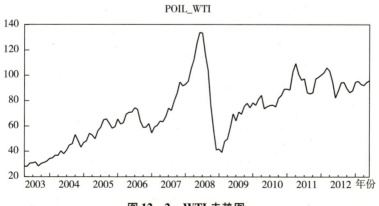

图 12 - 2　WTI 走势图

根据图12-3与图12-4可以得出以下初步结论：第一，中国货币供给与石油价格整体上存在着显著的正相关关系，货币供给是影响油价的主要因素；第二，货币供给与石油价格之间的相关关系受宏观经济态势（总需求）的影响。理由是，我国2003年4月至2008年8月正好处于宏观经济稳定与繁荣时期，而2009年3月至2013年6月尽管我国经济企稳回升，但是宏观经济面临的不确定性依然很大。与此相对应，图12-3第一阶段的拟合性要优于图12-4第二阶段的拟合优度。

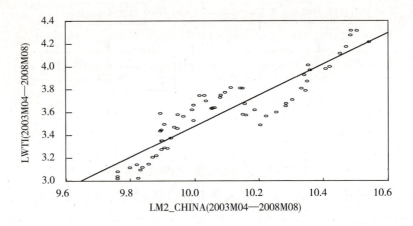

图 12 -3　拟合图：第一阶段

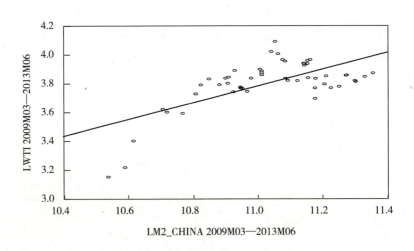

图 12 -4　拟合图：第二阶段

12.3　SVAR 模型构建与识别设定

12.3.1　SVAR 模型构建

将结构向量自回归模型 SVAR 表述如下（这里省略了常数项，并不影响结论的通用性）：

$$B_0 X_t = \sum_{i=1}^{j} B_i X_{t-i} + \varepsilon_t \qquad (12-1)$$

该模型的简化式表达式为

$$X_t = \sum_{i=1}^{j} B_0^{-1} B_i X_{t-i} + B_0^{-1} \varepsilon_t \qquad (12-2)$$

令 $B_0^{-1} B_i = A_i$，$B_0^{-1} \varepsilon_t = \mu_t$，则模型（12-2）可写成

$$X_t = \sum_{i=1}^{p} A_i X_{t-i} + \mu_t \qquad (12-3)$$

其中，p 表示最优滞后阶数，由 SIC 准则决定；X_t 为 k 维列向量；ε_t 与 μ_t 分别为结构性冲击及简化式冲击，且 $\mathrm{cov}(\varepsilon_t, \varepsilon_t^T) = \sum_{k \times k}$，$\mathrm{cov}(\mu_t, \mu_t^T) = E(B_0^{-1} \varepsilon_t \varepsilon_t^T (B_0^{-1})^T) = B_0^{-1} \sum (B_0^{-1})^T = I_{k \times k}$。$B_i, A_i$ 分别为 k ×k 阶结构式参数矩阵与简化式参数矩阵。

将 LGM2 与 LM2_ CHINA 作为全球流动性与中国流动性的代理变量引入上述模型，模型中的变量分别为

$$X_t = (\Delta GOP_t, \Delta LAD_t, \Delta LWTI_t, \Delta LGM2_t, \Delta LM2\_ CHINA_t) \qquad (12-4)$$

其中，ΔGOP_t 为全球石油产量对数值的一阶差分，即全球石油产量增长率；ΔLAD_t 为全球总需求对数值的一阶差分，即全球总需求增长率；$\Delta LWTI_t$ 为原油价格变化率（$LWTI_t$ 的一阶差分）；$\Delta LGM2_t$ 为全球流动性增长率（$LGM2_t$ 的一阶差分）；$\Delta LM2\_ CHINA_t$ 为中国货币供给增长率（$LM2\_ CHINA_t$ 的一阶差分）。需要注意的是，全球流动性 $LGM2_t$ 与我国流动性 $LM2\_ CHINA_t$ 都是经过 PPI 价格指数平减后的实际变量。

12.3.2　基于传导机制的识别约束设定

结构式模型（1）的待估参数个数为 $k^2 p + k^2$，而简化式模型的待估参数为 $k^2 p + (k + k^2)/2$，因此，要想得到结构式模型唯一的估计参数，需要施加的约

束条件个数为 $k(k-1)/2$ 。

结合本书的研究目的，这里对模型（12-1）的即期影响矩阵 B_0 施加短期零约束。具体地，通过 Cholesky 分解建立递归形式的短期零约束[①]。由于 B_0 为下三角矩阵，所以向量 X_t 中的第二个至最后一个分量对第一个分量没有即期影响，第三个至最后一个分量对第一个与第二个分量没有即期影响，依此类推，则形成了主对角元素为 1、上三角元素为 0 的递归约束，而且是恰好识别。具体地约束矩阵如下

$$
B_0 X_t = \begin{bmatrix} 1 & 0 & 0 & 0 & 0 \\ -b_{20} & 1 & 0 & 0 & 0 \\ -b_{30} & -b_{31} & 1 & 0 & 0 \\ -b_{40} & -b_{41} & -b_{42} & 1 & 0 \\ -b_{50} & -b_{51} & -b_{52} & -b_{53} & 1 \end{bmatrix} \begin{bmatrix} \beta_{10,t}^{GOP\ shock} \\ \beta_{20,t}^{AD\ shock} \\ \beta_{30,t}^{WTI\ shock} \\ \beta_{40,t}^{GM2\ shock} \\ \beta_{50,t}^{LM2\_CHINA\ shock} \end{bmatrix} \quad (12-5)
$$

以 Bernanke，哥特勒（Gertler）和 Watson（1997）为代表的研究认为，石油价格冲击是一种重要的外生冲击，并且 20 世纪 70~80 年代是全球经济受原油价格外生性冲击最为显著的时期，这种冲击通过各国的货币政策响应进行传播，最终导致市场经济国家的滞胀，即石油价格外生性冲击→通货膨胀压力上升→央行出台紧缩货币政策进行响应。与 Bernanke，Gertler 和 Watson（1997）不同，本书认为石油价格的变化是由于货币因素及需求因素的变化而导致的，是一种内生冲击，并不是央行的主观目的所在。因此，央行对总需求的调控及对石油价格的调控具有同向性，而这必然存在权衡关系。为了避免这种权衡关系，本书认为央行在面对石油价格内生冲击时，不对石油价格冲击作出响应，从而不影响社会总需求，即扩张性货币政策→总需求上升→石油需求上升→石油价格内生性冲击→央行不响应→石油价格上升的同时社会总需求不变。在此传导机制下，可以通过增加石油供给及改变能源需求结构降低石油价格冲击的影响。

具体地，石油产量冲击不会对其他结构性冲击作出响应，因此约束矩阵第一行除第一个元素为 1 外，其余元素均为零。由于石油生产商在受到其他变量的冲击时，需要很长的时间才能调整其石油产量，不能立即调整其产量，因此，石油产量的变化只依赖于其他内生变量的滞后值。由于全球经济活动以石油作为主要原料或燃料，当石油产量变化时，必然会迅速影响到当期的总需求。但

---

① Sims 提出使即期响应矩阵的上三角为 0 的约束方法，可以对简化式模型方差与协方差矩阵 Σ 进行 Cholesky 分解得到。

是，全球总需求对石油价格及货币供给的响应则显得滞后。总需求不会在当期就对货币供给冲击作出响应。式（12-5）中的约束条件表明，全球石油产量冲击、总需求冲击及石油价格冲击会在当期影响到全球货币供给 LGM2 及我国的货币供给 LM2_ CHINA，而全球货币供给冲击与我国货币供给冲击则不会影响当期的石油产量、总需求及石油价格。同时，假设我国的货币供给对全球货币供给冲击做出即期响应（以保持国际协调性），而全球货币供给并不会对中国货币供给冲击作出即期响应。

12.4 实证分析

12.4.1 数据说明与处理

根据数据可得性①，这里选择 2003 年 4 月至 2013 年 6 月作为研究区间。

1. 流动性采用货币供给 M2 作为代理变量。具体地，中国货币供给 M2 来自中国人民银行官方网站，日本货币供给 M2 来自日本央行官方网站，美国货币供给来自美联储官方网站，欧元区货币供给来自 ECB 官方网站。双边汇率数据来自 UBC's Sauder School of Business 网站。各国货币供给在转化为美元后，均经过美国月度 PPI 进行平减。PPI 价格指数来自美国劳动统计局数据库。

2. 原油价格选取 WTI 作为代理变量。利用 PPI 将 WTI 进行平减，转化为实际石油价格。WTI 来自美国能源信息局官方网站。

3. 原油产量 GOP 数据来自美国能源信息局官方网站，数据有每月开采总量及每月平均每天开采量两种数据，这里采用每月平均每天开采量作为代理变量，单位为千桶/天。

4. 全球总需求采用全球 GDP。全球 GDP 的变化趋势是对总需求强弱程度与变化的度量。由于全球 GDP 数据缺少月度统计，这时用内插值法将年度 GDP 转化为月度 GDP，全球 GDP 数据来自 OECD 统计数据库。

5. 全球货币供给。鉴于数据可得性，这里采用美国、欧盟及日本三国的货币供给之和作为全球货币供给 GM2 的代理变量，并利用 PPI 将其转化为实际货币供给。

以上各变量（除 GOP 外）首先进行价格平减转化为实际变量，然后将所有

---

① 美国自 1959 年就发布了 M2 数据，我国自 1996 年开始发布 M2 数据，欧盟自 1999 年开始发布其 M2 数据，而日本则从 2003 年 4 月开始发布其 M2 月度数据。

变量取对数。取对数后我国实际货币供给、全球实际货币供给、全球石油日均产量、全球 GDP、石油价格分别表示为 LM2_ CHINA、LGM2、LGOP、LAD、LWTI。

12.4.2 模型估计与检验

VAR 模型要求所有变量为平稳变量或非平稳变量满足协整关系。因此，这里分别采用 ADF 方法及 Johansen 方法进行平稳性检验与协整检验。检验结果表明，所有变量均在 5% 的显著性水平满足一阶差分平稳，即所有变量均为 I（1）过程。同时，Johansen 协整检验结果表明，LM2_ CHINA、LGM2、LGOP、LAD、LWTI 并不存在协整关系。因此，将以上变量的一阶差分形式纳入 VAR 模型。根据 SIC 准则，当 p = 3 时，准则达到最小值。因此，本书估计 VAR（3）模型。VAR 模型共有 5 个变量，滞后阶数为 3，因此应当存在 15 个特征根。图 12 - 5 表明，所有特征根模的倒数均在单位圆内，即所有特征根模均在单位圆外，因此满足稳定性假设。基于 LM 检验的残差序列自相关性检验结果表明，在滞后阶数为 1 ~ 12 时，均不存在自相关性。出于篇幅考虑，这里仅给出即期影响矩阵 B_0 的估计结果（表 12 - 1），进一步验证识别约束假设的合理性。参数 b_{20} 是石油供给冲击对总需求冲击的即期影响系数，符号为正，但是估计结果并不显著。这表明，石油产量的变化对社会总需求的影响并不直接。b_{30} 是石油生产量冲击对石油价格冲击的即期影响系数，估计符号为负且非常显著。这表明，石油产量的增加会导致石油价格的下降，符合理论预期；b_{31} 为总需求冲击对石油价格冲击的即期影响系数，负号为正且在 1% 的显著性水平上显著，这表明，当需求上升时，具有商品属性的石油的需求也大大上升，在短期石油供给不变的情况下，石油价格会立即上升，也符合理论预期；b_{40} 是石油产量冲击对全球流动性冲击的即期影响系数，符号为正，且非常显著，这是由于，石油产量下降导致石油价格上升，进而增加通货膨胀压力，而紧缩流动性成为最有力的措施，故石油产量冲击与全球流动性冲击存在同向变化特征。b_{41} 是总需求冲击对全球流动性冲击即期影响系数，符号为负，且非常显著。这是由于，总需求增加增加了通货膨胀的压力，而紧缩全球流动性成为降低通货膨胀的必然选择，符合理论预期。b_{42} 是石油价格冲击对全球流动性冲击即期影响系数，符号为负且非常显著。这表明，当石油价格上升时，通货膨胀压力上升，流动性紧缩是降低通货膨胀的常规选择，符合经济学预期。b_{50} 是石油产量冲击对我国流动性冲击的即期影响系数，符号为正但并不显著。b_{51} 是总需求冲击对我国流动性冲击的即期影响系数，符号为负，且非常显著。这表明，当总需求上升时，通货膨胀压力上升，国家倾向于紧缩流动性，符合理论预期。b_{52} 是石油价格冲击对我国流动性冲击的即期影响系数，符号为负且非常显著，也符合理论预期。b_{53} 是我国流动性冲击应对全球流动性冲击的即期响应系数，符号为正。这表明，我国流动性的变化方向与全球流动性的变化方向具有同步性，从而保证了大国货币政策的协调性与一致性，符合经济理论预期。

表 12 - 1　　　　　　　　　　即期影响矩阵估计结果

	Coefficient	Std. Error	z - Statistic	Prob.
b_{20}	0.027720	0.091670	0.302392	0.7624
b_{30}	- 0.248908	0.091705	- 2.714227	0.0066
b_{40}	0.580601	0.094501	6.144001	0.0000
b_{50}	- 0.014563	0.094503	- 0.154105	0.8775
b_{31}	1.244679	0.091670	13.57784	0.0000
b_{41}	- 0.882401	0.146363	- 6.028863	0.0000
b_{51}	- 0.475696	0.167228	- 2.844598	0.0044
b_{42}	- 0.478191	0.091670	- 5.216391	0.0000
b_{52}	- 0.321652	0.091775	- 3.50481	0.0002
b_{53}	0.309519	0.091670	3.376455	0.0007

12.4.3　结构性冲击分解

所谓冲击是指变量的非系统性变化或未预期到的变化，也可称为新息。在估计无约束 VAR 模型的基础上，我们得到了残差向量 μ_t。通过对结构因子进行估计，利用 ε_t 与 μ_t 的转化关系，进一步得到结构性冲击序列 ε_t。通过观察各变量结构性冲击可以得出以下结论。

在整个样本期内除 2008 年下半年至 2009 年上半年外，其余时间的全球石油产量冲击与价格冲击之间呈负向变化特征。国际原油价格冲击比原油产量冲击的波动幅度更大、更频繁，国际原油市场价格的正向冲击并不利于全球经济复苏。石油产量冲击与全球总需求的关系长期内具有同向波动特征，但是不确定性因素对两者之间的关系产生了一定程度的干扰。具体地，2003—2013 年石油产量冲击与全球总需求冲击整体上呈现出同向波动的关系，符合理论预期。但是，有两个时间段除外（2009 年下半年至 2010 年上半年、2012 年下半年至 2013 年年初）。特别地，2012 年以来全球总需求冲击尽管呈现上升走势，但是仍然为负，而石油产量冲击尽管与全球需求同向波动，但是两者的差距有扩大的趋势。这说明，当前石油产量复苏程度远远大于全球经济复苏程度，但是大量的石油充当了投资甚至投机品进入储备领域，而并没有进入生产领域。

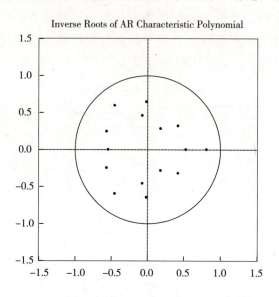

图 12 - 5　VAR 模型特征多项式根的倒数

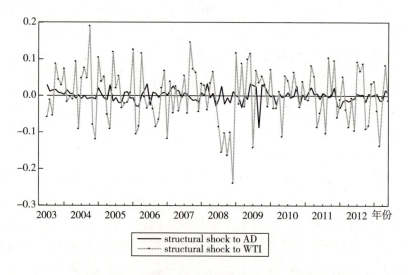

图 12 - 6　总需求冲击 AD 与石油价格冲击 WTI

从图 12 - 6 可以看出，石油价格冲击与总需求冲击之间的波动关系存在着阶段异质性。2003—2008 年，石油价格冲击与总需求冲击之间为负向变动关系，

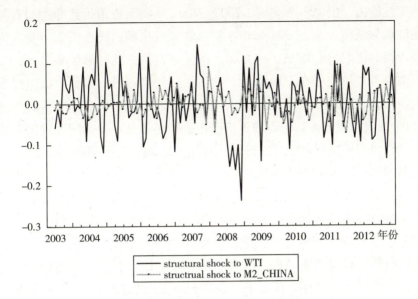

图 12 −7　石油价格冲击 WTI 与中国货币冲击

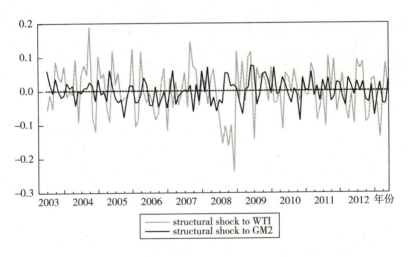

图 12 −8　中国货币冲击与石油价格冲击

即石油价格上涨不利于全球经济的发展，石油价格冲击表现为外生性冲击。但是从 2009 年开始，石油价格冲击与全球总需求冲击之间呈现出同向变动关系。2009 年以来，全球范围内的扩张性货币政策在复苏总需求的同时，也带动了石油价格的上涨。同时，流动性的扩张使具有金融产品特征的石油存在着泡沫化，这也解释了石油产量冲击与总需求冲击差距扩大的原因。石油价格冲击在 2003—2008 年具有外生冲击特征，而 2009 年至今石油价格冲击在很大程度上表现为内生性冲击。图 12 - 7 表明，2003—2007 年我国货币供给冲击与石油价格冲击的波动为负向关系，2008—2013 年两者呈现出同向波动关系，我国流动性对石油价格的影响日益增强。一方面，在全球石油产能过剩的背景下，日益增长的石油进口量使我国在石油市场上的话语权增强；另一方面，我国成为世界第二大经济体及稳定、持续的经济增长前景推动了世界石油价格的上涨。图 12 - 8 对全球货币供给冲击与原油价格冲击进行了描述。全球货币冲击与原油价格冲击表现出与中国完全相反的特征。具体地，2003 年至 2007 年上半年，GM2 冲击与 WTI 冲击呈现出同向波动的关系，但是 2007 年下半年至 2013 年的同向关系则不显著，甚至出现负向关系。这表明，西方发达国家货币政策对世界原油市场价格的影响日益减弱。

综上所述，2008 年的美国次贷危机及 2010 年的欧洲主权债务危机使得全球石油需求疲软，石油产能过剩，提高了新兴经济体对石油价格的相对影响。中国作为世界第二大经济体，较好的经济增长前景、较高的石油需求量及人民币国际化步伐的加快均增强了我国货币供给对世界原油价格的影响。

12.4.4 脉冲响应与方差分解

12.4.4.1 结构性冲击的脉冲响应

根据 SVAR 模型的估计结果，将国际原油价格 WTI 波动分解为四种冲击：原油产量冲击（shock to GOP）、总需求冲击（shock to AD）、石油价格冲击（shock to WTI）、全球流动性冲击（shock to GM2）及中国流动性冲击（shock to M2_ CHINA）。

图 12 - 9 的第一列为 DLWTI、DLGM2 及 DLM2_ CHINA 受到石油产量冲击时的脉冲响应。可以看到，当石油产量产生一个单位的结构性冲击时（正向冲击），除了石油产量自身的变化外，全球流动性与中国流动性均没有对石油产量作出响应，即各国的货币政策基本上不会将石油产量作为政策制定与执行的参考变量。

图 12 - 9 的第二列为石油价格、全球流动性与中国流动性对总需求冲击的响应图。在受到一个单位的结构性总需求正向冲击时，国际油价在当月会产生较大的上涨压力，影响程度为 0.8 个单位，稍后这种影响迅速下降至第 2 个月的 0，第 3 个月至第 5 个月这种冲击效应由正转负，从第 6 个月开始冲击效应逐渐增加，最终于第 14 个月消失。这是由于国际原油市场在受到正向需求冲击时，短时间内无法立即扩大其石油产量，从而导致石油价格在短期内迅速上涨。尽

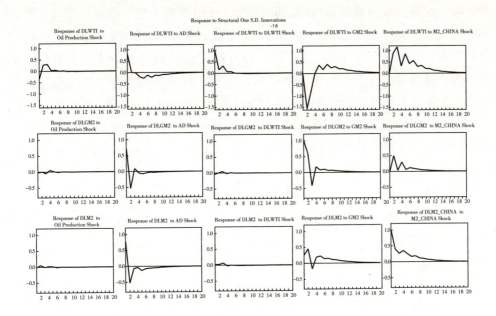

图 12 - 9 脉冲响应图

管短期内无法扩大其石油产量，但是各石油需求国的大量石油储备会起到平抑石油价格，从而导致石油价格的冲击效应逐渐下降。负效应的出现及石油价格的频繁调整表明市场石油价格对市场需求冲击的超调，也表明石油价格除了受基本面因素影响外，越来越具有金融工具的特征。全球流动性在受到一个单位的总需求冲击时，流动性在冲击的当月会急剧上升约 0.82 个单位，然后从第 2 个月又转正为负，冲击效应于第 10 个月消失。中国流动性对总需求冲击的响应机制与全球流动性的响应机制相似。

图 12 - 9 的第三列为石油价格、全球流动性与中国流动性对一个单位的石油价格结构性冲击的响应图，这里着重分析全球流动性与中国流动性的响应过程。当原油价格发生一个单位的正向冲击时，全球流动性在当月会出现非常小的负向反应，即油价上涨，流动性略微收缩（-0.02）。但是，这种负向效应迅速消失，全球流动性在短时间内再次出清。面对石油价格上涨冲击，中国流动性在当月并不作出任何响应，第 2 个月至第 3 个月出现 0.07 的正效应，但是在第 4 个月再次出清。以上均说明，全球流动性及我国的流动性对石油价格冲击的响应机制存在轻微差异。

图 12 - 9 的第四列为石油价格、全球流动性与中国流动性对一个单位的全球流动性 GM2 结构性冲击的响应图。当全球流动性发生一个单位的正向结构性

冲击时（全球流动性增加），国际油价在第1个月没有响应，但是在第2个月急剧下降1.5个单位，并在第3~4个月由负转正，第5~7个月的冲击效应为0.5个单位左右，第8个月开始再次下降，冲击效应于第15个月消失。值得注意的是，当全球流动性发生一个单位的结构冲击时，我国流动性在当月也会迅速上升0.3个单位，这种正效应一直持续到第17个月才消失。

图12-9的第五列为石油价格、全球流动性与中国流动性对一个单位的中国流动性M2_CHINA结构性冲击的响应图。我国货币供给对原油价格的影响效应非常明显、有效，且有较长的持续性。从石油价格对我国流动性冲击的响应图看，我国货币供给一个单位的结构性正向冲击使得原油价格在第2个月上升0.5个单位，在第3个月达到1.5个单位，从第4个月开始逐渐下降，一直到第18个月才趋于零。

12.4.4.2 方差分解

表 12-2　　　　　　　　　　石油价格预测方差分解

Period	石油产量冲击	总需求冲击	石油价格冲击	全球流动性冲击	中国流动性冲击
1	6.58	37.08	56.34	0.00	0.00
2	3.84	13.02	20.25	47.23	15.66
3	3.93	9.09	15.60	41.76	29.63
4	3.87	9.35	15.37	40.96	30.45
5	3.45	9.06	13.68	37.94	35.86
6	3.36	8.98	13.33	37.27	37.05
7	3.18	8.96	12.56	36.91	38.39
8	3.12	8.97	12.34	36.89	38.67
9	3.05	8.95	12.05	36.95	39.00
10	3.02	8.95	11.94	37.02	39.08
11	2.99	8.94	11.83	37.10	39.14
12	2.98	8.94	11.79	37.14	39.15
13	2.97	8.94	11.75	37.18	39.16
14	2.97	8.94	11.73	37.20	39.17
15	2.96	8.94	11.72	37.22	39.17
16	2.96	8.93	11.71	37.23	39.17
17	2.96	8.93	11.71	37.23	39.16
18	2.96	8.93	11.71	37.24	39.16
19	2.96	8.93	11.70	37.24	39.16
20	2.96	8.93	11.70	37.24	39.16

脉冲响应分析能够对变量之间的动态影响过程进行分析，但是要进一步了解不同变量之间的相互影响程度还需进一步进行方差分解分析。这里着重对石油价格冲击预测的方差分解进行分析。由表 12－2 可知，对于石油价格的预测方差，厂商产量能在第一个月解释能力为 6.6%，总需求的解释能力为 37.08%，石油价格自身能够解释 56.34%，全球流动性的解释能力为 0，中国货币供给的解释能力也为 0。但是，从第 2 个月开始，石油产量、总需求、石油价格的解释能力迅速下降，而全球流动性冲击与中国流动性冲击的解释能力迅速上升。到第 10 个月，各种冲击的影响程度基本稳定。此时，石油产量的解释能力下降至3%，总需求的解释能力下降至 9%，石油价格对自身的解释能力锐降至 12%，全球流动性的解释能力上升至 37%，而中国流动性的解释能力迅速上升至 39%。从方差分解结果看，全球流动性与我国流动性对原油价格的影响有着极大的影响，而我国流动性对原油价格的影响略大于全球流动性冲击对原油价格的影响。

综合以上分析，货币政策应对石油价格冲击的响应机制取决于石油价格冲击的性质，即内生性还是外生性。石油价格发生外生性冲击时，石油价格上涨导致生产成本上升，增加了通货膨胀压力，货币当局往往以紧缩流动性作为缓解通货膨胀压力的主要手段。例如，20 世纪 70 年代的石油危机导致石油价格攀升，各发达国家纷纷以紧缩流动性来抑制通货膨胀压力，最终导致长时期的滞胀。当石油价格的上升是由于总需求增加而导致时，如在全球经济不稳定性增强及我国经济增长前景相对明朗的背景下，我国经济的复苏与后继改革红利的逐步释放必然会促进我国总需求的上升，对石油引致需求也上升。由于我国石油依存度的逐步提高，这必然在短期内导致全球原油价格的上升。理论上讲，我国货币当局应当紧缩货币以降低通货膨胀压力，但是紧缩货币必然会影响当前的经济复苏态势，从而使我国货币政策面临两难境地。基于实证检验与我国的货币政策操作实践看，我国货币当局并未对石油价格的上涨采取紧缩性的响应机制，反而由于市场主体预防性需求的上升导致了货币预防性需求的轻微上升。可见，货币政策对石油价格冲击的响应机制取决于石油价格冲击的性质，即内生性（石油需求导致）还是外生性（石油供给导致）。

综上所述，我们可以得到以下结论：

第一，我国真实货币供给对原油真实价格的影响显著。与此相比，全球流动性对石油价格的影响小于我国货币供给对石油价格的影响。一方面，2007 年9 月，我国广义货币供给（52233.5 亿美元）超过了欧元区广义货币供给（51495.24 亿美元）；2009 年 3 月，我国广义货币供给（77643.98 亿美元）超过了日本广义货币供给（76255.75 亿美元）；2009 年 7 月，我国名义货币供给（83885.08 亿美元）超过了美国名义货币供给（83747 亿美元）。客观上讲（并非主观故意），流动性的持续宽松必然会催生金融资产价格泡沫，同时也会使具有金融属性的石油价格呈现出上升走势。从而构成了我国流动性对世界石油价格的另一个传递渠道。另一方面，从石油价格预测方差的分解看，我国流动性对石油价格变化的解释能力达 39%，略高于全球流动性对石油价格的解释能力（37%）。

第二，在发生石油价格冲击时，全球流动性与我国流动性的响应机制存在轻微差异。前者几乎不对石油价格作出响应，而我国流动性在短期内作出轻微的正向响应。我国是石油净进口国与石油消费大国，当石油价格上涨时，我国市场主体的生产成本面临上升风险，市场主体对流动性的预防性需求上升，从而导致货币流动性的轻微上涨。这不同于陈亮亮（2009）的研究结果：央行应对石油价格上涨的货币政策应当是主动采用以利率为工具的政策，不同于本研究中的流动性调控政策。

第三，西方发达国家货币政策对世界原油市场价格的影响日益减弱。中国作为世界第二大经济体，良好的经济基本面、较高的石油需求量及人民币国际化步伐的加快均增强了我国货币供给对世界原油价格的影响。

第四，石油价格冲击的外生性特征逐渐减弱，内生性逐渐增强。具体地，石油价格冲击在 2003—2008 年具有外生冲击特征，而 2009 年至今石油价格冲击在很大程度上表现为内生性冲击。与此相对应，石油价格冲击与货币政策之间的传递机制也在发生着变化。

为此，在短期内，要增强货币政策的灵活性，加强对经济的微调与预调，实施宏观审慎的宏观经济政策。同时，充分利用金融衍生工具及石油期货市场做好避险工作，并努力扩大石油储备，尽可能熨平石油价格的波动。在长期内，减少我国对石油进口的依存度、寻找或研发可替代清洁能源、加大国内油企对国外油企的兼并与收购力度是解决这一两难问题的根本途径。

第 13 章　我国货币政策对美国经济的跨国传递效应计量分析

13.1　引言与文献综述

伴随着全球经济一体化趋势的增强及各国经济开放度的日益提高，各国货币政策（尤其是大国货币政策）的协调日益受到重视。1997 年亚洲金融危机中，中国宣布并承诺人民币不贬值对抑制亚洲金融危机进一步蔓延起到了关键作用；2007 年美国次贷危机中，包括中国在内的各国出台扩张性的货币政策使得全球经济在较短时间内企稳向好，这些体现了货币政策国际协调的重要性与必要性。经济一体化及开放性的增强使得一国的货币政策不可避免地会影响到其他国家的经济，而一国货币当局在制定与执行货币政策时也会越来越多地考虑其他国家货币政策的响应，大国货币政策的协调与博弈由此展开。

2009 年，我国名义 GDP 达到 401513 亿元，约合 49912.56 亿美元，成为世界第二大经济体。同年 7 月，我国名义货币供给 M2（83885.08 亿美元）首次超过了美国名义货币供给（83747 亿美元）。1980—2012 年，我国 GDP（现价）占美国 GDP（现价）的比重由 10.79% 上升至 51.88%。以上均表明，伴随着我国 GDP 的快速增长，货币供给高速扩张，金融深化速度加快。在此背景下，研究我国货币政策对美国经济的影响有利于事先预判美国未来货币政策的响应及走势，这对于增长我国货币政策的前瞻性及提高国际货币政策协调性具有重要的理论与现实意义。

目前关于货币政策跨国传递机制及效应的研究多集中于发达国家货币政策对其他国家（多以发展中国家为主）的影响，进行反向研究的很少，研究中国货币政策对美国经济影响的文献则更少。Svensson 和 Van 温京佰根（Wijnbergen）（1989）利用跨期模型研究了美国扩张性货币政策对世界经济的影响。结果表明，美国扩张性货币政策显著地降低了世界利率水平并刺激了全球总需求。Obstfeld 和罗格夫（Rogoff）（2009）也得出了相似的结论。Kim（2001）、

Holman 和诺依曼（Neumann）（2002）、Canova（2005）分别以不包括美国在内的 G7 集团、加拿大及拉美为研究对象，着重研究了美国扩张性货币政策的利率传递机制及影响。结果表明，美国利率的下降均显著地提高了其他国家的总需求。

我国货币政策对美国经济的影响主要有两个渠道。

一是人民币汇率的变化影响中美两国贸易流的方向及规模。Goodfriend 和 Prasad（2007）认为，尽管中国存在着一定程度的汇率管制，但是资本项目的管控为中国货币政策的独立性提供了空间。Sun（2009）认为，中国在 1998—2005 年的汇率有管理而无浮动，实质是盯住美元的固定汇率制度，因此这期间的货币政策具有较强的独立性。2005 年 7 月以后，中国对汇率形成机制进行了改革，允许人民币汇率在一定区间内上下浮动，使得人民币/美元汇率稳定、持续地下降（升值）。人民币汇率弹性的增强势必会导致中美贸易流在方向与数量两个方面的变化（Cai 等，2012）。人民币升值增加了中国的进口需求，减少了出口，经常项目盈余下降（Fang 等，2012）。

二是中国较大的经济规模及快速的经济增长速度必然增加其对大宗商品的进口需求，势必影响其对大宗商品议价与定价的能力，从而对美国的经济产生间接性影响。以石油为例，我国 1998 年以来的石油消费量一直保持着 6% 的增长率，并吸收了 1998 年以来世界石油消费增量的 2/3。中国的石油日需求量在 2030 年将达到 1750 万桶，超越美国成为全球第一大石油消费国。中国的经济增长影响了世界商品价格，并进一步影响到美国的通货膨胀。

以上研究的缺陷在于：均没有涉及我国货币政策对美国经济的影响，也没有对我国货币政策影响美国经济的动态过程与机制进行研究。本书着重对我国货币政策影响美国经济的动态机制与效应进行实证研究，为我国货币当局预判美国未来货币政策的响应提供理论依据与借鉴。

13.2 研究方案设计与模型构建

13.2.1 研究方案设计

1. SVAR 模型选择依据。本书选择结构向量自回归模型（SVAR），着重研究我国货币政策变化对美国经济影响的动态机制与效应。原因如下：第一，大多数宏观经济变量的内生性容易导致单方程线性计量模型的内生解释变量问题，从而使得 OLS 估计失效。第二，虽然广义矩方法 GMM 能够解决这一问题，但是估计结果对工具变量的选择具有较强的敏感性。第三，我国货币政策影响美国经济的理论基础不系统、不完善，因此影响了结构建模的应用。因此，选择以数据统计特征为出发点的向量自回归模型进行非结构建模。

2. SVAR 模型指标体系构建。

（1）我国货币供给量。由于我国利率市场化尚未彻底完成[①]，再加上近年来我国货币扩张规模及速度远远超过了美国，货币政策冲击在很大程度上表现为货币供给量的变动。因此，选择货币供给量作为我国货币政策的代理变量。

（2）美国经济指标的选择。本书侧重于我国货币供给对美国经济三个方面的研究：一是我国货币政策对美国货币政策的影响，或者说美国货币政策在受到我国货币政策冲击时的响应机制。因此，选择美国短期利率、美国货币供给作为美国货币政策的代理变量。二是我国货币政策对美国其他宏观经济变量如美国经济增长、美国物价水平及汇率的影响。三是我国货币供给对全球大宗商品价格的影响，这主要是考虑到我国货币供给通过对大宗商品价格的影响进而造成对美国经济的间接影响。

（3）其他经济指标。由于美国经济增长与中国、日本、欧盟的经济增长存在着相关性，且中国、美国的货币供给与欧盟、日本的货币供给存在着相关性，因此，为了使模型设定更为合理，这里将中国、欧盟、日本的工业生产总值以及欧盟与日本的货币供给量作为外生变量加入模型，从而减小模型因遗失变量造成的设定偏差。

13.2.2　SVAR 模型构建

13.2.2.1　SVAR 模型

$$B_0 X_t = \sum_{i=1}^{p} B_i X_{t-i} + \sum_{i=1}^{p} \Phi_i EIP_{t-i} + \sum_{i=1}^{p} H_i EM2_{t-i} + \varepsilon_t \quad (13-1)$$

$$X_t = \left[\Delta\log M2_t^{CHINA}, \Delta IR_t^{USA}, \Delta\log CPI_t^{USA}, \Delta\log IP_t^{USA}, \Delta\log OP_t, \Delta\log EXR_t^{USA} \right]'$$

$$(13-2)$$

其中，参数 p 为模型最优滞后阶数，由 AIC 准则确定；X_t 为内生变量向量，第 1 个至第 6 个分量分别为中国货币供给 M2 对数的一阶差分、美国短期利率、美国货币供给对数的一阶差分、美国 CPI 对数的一阶差分、美国工业产值对数

[①]　尽管我国 2013 年 7 月 20 日全面放开金融机构贷款利率管制，但是该举措的象征意义远远大于其实际意义。在利率市场化进程中，存款利率的完全放开是重中之重。

的一阶差分、石油价格对数的一阶差分、美元实际有效汇率的一阶差分；EIP_t 为中国、欧盟及日本的经济增长，为外生变量；$EM2_t$ 为日本与欧盟的货币供给，也为外生变量。

13.2.2.2 SVAR 模型的识别策略

以往研究多数对即期响应矩阵 B_0 进行递归零约束，本书在 Kim 和 Roubini (2000) 的基础上，引入中国货币供给冲击，形成非递归约束矩阵，见模型 (13 – 3)。

具体地，假设中国货币供给在当期不会影响到任何其他经济变量，与此相对应，模型 (13 – 3) 的第 1 列元素除第一个元素外均为零。由于信息的传递存在滞后性，假设真实产出与石油价格在即期不受其他任何变量的影响。由于中国的 M2 及石油价格的变化对于美国经济而言均为外生变量，因此这些变量对美国经济的影响肯定会存在时滞性。需要注意的是，Kim 和 Roubini (2000)、Anzuini 等 (2012) 关于真实产出的约束给出了不同的观点：前者认为真实产出会受到当期石油价格的影响（与此相对应，模型 (12 – 3) 约束矩阵中第 5 行第 6 列非零）；而后者则认为真实产出不受当期石油价格的影响，即具有完全外生性（与此相对应，第 5 行第 6 列元素为零）。本书认为，Anzuini et al. (2012) 更具有合理性，因此约束矩阵中第 5 行第 6 列为零。

根据 Sims 和 Zha (1995) 的研究结果，美国货币政策规则对产出与物价信息的识别具有滞后性，因此货币政策不会在当月对价格水平及产出作出响应，故矩阵中第二行第 4 列与第 6 列为零元素；但是，美国货币政策的利率规则会对当期的美国货币供给、石油价格及美元汇率变化作出响应，因此矩阵第二行第 3、5、7 列元素为非零。Sims 和 Zha (1995) 的研究认为，美国货币供给 M2 会对本国利率、通货膨胀及工业生产的变化作出即期响应，这意味着美国的真实货币需求依赖于利率与真实收入，基于此，令约束矩阵的第三行第 2、4、5 列元素非零，其余元素为零。

由于一国的通货膨胀受当期的成本推动与需求拉动的共同影响，因此本书假设美国物价水平会在当期对真实产出及石油价格的变化作出响应，即第四行的第 5、6 列元素为非零元素。

最后，假设美国实际有效汇率除了不对中国的 M2 作出即期响应外，在受到其他变量的冲击时会在即期作出响应。与此相对应，约束矩阵第 7 行除了第一个元素为零外，其他元素均为非零元素。

综上所述，约束矩阵具体如下：

$$
B_0 X_t = \begin{bmatrix} 1 & 0 & 0 & 0 & 0 & 0 & 0 \\ 0 & 1 & a_{12} & 0 & a_{14} & 0 & a_{16} \\ 0 & a_{21} & 1 & a_{23} & a_{24} & 0 & 0 \\ 0 & 0 & 0 & 1 & a_{34} & a_{35} & 0 \\ 0 & 0 & 0 & 0 & 1 & 0 & 0 \\ 0 & 0 & 0 & 0 & 0 & 1 & 0 \\ 0 & a_{61} & a_{62} & a_{63} & a_{64} & a_{65} & 1 \end{bmatrix} \begin{bmatrix} \varepsilon_t^{M2\_CHINA} \\ \varepsilon_t^{IR\_USA} \\ \varepsilon_t^{M2\_USA} \\ \varepsilon_t^{CPI\_USA} \\ \varepsilon_t^{IP\_USA} \\ \varepsilon_t^{oil\ price} \\ \varepsilon_t^{EXER\_USA} \end{bmatrix} \begin{matrix} 3-1 \\ 3-2 \\ 3-3 \\ 3-4 \\ 3-5 \\ 3-6 \\ 3-7 \end{matrix} \quad (13-3)
$$

13.3　实证分析

13.3.1　数据说明及处理

根据数据可得性，本书以 2003 年 4 月至 2013 年 6 月为研究区间，涉及的数据有：

中国货币供给量 M2。中国货币供给 M2 来自中国人民银行官方网站，并利用中美汇率中间价将其折算为美元计价的货币供给，中美汇率中间价来自 UBC's Sauder School of Business 网站。

原油价格选取 WTI 作为代理变量，数据来自美国能源信息局官方网站 www.eia.gov。

日本货币供给 M2 来自日本央行官方网站、日本工业生产指数 IP 来自日本国家统计局官方网站，美国货币供给及短期利率 IR 来自美联储官方网站，欧元区货币供给及工业生产指数来自 ECB 官方网站。

13.3.2　单位根检验

为了避免伪回归，进入 VAR 模型中的内生变量要么均为平稳变量，要么所有变量满足协整关系，因此这里对所有内生变量进行 ADF 单位根检验，检验结果表明，所有变量除短期利率 IR 外均为一阶单整过程，因此这里对除短期利率之外的所有变量在求对数的基础上进行差分。

13.3.3　模型估计与检验

在模型估计过程中，为了尽可能避免模型设定偏误，将常数项、日本货币供给、欧元区货币供给、日本工业生产指数、欧元区工业生产指数及我国工业生产指数设定为外生变量。根据 AIC 准则，选择 p = 3，估计 VAR（3）模型[①]。为了验证前文约束矩阵的合理性（经济学意义）与显著性（统计意义），这里给出约束矩阵中参数的估计结果（见表 13 - 1）。从统计角度看，所有参数除了 a_{35} 在 10% 的显著性水平上显著外，均在 1% 的显著性水平上显著。从经济意义上看，所有参数的符号均与预期相符，因此，约束矩阵的设定合理有效。在进行脉冲响应分析前，首先要对 VAR 模型进行平稳性检验及自相关性检验。图 13 - 1 表明，VAR 模型特征根模的倒数均在单位圆内，VAR（3）模型满足平稳性，脉冲响应函数有效。表 13 - 3 的 LM[②] 自相关性检验结果表明，从 1 阶至 12 阶均不存在自相关性。

表 13 - 1   约束矩阵参数估计结果

	Coefficient	Std. Error	z - Statistic	Prob.
a_{21}	6. 691937	0. 433097	15. 45135	0. 0000
a_{61}	2. 093575	0. 628199	3. 332662	0. 0009
a_{12}	- 22. 11166	1. 936047	- 11. 42104	0. 0000
a_{62}	202. 5562	13. 13862	15. 41686	0. 0000
a_{23}	- 0. 128897	0. 022563	- 5. 712450	0. 0000
a_{63}	14. 28424	0. 930503	15. 35109	0. 0000
a_{14}	9. 606462	0. 636902	15. 08310	0. 0000
a_{24}	- 0. 389509	0. 097222	- 4. 006399	0. 0001
a_{34}	0. 100713	0. 011670	8. 630077	0. 0000
a_{64}	18. 16788	1. 178033	15. 42222	0. 0000
a_{35}	- 0. 178790	0. 091670	- 1. 950400	0. 0512
a_{65}	1. 848737	0. 150885	12. 25259	0. 0000
a_{16}	165. 7555	10. 68508	15. 51279	0. 0000

注：估计方法为 method of scoring（ analytic derivatives）

---

① 由于研究的重点是我国货币政策冲击对美国经济的影响，同时受篇幅所限，这里省略 VAR 模型的估计结果。

② 原假设：不存在 h 阶的自相关性（一般情况下，月度数据下的 h = 1，…，12）

表 13 - 2 VAR（3）模型多阶自相关性检验（原假设：不存在阶自相关性）

滞后阶数 h	LM - Stat	Prob	滞后阶数 h	LM - Stat	Prob	滞后阶数 h	LM - Stat	Prob
1	48.91613	0.4765	5	41.43006	0.7703	9	36.04938	0.9156
2	45.67873	0.6086	6	51.48109	0.3769	10	57.76564	0.1830
3	58.69842	0.1616	7	49.86273	0.4388	11	44.14521	0.6699
4	53.07203	0.3201	8	44.77287	0.6451	12	62.12191	0.0987

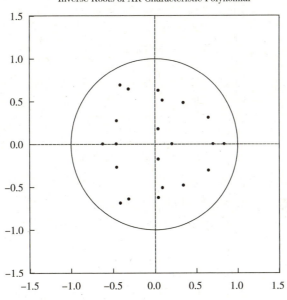

图 13 - 1 VAR（3）模型特征根模的倒数

13.3.4 脉冲响应分析

图 13 - 4 分别是美国短期利率 IR、美国货币供给 M2_ US、美国 CPI、美国工业生产指数 IP、美国原油价格 POIL 及美元有效汇率 EXER 在受到我国货币供给 M2_ CHINA 一个单位的结构性新息冲击时的累计脉冲响应路径。

从短期利率的脉冲响应图看，我国货币供给发生一个百分点的正向冲击时在当月不会引起美国短期利率的变化，但是从第 2 个月到第 20 个月累计下降 16% ，并在第 30 个月左右达到稳定值 18% 。这表明我国货币供给冲击对美国短期利率的影响是显著的，并且具有一定的长期性。

从美国货币供给 M2_ USA 对我国 M2_ CHINA 一个百分点结构性冲击的脉

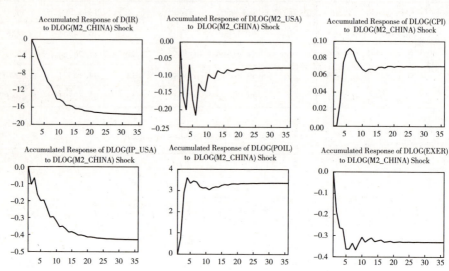

图 13 - 2　脉冲响应函数

冲响应图看，我国货币供给的增加并不会在当月导致美国货币供给的变化，但是从第 2 个月开始，美国货币供给迅速下降，第 2 个月下降 0.1%，但是从第 3 个月开始到 15 个月，这种下降效应得到一定程度的逆转，下降效应得到一定程度的抑制，并于第 20 个月开始基本收敛到 - 0.08 的稳态值。由此可见，我国扩张的货币供给在一定程度上使美国的货币供给有所下降。

从美国 CPI 的脉冲响应图可以看出，我国货币供给的正向冲击增加了美国通货膨胀的压力，但是通货膨胀压力的上升在第 1~2 个月内非常小。第 3~6 个月，美国通货膨胀的上升幅度从 0.02% 上升至 0.095%。但是，从第 7 个月开始，物价水平的上升得到一定程度的缓解，并于第 15 个月开始基本收敛于稳态值 0.07%。

从美国原油价格对我国货币供给正向冲击的累计脉冲响应看，我国货币供给的增加导致美国原油价格从第 2 个月迅速上升，到第 4 个月累计上升达 3.5%，虽然从第 5 个月开始原油价格有所下降，但是下降幅度有限，从第 12 个月开始基本收敛于 3.2% 的稳态值。这表明，我国货币供给的扩张会助推原油价格，使原油价格面临着较大的上升压力。

从美国工业生产指数的累计脉冲响应结果看，我国扩张性的货币供给冲击一定程度上降低了美国的工业生产[①]：2009 年以后，伴随着我国成为第二大经济体以及石油进口依存度的不断攀升，扩张性货币政策在增加国内需求的同时，也必然增加对石油的需求，从而引起石油价格上升。此时，石油价格上升对于美国而言是一种外生性的冲击，该冲击必然增加美国的生产成本，提高通货膨胀的压力，使工业生产活动下降。

根据经济学原理，我国货币供给增加在某种程度使得人民币贬值而美元升值。但是，美国有效汇率的累计脉冲响应图表明，中国扩张性的货币政策冲击在一定程度上使美国有效汇率出现轻微下降。如何解释理论与实证结果的相悖呢？本书从两个方面解释这一现象。第一，我国货币供给的增加在增加总需求的同时，迅速增加了对大宗进口品如石油的需求，进而抬高了其国际价格，对美国形成了外生性冲击。在以美元定价、以美元结算的国际贸易背景下，汇率传递是完全的，即石油价格的上涨会完全传递到其工业品的生产中，从而提高了其出口价，出口优势下降。在此背景下，美国只有通过美元贬值才能吸收或抵消出口价格的上升。第二，中国扩张性的货币政策必然增加国内对国外产品的进口需求，从而使得中国进口商对美元外汇的需求增加，这就导致美元的升值。出于稳定人民币汇率的动机，人民银行必然会通过外汇市场操稳定人民币汇率，此时我国货币供给冲击对美元有效汇率的综合影响取决于：中国进口品原产地的货币、中国在外汇市场上出售的外国币种（由于中国外汇资产大量以美元形式存在，出售的外汇资产相当一部分为美元）以及中国汇率安排中对一揽子货币所施加的权重。

由以上分析可知，我国货币供给影响美国经济的内在逻辑有两个：我国扩张性货币政策冲击→我国总需求上升→石油需求上升→以石油为代表的大宗商品价格上升→对美国形成外生冲击→生产成本上升；同时，我国扩张性货币政策冲击→全球流动性宽松→以美国利率为代表的世界利率下降→美国经济出现过热→美国减少货币供给以保持经济稳定。

13.4　稳健性分析

为了检验基于识别约束（12 - 3）的 SAVR 估计的稳健性，这里利用其他的非递归约束矩阵进行分析。这里选择 4 种非递归性约束，分别如下

[①] 贾凯威：《中国流动性影响原油价格吗？基于 2003—2013 年的计量分析》，载《2013 年辽宁省管理科学研究会年会论文集》，2013（7）。

$$B_0 X_t = \begin{bmatrix} 1 & 0 & 0 & 0 & 0 & 0 & 0 \\ a_{10} & 1 & a_{12} & 0 & a_{14} & 0 & a_{16} \\ a_{20} & a_{21} & 1 & a_{23} & a_{24} & 0 & 0 \\ a_{30} & 0 & 0 & 1 & a_{34} & a_{35} & 0 \\ a_{40} & 0 & 0 & 0 & 1 & 0 & 0 \\ a_{50} & 0 & 0 & 0 & 0 & 1 & 0 \\ a_{60} & a_{61} & a_{62} & a_{63} & a_{64} & a_{65} & 1 \end{bmatrix} \begin{pmatrix} \varepsilon_t^{M2\_CHINA} \\ \varepsilon_t^{IR\_USA} \\ \varepsilon_t^{M2\_USA} \\ \varepsilon_t^{CPI\_USA} \\ \varepsilon_t^{IP\_USA} \\ \varepsilon_t^{oil\ price} \\ \varepsilon_t^{EXER\_USA} \end{pmatrix} \begin{matrix} 4-1 \\ 4-2 \\ 4-3 \\ 4-4 \\ 4-5 \\ 4-6 \\ 4-7 \end{matrix} \quad (13-4)$$

$$B_0 X_t = \begin{bmatrix} 1 & \beta_1 & 0 & \beta_3 & \beta_4 & 0 & 0 \\ 0 & 1 & a_{12} & 0 & a_{14} & 0 & a_{16} \\ 0 & a_{21} & 1 & a_{23} & a_{24} & 0 & 0 \\ 0 & 0 & 0 & 1 & a_{34} & a_{35} & 0 \\ 0 & 0 & 0 & 0 & 1 & 0 & 0 \\ 0 & 0 & 0 & 0 & 0 & 1 & 0 \\ 0 & a_{61} & a_{62} & a_{63} & a_{64} & a_{65} & 1 \end{bmatrix} \begin{pmatrix} \varepsilon_t^{M2\_CHINA} \\ \varepsilon_t^{IR\_USA} \\ \varepsilon_t^{M2\_USA} \\ \varepsilon_t^{CPI\_USA} \\ \varepsilon_t^{IP\_USA} \\ \varepsilon_t^{oil\ price} \\ \varepsilon_t^{EXER\_USA} \end{pmatrix} \begin{matrix} 5-1 \\ 5-2 \\ 5-3 \\ 5-4 \\ 5-5 \\ 5-6 \\ 5-7 \end{matrix} \quad (13-5)$$

$$B_0 X_t = \begin{bmatrix} 1 & \gamma_1 & \gamma_2 & \gamma_3 & \gamma_4 & \gamma_5 & \gamma_6 \\ 0 & 1 & a_{12} & 0 & a_{14} & 0 & a_{16} \\ 0 & a_{21} & 1 & a_{23} & a_{24} & 0 & 0 \\ 0 & 0 & 0 & 1 & a_{34} & a_{35} & 0 \\ 0 & 0 & 0 & 0 & 1 & 0 & 0 \\ 0 & 0 & 0 & 0 & 0 & 1 & 0 \\ 0 & a_{61} & a_{62} & a_{63} & a_{64} & a_{65} & 1 \end{bmatrix} \begin{pmatrix} \varepsilon_t^{M2\_CHINA} \\ \varepsilon_t^{IR\_USA} \\ \varepsilon_t^{M2\_USA} \\ \varepsilon_t^{CPI\_USA} \\ \varepsilon_t^{IP\_USA} \\ \varepsilon_t^{oil\ price} \\ \varepsilon_t^{EXER\_USA} \end{pmatrix} \begin{matrix} 6-1 \\ 6-2 \\ 6-3 \\ 6-4 \\ 6-5 \\ 6-6 \\ 6-7 \end{matrix} \quad (13-6)$$

$$B_0 X_t = \begin{bmatrix} 1 & 0 & 0 & 0 & 0 & 0 & 0 \\ 0 & 1 & a_{12} & 0 & a_{14} & 0 & a_{16} \\ 0 & a_{21} & 1 & a_{23} & a_{24} & 0 & 0 \\ 0 & 0 & 0 & 1 & a_{34} & a_{35} & 0 \\ 0 & 0 & 0 & 0 & 1 & 0 & 0 \\ 0 & 0 & 0 & 0 & 0 & 1 & 0 \\ \lambda_1 & a_{61} & a_{62} & a_{63} & a_{64} & a_{65} & 1 \end{bmatrix} \begin{pmatrix} \varepsilon_t^{M2\_CHINA} \\ \varepsilon_t^{IR\_USA} \\ \varepsilon_t^{M2\_USA} \\ \varepsilon_t^{CPI\_USA} \\ \varepsilon_t^{IP\_USA} \\ \varepsilon_t^{oil\ price} \\ \varepsilon_t^{EXER\_USA} \end{pmatrix} \begin{matrix} 7-1 \\ 7-2 \\ 7-3 \\ 7-4 \\ 7-5 \\ 7-6 \\ 7-7 \end{matrix} \quad (13-7)$$

模型（13 - 4）中的约束矩阵与基准模型（13 - 3）约束矩阵的区别在于，前者均假设美国所有经济变量在当期对中国 M2 冲击作出响应。因此，模型（13 - 4）中约束矩阵的第 1 列均为非零元素。模型（13 - 5）中的约束矩阵假设中国的 M2 会对美国部分经济变量的变化作出即期影响，即模型（13 - 5）约束矩阵的第一行增加了 β_1、β_3、β_4 三个非零约束，意味着我国货币供给会在当期对美国利率、美国 CPI 及美国工业生产指数作出响应。模型（13 - 6）中的约束矩阵假设中国的 M2 会对美国所有的经济变量作出即期响应，从而使得模型（13 - 6）约束矩阵第一列元素全部为非零元素。最后，模型（13 - 7）假设美国的有效汇率会对中国的 M2 冲击作出即期影响，从而使得约束矩阵第 7 行第 1 列为非零元素 λ_1。

模型（13 - 4）~（13 - 7）得出的脉冲响应函数与基准模型的脉冲响应函数非常相似。当发生扩张性的 M2_ CHINA 冲击时，石油价格在前 4 个月的时间里迅速上升，从第 5 个月至第 19 个月上升速度逐渐放缓，并一直保持在稳定状态。同时，美国通货膨胀压力在前 5 个月的时间里逐渐上升，并在第 9 个月开始保持在稳定状态。此外，美元有效汇率在第 2~4 个月出现下降态势，并在第 6~9 个月达到最大下降值，然后达到稳定状态。

13.5　小结

本章基于非递归假设估计了结构向量自回归模型，在此基础上的脉冲响应分析结果表明：

第一，中国扩张性的货币供给冲击对美国经济具有显著的外溢效应。中国扩张性货币供给冲击显著提高了石油等大宗国际商品的国际价格以及美国的通货膨胀压力，同时也降低了美元实际有效汇率，使美元出现了贬值态势。

第二，中国扩张性货币政策冲击对美国经济的影响具有非常强的稳健性。基准模型（13 - 3）以及后继的模型（13 - 4）~（13 - 7）分别在不同的约束条件下对 SVAR 模型进行了估计，并得出了非常相似的结论。这表明，将中国货币供给纳入 SVAR 模型研究货币政策的国际传递效应具有很强的合理性，从而改变了以往主要研究美国等发达国家对其他国家影响的传统。

第三，我国货币供给冲击对美国经济的外溢效应依赖以下传递机制：

1. 我国扩张性货币政策冲击→我国总需求上升→石油需求上升→以石油为代表的大宗商品价格上升→对美国形成外生冲击→生产成本上升→物价水平

上升。

2. 中国扩张性的货币政策必然增加国内对国外产品的进口需求，从而使得中国进口商对美元外汇的需求增加，这就导致美元的升值。出于稳定人民币汇率的动机，人民银行必然会通过外汇市场出售外币对人民币汇率适度干预，此时扩张性供给冲击对美元有效汇率的综合影响取决于：中国进口品原产地的货币、中国在外汇市场上出售的外国币种以及中国汇率安排中对一揽子货币所施加的权重。

3. 汇率传递机制表现为，我国扩张性货币政策冲击→全球流动性宽松→以美国利率为代表的世界利率下降→美国经济出现过热→美国减少货币供给以保持经济稳定。

伴随着我国经济总量的扩大及货币供给量的增加，我国货币政策对美国经济的影响日益显著。货币政策在调控内外均衡时的国际协调与合作成为各国货币当局的必然选择，我国货币政策对其他国家经济的外溢效应必然掀起大国货币政策的博弈。因此，我国货币政策的制定与执行更要注意灵活性与前瞻性。

第14章 结论与政策建议

14.1 结论

14.1.1 当前我国货币政策框架的特点

通过对我国1992—2010年货币政策执行效果的回顾及大量的实证分析，我们总结出以下特征。

第一，我国货币政策的操作模式是一种以相机抉择为主、规则为辅的操作模式。根据不同分解方法与模型的实证研究表明，我国货币政策中确实是规则成分与相机抉择成分并存，但是相机抉择成分仍然占据着主要地位。例如，基于泰勒规则的分析认为，我国利率的变化中存在着11.47%~24.31%的规则成分，以及88.53%~75.69%的相机抉择成分；在以广义货币供给增长率为中介目标的泰勒货币供给规则中，规则成分占26.23%~27.34%，而相机抉择成分则占73.77%~72.66%。基于在McCallum规则的实证分析表明，我国基础货币增长率中30%~37%为规则成分，剩下的则为相机抉择成分。这些实证分析表明，泰勒利率规则能够解释我国利率变化的20%左右，泰勒货币供给规则能够解释我国货币供给增长率变化的26%左右，而McCallum规则能够解释我国基础货币增长率变化的37%左右，所有的这些分析均表明我国货币政策中存在着一定的规则成分。另外，从我国货币政策操作实践来看，货币政策工具如公开市场操作日益成为最主要的工具，在充分利用货币供给进行总量调控的同时，越来越重视利率对经济的价格调控作用；货币政策对经济的调控由原来的信贷及货币供应量等总量调控逐渐向利率结构性调整。伴随着利率上下波动幅度的逐渐放开，商业银行以基准利率为标准，结合自身的经营特点，将会对不同行业、不同部门以不同的利率提供资金支持，从而优化了资本信贷结构，提高了资金效率；货币政策对经济的调控更注重时效性、连续性及系统性，对货币政策的调整也逐渐转向微调，从而有利于公众及有关部门形成合理、稳定的预期。

第二，货币政策相机抉择的操作模式对于促进我国经济增长，治理通货膨胀与通货紧缩，保持人民币币值的稳定作出了重大的贡献。相机抉择的货币政策在成功地维持着我国经济平稳较快发展的同时，也为我国的经济转轨、资本市场的完善及汇率形成机制的合理化起到了保驾护航的作用。

第三，伴随着我国经济转轨进程及市场化进程的加快，原有的货币政策框架逐渐受到挑战，货币政策执行效果呈现出下降的趋势。造成这种现象的主要原因，一方面，我国相机抉择的货币政策操作越来越不能适应新的经济形势的需要。在对货币政策成分进行分解的基础上，我们得出了当前我国的货币政策相机抉择成分对经济的治理效果由于其滞后性及随意性呈现出下降的趋势，而其在调控经济的同时也增大了经济波动的幅度及不确定性。另一方面，我们认为制度因素（有管理的浮动汇率制度、利率未市场化及强制结售汇的外汇管理体制）及金融创新等因素严重影响了货币流动速度的稳定性及货币供给的可控性。同时，利率的非有效、非充分波动导致了货币需求对利率、收入的敏感性系数的飘移及货币供给的结构性失衡。此外，由于利率市场化决定程度低，不能有效充当资本的价格变量，无法向市场传递正确的货币供需信号，这使得以间接融资为主的我国的货币政策传递机制不畅，并最终影响了货币政策效果。同时，我国以货币供给量作为中介目标，而货币需求易变性的增强及货币供给内生性的日益明显使我国出现了严重的货币错配，从而增加了货币政策相机抉择的任意性与滞后性。

第四，和其他国家一样，我国当前的货币政策也包含着货币政策的规则成分与相机抉择成分。我国货币政策中相机抉择的成分居于主要地位，而规则性货币政策处于劣势。这说明我国的货币政策操作仍然具有相当大的相机性和非连续性，从而为货币政策由相机抉择向规则转变的必要性提供了理论依据及实证支持。

第五，我国货币政策的效应受到货币政策多目标的影响。虽然在 McCallum 规则的识别研究中，基础货币增长率对于汇率失衡的调整仍然具有适应性，但是货币政策对汇率的调控效果不佳，并增加了汇率波动的频率与幅度。在基于 SVAR 方差分解分析中，货币政策对汇率的调控效应仅为 1.583%，其中规则因素的影响程度为 0.118%、相机抉择因素为 1.465%。而在规则型货币政策效应的模拟分析中，相机抉择的汇率调控效应仅为 1.83%，由此可见，货币政策对汇率的调控效果并不佳。但是，当货币政策由相机抉择转向规则后，货币政策能够大大降低汇率的波动幅度，从而再次说明了由相机抉择向规则转变的优点。

14.1.2 我国货币政策中的规则成分类型

前文对标准的 McCallum 规则、基于政策目标扩展的 McCallum 规则进行了若干实证研究，通过这些实证研究，我们可以得到以下结论：在我国利率市场化进程尚未完成，汇率形成机制有待进一步完善，外汇管理体制需要改革的背景下，从拟合的角度讲，我国货币政策中的规则成分可以由扩展的 McCallum 规则进行刻画和描述。相应地，我们将这种规则下的相机抉择称为以 McCallum 型规则为基础的相机抉择成分。具体比较过程如下：

第一，通过对 9 种分解模型与方法的估计，我们认为我国的货币政策中确实存在着规则成分。当以利率作为货币政策中介目标及操作工具时，利率的变化能够由规则解释的百分比分别为：11.47%（模型 4.1）、14.11%（模型 4.2）、17.17%（模型 4.3）、24.31%（模型 4.4）。当以广义货币供给量作为货币政策中介目标时，M2 的变化由规则解释的百分比分别为：26.23%（模型 4.5）、27.34%（模型 4.6）。当以基础货币作为货币政策的操作目标时，基础货币的变化由规则解释的百分比分别为：30.04%（模型 4.13）、34.63%（模型 4.14）及 37.02%（模型 4.15）。由此可见，我国货币政策中确实存在着规则成分，但是规则成分所占的比重相对较小，仍然是以相机抉择作为政策调整的主要模式。

第二，仔细分析各个模型的估计结果。传统的泰勒规则（4.1）与（4.2）的整体拟合效果最差，且由于利率对工业增加值缺口的反馈系数为负，与经济理论不符。同时，工业增加值反馈系数、通货膨胀反馈系数及汇率的反馈系数均不能通过参数显著性检验，因此，该规则不能较好地刻画当前我国的政策操作特征，不宜用这两个模型对货币政策进行分解。造成这种现象的原因在于我国利率仍未实现完全的市场化，利率不能对经济的波动作出充分有效的反馈。

第三，我们不但估计了传统的泰勒利率规则及参考汇率的利率规则，而且还估计了具有利率平滑作用的规则（4.3）及（4.4）。这两个规则的区别在于前者属于后顾型规则，后者属于前瞻性规则，反映了货币当局在决定利率时所参考信息的时间因素的不同。从后顾型的泰勒规则的估计结果及检验结果看，其拟合优度在 17.17% 左右，各个参数（除工业增加值缺口外）的显著性均在 1% 的显著性水平上显著。利率平滑系数为 0.69，表明当货币当局执行后顾型的泰勒规则时，其对利率的修正在很大程度上取决于上期的利率，本期利率的决定含有上期利率 69% 左右的信息含量，体现了利率对经济调控的连续性。当期利率的决定除在很大程度上取决于上期利率外，还取决于通货膨胀及汇率的变化，尽管从回归结果看利率的变化对通货膨胀及汇率的调整作用较小（分别为 0.07 及 0.0001）。相对于后顾型的泰勒规则，前瞻性的泰勒规则的估计效果更为理想，其调整后的拟合优度为 24.31%，这表明上期的利率及未来一期的通货膨胀、工业增加值及汇率的变化能够在很大程度上解释当前利率的变化（解释程度为 24.31%），利率的变化具有前瞻性。其中，利率的变化有相当一部分是对上期利率的平滑，包含了上期利率中所含信息的 82.56%，如此大的利率平滑系数表明了我国通过利率调控经济的连续性与审慎性。前瞻性的泰勒规则对未来通货膨胀的反馈系数为 0.0558，对未来产出变动的反馈系数为 0.0074，两者均在 1% 的显著性水平上显著。但是，该规则中利率对汇率变化的反馈系数变得不再显著。

第四，综合分析以上估计结果，可以反映出以下特点：首先，后顾性与前瞻性泰勒规则要明显优于传统的泰勒规则，要想用泰勒规则来刻画我国的货币政策特征必须对其进行修正。其次，无论是后顾性的还是前瞻性的泰勒规则，将利率平滑特性包含在规则中是必然的修正，也就是说我国的利率调整存在着显著的、较大的利率平滑作用。其中，前瞻性的泰勒规则对利率的平滑程度要显著高于后顾性的泰勒规则对利率的平滑程度。对这一现象的解释是：前瞻性与后顾性相对而言，前瞻性规则中所依赖的信息不确定性更大，因此利率的调整更多的是对过去利率的平滑与继续，而后顾性的泰勒规则依赖的是过去的、大量的、已经得知的信息，不确定性较小。因此，后顾性的泰勒规则对利率的平滑程度稍微小于前瞻性规则对利率的平滑程度。

第五，无论是前瞻性泰勒规则还是后顾性泰勒规则均不能同时兼顾促进经济增长、维持物价稳定与汇率稳定三个目标。在传统的泰勒规则中三个目标的反馈系数均不显著，且符号与经济理论相悖。在后顾性规则（4.3）中，利率对通货膨胀与汇率的反馈是显著的，对产出缺口的反馈系数则不显著；而在前瞻性规则（4.4）中，利率对产出缺口及通货膨胀的反馈是显著的、有效的，而对汇率失调的反馈是不显著的。因此，货币政策的多目标性无法在泰勒规则中得到兼顾与体现，不符合我国当前货币政策操作的目标特征。总之，我国当前的利率调控存在着平滑有余而波动不足，无法兼顾多个最终目标的缺陷。因此，至少在短期内不适合中国的实际，但可作为中国货币政策改革的方向。

第六，从表 4-3 的估计结果看，常数项及通货膨胀率缺口参数估计值在 1% 的显著性水平上显著，且货币供给增长率对通货膨胀缺口的反馈系数在

-0.3左右，其符号符合经济学意义。但是值得注意的是，产出缺口的参数符号与理论符号不同，不符合经济理论的意义。按照传统的经济理论，当产出缺口为正时，即当经济发展过热时，应当适量减少货币供给量，因此理论上该参数的符号应当为负。但是，由于我国在经济发展过热时，商业银行为了增加利润，在紧缩性政策下仍然加大放贷量，从而削弱了紧缩性政策的作用。产出缺口敏感系数为负也从另一个角度说明了我国货币供给内生的特点。从估计结果还可以看出，我国货币供给量对通货膨胀缺口具有显著的作用，当通货膨胀超出其目标值时，货币供给量就会收缩。该规则表明，当通货膨胀率超出目标通货膨胀率时，货币当局才减少货币供给量的供应，因此默认了适度的通货膨胀对于经济增长具有积极作用的观点。此外，货币供给增长率对汇率失调的反馈系数也不符合经济理论，且总体拟合优度较低，因此泰勒类型的货币供给规则也不适用于当前我国的经济形势。因此，我们认为在货币供给内生背景下，泰勒类型的货币供给规则虽然能对通货膨胀的变化作出有效的反应，但是由于该规则不能对产出缺口及汇率失调作出有效反馈，因此不适合我国。

第七，基于政策目标扩展的 McCallum 规则要优于传统的 McCallum 规则。首先，从统计角度来讲，虽然各个规则的参数均在 5% 的显著性水平上显著，但是基于政策目标扩展的 McCallum 规则的拟合优度是所有规则中最高的。规则（4.15）的调整后拟合优度为 37.02%，规则（4.13）的调整后拟合优度为 30.04%。其次，从经济合理性角度讲，所有的规则对产出缺口的敏感系数均为正且显著，但是规则（4.15）更全面地体现了产出、通货膨胀及汇率等因素的影响，符合我国的国情与宏观经济调控现状。

第八，从基于政策目标规则的实证结果可以看出，我国货币政策对产出的调控力度或敏感性要高于对通货膨胀的调控力度。规则（4.14）中产出缺口的敏感系数为 -0.449，通货膨胀缺口的敏感系数为 -0.0011；规则（4.15）中产出缺口的敏感系数为 -0.4286，通货膨胀缺口敏感系数为 -0.0022。这表现出我国货币政策在刺激经济增长与治理通货膨胀目标上的权重不同。此外，在规则（4.15）中，汇率缺口的敏感系数为正，高达 0.8279（该系数在 10% 的显著性水平显著）。这与经济理论的期望符号相符合，这说明 McCallum 规则在平抑汇率波动，维持汇率均衡目标上仍具有适应性。

综上所述，在我国利率市场化进程尚未完成，汇率形成机制有待进一步完善，外汇管理体制需要改革的背景下，我国货币政策中的规则成分可以由扩展的 McCallum 规则进行刻画和描述（从拟合的角度讲）。相应地，我们将这种规则下的相机抉择称为以 McCallum 型规则为基础的相机抉择成分。理论上讲，货币政策相机抉择根据货币政策中介目标或目标的不同，一般表现在货币供给量的异常扰动或利率的异常扰动。但是，由于我国的利率受到这样那样的管制，其波动本身就是不正常的波动，因此我们无法对利率相机抉择进行较为精确的刻画与描述。因此，本书重点刻画和描述了基础货币增长率中的相机抉择成分。

14.1.3　我国货币政策相机抉择成分的性质与我国货币政策态势描述

14.1.3.1　我国货币政策相机抉择成分的性质

我们可以发现以基础货币为操作工具识别的货币政策相机抉择具有以下特征：

第一，从长期看，基础货币增长率相机抉择成分及其规则成分呈现出方向相同的变化。结合我国货币政策操作的实践过程，我们认为货币政策相机抉择成分及规则成分均能够较好地刻画出我国货币政策不同时期的特征。

第二，从短期来看，货币政策相机抉择成分表现出较严重的滞后性，从而使得货币政策相机抉择容易出现顺周期调整的现象。这样，不但不利于熨平经济波动，反而会加剧经济的波动。由于货币政策相机抉择存在滞后性，从而造成货币政策相机抉择可能与规则成分出现方向相反的变化趋势，这就使得货币政策的规则成分与相机抉择成分容易出现冲突，从而在总体上削弱了货币政策的效应，加剧了经济的波动。

第三，基础货币供给增长率的规则成分变化呈现出上升的趋势。这是因为随着我国经济的发展，贸易顺差日益增大，外汇储备的规模也日益增加，由于我国实行的结售汇制度，使得外汇占款在基础货币中的比例急剧增大，从而导致基础货币的被动投放力度增加。

第四，短期内相机抉择的基础货币变化呈现出顺周期变化的性质，同时由于货币政策相机抉择成分占货币政策变化相当大的比重，因此，货币政策相机抉择成分主宰着货币政策的主要方向。正是由于这一性质使得货币政策规则成分具有自动稳定器的作用。当扩张性的相机抉择使得经济发展过热时，货币政策的规则成分能够适度、适时地减轻这种相机扩张政策带来的经济波动程度。反之，当经济受紧缩性相机抉择而遇冷转化为萧条时，基础货币规则成分又会起到刺激经济发展的作用，从而减轻了相机抉择的滞后性导致的经济波动幅度。

第五，基础货币增长率的相机抉择本身也存在着非对称性。其向上调整的力度要小于向下调整的力度，但是其向上调整的频率要高于向下调整的频率。

从这个角度来说，通货膨胀是我国货币当局一直重点防控的对象，同时，也反映出货币政策执行过程中存在着"急刹车"现象。由于在刺激经济时，需要向上调整基础货币增长率，高频率的向上调整一方面体现了我国货币政策的微调，也从另一个角度体现了我国货币政策在刺激经济方面的时滞性。同时，由于下调的力度大、频率低，货币政策治理通货膨胀比刺激经济增长更为有效，时滞更短，货币政策对经济的治理效应存在着非对称性行为。

综上所述，我们认为货币政策相机抉择成分与规则成分呈现出方向相反的变化，这是由于货币政策相机抉择的滞后性造成的，而规则成分的前瞻性正好可以在某种程度上弥补这一缺陷。不同模型的拟合优度及实证结果表明当前我国仍然以货币政策相机抉择作为政策制定与执行的模式，但是其中已经包含了规则的成分，我国目前是一种以相机抉择为主、以规则为辅的货币政策操作模式，这是一种折中的模式；货币政策相机抉择都是逆周期地影响着经济，从而在某种程度上削弱了货币政策的效应，加剧了经济的波动与不可持续性。货币政策相机抉择或由于政策工具的价格刚性（如利率），或由于货币当局的意图存在着时滞性及时效上的非对称性；我国的货币政策相机抉择在抑制通货膨胀、防止经济过热上存在着"急刹车"现象。

14.1.3.2　我国货币政策态势描述

从货币政策的相机抉择成分的趋势看，基本上能够反映出我国货币政策操作态势。

第一，从表面看，2000—2003 年基础货币正向、负向相机抉择基本呈现出对称波动趋势，时而紧缩、时而扩张，但是紧缩的持续时间较长。从相机抉择成分数据中可以得知，2000—2003 年紧缩的时期共计 30 个月，扩张的月数共计 18 个月。但是从紧缩与扩张的累计幅度来看，2000—2003 年的正向、负向相机抉择分别为 0.8497、− 1.5281，呈现出适度紧缩的态势。其中，2000—2002 年的紧缩相机抉择月数为 22 个，占整个紧缩区间的 73%；2000—2002 年的扩张月数占 14 个，占总扩张月数的 77%。2000—2002 年的总扩张幅度为 0.5049，而总紧缩幅度为 − 0.7481。根据这段时间的基础货币相机抉择成分，我们可以判断这段时期货币政策呈现出紧缩性的态势。这与我国货币政策操作实践中1998—2002 年实行扩张性政策相矛盾。我们对这种矛盾的解释：一是受 1997 年亚洲金融危机的影响，我国承诺人民币不贬值，因此在重重压力下不得不回笼流动性，从而客观上使得基础货币相机抉择总体为负，尽管这段时期我国相机实行了扩张性的货币政策，但是由于将汇率的稳定放在了比较重要的位置，因此总体上仍然是从紧的政策。这时，维持汇率的稳定与刺激经济发展之间的矛盾显得很突出，从而彰显了货币政策目标单一化，汇率自由波动从而不用货币政策干预的优越性。当然，这并不意味着扩张性的货币政策没有效果，而是如果没有采取扩张性的货币政策，紧缩的程度会更大（Mishkin，2009）①。二是前一段时间紧缩性货币政策的滞后性引起的。

第二，2004—2007 年，这段时间我国呈现出完全紧缩的态势，从基础货币正向、负向相机抉择成分图来看，只有 12 个月呈现出正向相机抉择的态势，其余 36 个月均为负向相机抉择，这与我国货币政策操作实践中 2003—2008 年的紧缩货币政策是吻合的。

第三，从 2008 年上半年至 2009 年，基础货币相机抉择成分图显示出我国这段时期的政策走向为扩张性的货币政策。这段时间，相机紧缩只有 2 次，这表明我国进入了完全的扩张性阶段，与我国货币政策操作实践中 2008 年上半年至 2009 年扩张性的货币政策的结论是相符的。通过以上分析，我们认为用基础货币的相机抉择成分去测度货币政策的态势具有可行性与合理性，基本上符合我国货币政策操作的实践及央行的意图。但是值得注意的是，在执行货币政策时，最终目标越少，政策越有效。当货币政策的操作受到多个最终目标限制时，其最终的政策效果则充满着不确定性。

第四，观察图 5 - 11 可以看出，基础货币增长率的变化基本上在 - 20% ~ 20% 变化，上下调整幅度具有对称性，因此这说明我国货币政策规则成分对经济系统具有良好的反馈性能及中性特征。但是，仔细观察会发现，基础货币增长率向上调整的速度与持续时间不同于向下调整的速度与时间。具体是，基础货币增长率向上变化的持续时间长，速度较慢，而向下调整的持续时间短，速度快，从而从另一个侧面说明我国货币政策的紧缩性效果要明显优于扩张性效果。货币政策上下调整的速度与持续时间不同除了与当时面临的经济过热与萧条严重程度有关外，也可能与我国的价格黏性有着密切的联系。由于价格具有向下黏性，当小规模的下调基础货币时可能不会在短时间内影响价格水平，因此为了尽快抑制通货膨胀，减小通货膨胀压力，央行不得不加大基础货币下调的力度。

第五，仔细观察图 5 - 9 与图 4 - 4，或比较图 5 - 10 与图 4 - 5，可以发现单方程框架下基于 McCallum 规则的规则成分与相机抉择成分与 SVAR 框架下基于

---

① Mishkin, F. Is Monetary Policy Effective During Financial Crisis? [J]. *NBER Working Paper*, 2009 (1), No. 14678.

McCallum 规则的规则成分与相机抉择成分十分相似，其相关系数分别为 0.9782 与 0.9423，这说明基于 McCallum 规则的货币政策规则成分与相机抉择成分的识别具有稳健性，也说明单方程识别与以 McCallum 规则作为约束条件的 SVAR 识别几乎是等价的，两者差异不大。

第六，比较 VAR 模型下的复合性相机抉择成分与 SVAR 模型下的结构性相机抉择成分，我们发现以下特点：一是两种相机抉择成分在形状及走势上基本相同，这说明尽管复合性相机抉择成分对解释我国货币政策的态势不太准确，但是复合性相机抉择中仍然以货币政策结构性相机抉择为主要信息内容，两者具有较大的相关性，经过测算两者的相关系数达 0.8725，这说明复合性相机抉择与结构性相机抉择两者具有 87.25% 的相同信息，也可以说货币政策复合性相机抉择里面有 87.25% 的信息为结构性信息，其余 12.75% 的信息则体现了工业增加值、汇率及物价水平等因素的相机抉择信息。因此，可以看出无约束 VAR 模型估计效果的好坏直接关系着基础货币增长率方程的残差项中所含货币政策相机抉择信息的纯度，可见 VAR 模型的估计对于货币政策相机抉择的估计具有重要的影响。二是尽管两种相机抉择在形状和走势上相同，但是各种相机抉择的规模不同。总体而言，结构性相机抉择要小于复合性相机抉择的程度，因此直接通过无约束 VAR 模型估计求解动态脉冲响应函数可能会夸大或缩小货币政策相机抉择的效应。比较图 5-8 与图 5-9 可以发现，SVAR 模型下的结构性相机抉择幅度在 -10% ~20%，而 VAR 模型下的复合性相机抉择 (complex shock) 的波动幅度在 5% ~40%，从而夸大了真实相机抉择的幅度。三是在 VAR 模型下的复合性相机抉择无法体现出负向相机抉择，这是因为复合性相机抉择中还包含着其他的干扰因素，从而使得复合性货币政策相机抉择的精度下降。因此仅仅从复合性相机抉择着手无法准确判断我国的经济走势和货币政策操作的特征。四是尽管这两种方法在识别规则成分与相机抉择成分的结果具有极大的相似性，但是两者对于货币政策规则与相机抉择效应的研究则侧重于不同方面。单方程方法只能考察规则成分与相机抉择成分对产出、通货膨胀及汇率等宏观经济变量的即期影响，从而作出规则成分与相机抉择成分更重要的判断，但是这种方法无法同时研究货币政策相机抉择对各个宏观变量的滞后影响，而这是我们比较关心的问题；将 McCallum 规则作为短期约束条件的 SVAR 模型还可以通过其特有的脉冲响函数及方差分解研究货币政策规则（体现为货币政策规则成分）与相机抉择（体现为货币政策相机抉择）分别对产出、通货膨胀率及汇率波动的影响程度是多少。

14.1.4 我国货币政策规则与相机抉择的即时效应与时滞效应

无论是单方程分析还是 SVAR 模型分析，均支持了以下观点：货币政策中性命题短期内不成立，长期内成立。短期内，货币政策相机抉择与货币政策规则均能对各个变量产生重大且显著有效的影响；货币政策负向相机抉择对各个变量的影响要大于正向相机抉择的影响；货币政策对产出的影响要大于对通货膨胀及汇率的影响；货币政策相机抉择对经济增长波动的影响程度要大于对通货膨胀波动的影响程度。

14.1.4.1 有关即时效应的结论

观察货币政策规则成分对产出及物价水平的即时效应，不难发现，货币政策规则成分的即时效应远远大于相机抉择成分的即时效应，这是否有悖于经济学理论呢？本书的解答是否定的。仔细观察方程（5.1）与（5.2），发现模型中的解释变量与被解释变量是同一时期的观测值，也就是说圣路易斯方程考察的是当期的规则成分与相机抉择成分对当期的产出或物价水平的影响。根据第 2 章第 2.2 节有关货币政策规则与货币政策相机抉择特征的分析可知，货币政策规则能够极大程度地包含前瞻性信息并且时滞较短，因此当规则成分发生变化时能够引起产出及物价水平的立即变动，而货币政策相机抉择则有着较长的时滞性及较大的任意性，因此当期的货币政策相机抉择成分并不能立即影响当期的控制目标，或者只能轻微地影响控制目标。由于货币政策规则的连续性、前瞻性及货币政策相机抉择的时滞性，使得同一期的规则成分对经济产出与价格水平的效应大于当期相机抉择成分对经济的即期影响，从而解释了为什么相机抉择即时效应小于规则成分的即时效应。为了进一步验证该分析的正确性，我们可以通过工业增加值增长率与不同时期的相机抉择成分的简单相关分析加以验证，验证结果见图 5-2。

从图 5-2 可以看出，工业增加值增长率与货币政策相机抉择成分的相关系数呈现出正负相间的变化趋势，这恰恰是相机抉择的表现。当经济增长率过高时，央行就会相机实施紧缩性的相机政策，从而与现在的增长出现负相关的关系。当经济增长放缓时，央行会相机地实施扩张性政策，从而使得相机抉择成分与现在的经济增长呈现出正相关的关系。从该图还可以看出，相机抉择的货币政策与经济增长率之间的简单相关系数变化非常陡峭，从而反映出货币政策相机抉择成分的非连续性与阶段性，这些政策在取得一定成果的同时加剧了经济的波动性与非稳定性。此外，从简单相关系数的绝对值走势看，滞后的相机抉择成分与现在的工业增加值增长率的简单相关系数随着滞后阶数的增加呈现出先上升后下降的趋势，从而证明了我国相机抉择货币政策存在着较强的时滞性，最终造成了货币政策相机抉择成分的即期产出效应弱于规则成分的即期产出效应。

从图 5 - 3 货币政策不同滞后阶数的相机抉择成分与当期通货膨胀率的简单相关系数走势可以看出，当滞后阶数为零时，当期的通货膨胀与当期的相机抉择简单相关系数几乎为零，从而说明当期的相机抉择成分并不能迅速影响通货膨胀的变化，相机抉择存在着明显的滞后效应。此外，这种简单相关系数的绝对值呈现出增长的趋势，当滞后阶数为 10 ~ 12 期时，相关系数达到 - 0.6 左右。随后，从第 11 期开始，这种简单相关系数又逐渐向零收敛。仔细观察整个相关系数的走势，可以看出，货币政策相机抉择具有非常强的不对称性，这可以从它的单调负相关关系看出，从而再次表明了货币政策相机抉择中负向的相机抉择对经济的影响起着重要的作用，相机紧缩的效应远远高于相机扩张的效应。

简单相关系数只能粗略地勾画货币政策相机抉择成分的不同滞后值与产出及通货膨胀等宏观经济变量的关系，并不能准确地刻画出货币政策相机抉择成分的时滞效应及时滞结构。同时，基于圣路易斯方程的即时效应研究也不能准确地给出货币政策相机抉择成分与规则成分对不同宏观经济变量的总效应。因此，我们在单方程即时效应研究的基础上，进一步运用 SVAR 模型对货币政策相机抉择的时滞效应及两种成分的总效应进行更细致的刻画。主要做法是，通过结构约束及 SVAR 的估计来测算货币政策相机抉择成分的动态脉冲响应函数，然后通过方差分解进一步分析货币规则成分与相机抉择成分分别对不同宏观经济变量预测的总效应。

14.1.4.2　有关时滞效应的结论

从脉冲响应（图 5 - 12）的整体来看，所有的脉冲响应函数值随着相机抉择期 h 的增大逐渐趋于 0，符合平稳 VAR 模型的要求，也证明了模型估计的正确性，说明货币政策的相机抉择效应在持续一段时间后会逐渐消失，符合货币政策长期内无效的观点，从而使得累计脉冲响应函数趋于一个常数。即模型在总体上是收敛的，估计结果具有较强的可信性。

我国的工业增加值脉冲响应函数具有双驼峰形状。当发生一个单位的结构性新息（Structural Innovation）后（Eviews 默认为一个单位的正冲击），工业增加值在当期的反应为零，即基础货币增长率的变化不会导致产出的立即变化，这是因为货币政策相机抉择从产生到影响实体经济具有一定的传递机制，这就需要一定的时间。但是在两个月的时间里，这种影响达到最大值0.031782。从第2个月开始，工业增加值增长速度开始有所下降，到第3月影响为-0.005966，在第四个月又转负为正，在第5个月达到第二个高峰0.006670，这种正刺激趋势一直持续到第18个月，此时货币政策相机抉择对产出的影响几乎为零。第15个月以后，相机抉择效应一直在7.2E-5左右。通过该图，我们可以认为货币政策对经济增长不存在即时效应，而是存在短期滞后效应。货币政策至少在短期内对经济具有显著的影响，在长期内这种影响仍然显著，但是影响程度很小，从而否定了货币政策中性的命题。

通货膨胀的脉冲响应函数呈现出单驼峰形状。通货膨胀率对货币供给量的响应也存在着非即时效应，即价格对货币供给量的即期反馈系数为零。从脉冲响应图可以看出，在给定一个标准的结构性基础货币新息后，价格水平在前两个月的反应为0，且存在着稍微的负向运动，表明了我国存在价格黏性与轻微的价格之谜，即扩张性的货币政策在当期不但没有抬高价格水平，反而会带来价格水平的下降。不过我国的价格之谜并不太严重，基本上可以忽略（-0.0072）。从第2个月末开始，价格水平开始正向变动，第3个月达到0.022650，第4个月达到0.042928，此后物价水平一直保持上涨趋势，到第7个月达到峰值（0.067413）。第7个月后这种增长的态势虽然在继续，但是增速明显下降，物价水平开始回落。但是，回落的持续时间相当长，到第20个月时仍然保持在0.010627，到第34个月才基本上收敛为零增长。这说明我国的价格水平具有相当的向下刚性，价格上涨与价格下降的速度与持续时间具有很大的不对称性。

将工业增加值与通货膨胀的脉冲响应图结合起来，可以这样理解：由于我国存在着所谓的价格之谜（马树才和贾凯威，2008），因此当一个正的冲击发生时，价格在短期内（2个月）出现轻微的下降，价格水平的下降导致社会总需求的增加，因此在第2个月出现了工业增加值的峰值。但是，扩张性政策很快将物价水平由负增长转为正增长，抬高的物价水平使得强劲的总需求开始回落，并曾一度为负增长，从而出现了工业增加值脉冲响应函数的第一个驼峰。由此我们认为，我国总需求对于价格的反应非常灵敏与迅速，并且存在着一定程度的超调反应。因此，在总需求由负增长转为正增长的过程中出现了工业增加值脉冲响应图中的第2个驼峰。通过以上分析可以看出，价格能够很好地释放供给信息，能够有效地影响总需求。

实际有效汇率失调的脉冲响应函数也具有单驼峰形状，其响应过程也符合经济理论。实际有效汇率指数在一个单位的正冲击之后，首先出现贬值，这种负向变化从第 2 个月一直持续到第 8 个月，持续时间约半年，这与实际的经济理论相符。按照传统的经济理论，当基础货币增加时，本国货币在货币供给乘数的作用下会加倍扩充，因此本币的币值会下降，表现为实际有效汇率指数的下降。从第 9 个月开始，这种影响逐渐收敛于零。

综上分析，我国货币政策相机抉择的传递机制如下：基础货币供给增长率产生一个正的冲击，该冲击直接导致了两个结果：一是价格之谜使得价格不升反降（虽然程度不大）从而刺激了国内总需求；二是基础货币的正冲击使得人民币汇率出现贬值，表现为实际有效汇率指数的下降，这又进一步刺激了外国对本国商品的需求。国内外的强劲需求对物价的影响以及基础货币通过货币乘数对物价水平的直接影响促使通货膨胀率在第 2 个月开始上升，到第 7 个月达到 6.7%。汇率的贬值在刺激出口的同时增加了外汇储备，本国国际收支顺差加大，汇率会由弱向强以改变顺差继续扩大的态势。汇率的升值又会起到抑制国外需求的作用，从而减少了对我国的进口。国内物价的上涨与外需的减弱最终使得工业增加值增长率的正向变化逐渐收敛于零。从以上分析我们可以看出，基础货币虽然具有一定的内生性，但是目前仍然可以作为我国货币政策的操作目标；此外，基础货币相机抉择的汇率机制虽然对于我国宏观经济的调控具有重要的作用，但是该机制的主要作用是通过汇率的贬值达到增加出口的目的，从客观上容易加大经济的对外依赖性，因此不能单纯依靠这一机制或长时间依靠这一机制。从长远来看，依靠内部需求尤其是国内消费需求的增长来拉动经济增长是我国经济发展最持久、最根本的动力。因此，应当逐渐加快汇率市场形成机制的步伐，使汇率能够按照国际市场的供需态势自由波动，这样基础货币的操作就能集中精力治理本国的宏观经济，从而提高货币政策的效应。

14.1.4.3　有关相机抉择型货币政策与规则型货币政策效应差异的结论

比照表 14-1 与表 14-2，可以得出以下结论：第一，通过模拟按规则行事的货币政策对产出、通货膨胀与汇率的效应，我们发现，当货币政策操作模式由相机抉择为主转向以规则为主时，货币政策对各个宏观经济变量的调控效应均得到大幅度的提高，效果明显。同时，货币政策相机抉择对各个宏观经济变量影响的不确定性得到了降低。第二，各个内生变量的模拟值的波动频率及波动幅度均大大低于其真实值的波动频率与幅度。从上表的分析结果看出，当货币政策操作的相机抉择成分下降而规则成分相对上升时，实际产出缺口的波动方差由原来的 0.011448 减少为 0.004905，方差减少幅度高达 57.154%。当货币政策操作的相机抉择成分下降时，通货膨胀缺口的波动方差由原来的 3.124205 下降到 2.723764，下降幅度高达 12.817%。当货币政策操作的相机抉择成分下降，而实施以规则为主的货币政策操作模式后，汇率失调程度也有所下降，其波动方差由 0.000797 下降至 0.000498，下降幅度高达 37.516%。

表 14 −1　货币政策操作模式转变前后对各宏观经济变量效应影响的对比表

模式与效应 变量	以相机抉择模式为主的政策框架			以规则模式为主的政策框架		
	总效应	规则效应	相机抉择效应	总效应	规则效应	相机抉择效应
y_{xt}	25.108%	0.728%	24.38%	28.4%	27.53%	0.874%
y_{pt}	12.583%	2%	10%	23.72%	22.56%	1.154%
y_{et}	1.583%	0.118%	1.465%	12.7%	10.9%	1.83%

表 14 −2　　　货币政策转型前后宏观经济变量的波动程度比较表

		标准差	方差	方差减小程度
货币政策相机 抉择成分	真实值	0.066675	0.004446	94.534%
	模拟值	0.015602	0.000243	
产出缺口	真实值	0.106997	0.011448	57.154%
	模拟值	0.070038	0.004905	
通货膨胀率缺口	真实值	1.767542	3.124205	12.817%
	模拟值	1.650383	2.723764	
汇率失调程度	真实值	0.028233	0.000797	37.516%
	模拟值	0.022307	0.000498	

　　因此，我们认为我国当前完全有必要改变相机抉择的操作模式，而实行按规则制定与执行货币政策的政策框架。

14.2　提高我国货币政策效应的政策建议

14.2.1　完善我国货币政策体系以逐步实现相机抉择向规则的转变

14.2.1.1　逐渐实现货币政策的操作模式向规则转变

　　第一，从我国的货币政策操作实践看，相机抉择的操作模式调控与管理经济的效应逐渐下降，对于防止经济的大起大落越来越显得无力。尤其是在当前，我国面临着物价上涨压力日渐增长，而经济下滑的压力并没有减轻的情况下，无法依靠单纯的相机抉择实现经济的协调、持续平稳发展。因此，我国货币当局应当努力推进向规则的转变。

第二，从理论上讲，我国的货币政策工具日渐丰富，操作也日益成熟，货币当局对基础货币的控制能力相对于其他变量而言仍然是较强的。同时，根据实证分析，基础货币与产出及物价水平之间的因果关系仍然成立。基础货币的定义明确，测度容易。因此，从理论上讲，目前基础货币仍然基本满足可控性、关联性及易测性标准。

第三，从实证角度讲，以基础货币为操作目标，以产出及通货膨胀率为最终目标的 McCallum 规则能够更好地刻画和描述我国当前的货币政策框架。相对于利率渠道而言，McCallum 规则更依赖于信贷渠道，这更符合我国以间接融资为主的国情。因此，我国货币政策应当加快向 McCallum 规则的转变。本书对以货币政策规则为主的政策效应进行了模拟，模拟结果如下表所示。从模拟结果看，通过模拟按规则行事的货币政策对产出、通货膨胀与汇率的效应，我们发现，当货币政策操作模式由相机抉择为主转向以规则为主时，货币政策对各个宏观经济变量的调控效应均得到大幅度的提高，效果明显。同时，货币政策相机抉择对各个宏观经济变量影响的不确定性得到了降低，因此，我国当前完全有必要改变相机抉择的操作模式，按规则制定与执行货币政策。

表 14 – 3 货币政策操作模式转变前后对各宏观经济变量的调控效果对比表

模式与效应 变量	以相机抉择模式为主的政策框架			以规则模式为主的政策框架		
	总效应	规则效应	相机抉择效应	总效应	规则效应	相机抉择效应
y_{xt}	25.108%	0.728%	24.38%	28.4%	27.53%	0.874%
y_{pt}	12.583%	2%	10%	23.72%	22.56%	1.154%
y_{et}	1.583%	0.118%	1.465%	12.7%	10.9%	1.83%

第四，从第 4 章各分解模型的估计结果看，泰勒规则的拟合优度比 McCallum 规则的拟合优度低了些，并且其个别参数的符号与经济理论相反，因此不适用于对当前我国的利率进行成分分解。但是，参数符号与经济理论相反有可能是因为利率市场化尚未完成造成的，从而造成利率不能对产出、通货膨胀等变量的变化作出充分、有效的反馈；另外，由于我们获取数据的能力有限，我们用市场加权平均利率取代了短期利率，这种替代也有可能对估计的结果造成一定程度的影响。因此，基于以上两个方面的原因，我们不能完全否认该模型的可行性。即便现在不如 McCallum 规则，将来也许会更合适。而事实上，McCallum 规则的估计也表明，基础货币增长率对汇率失调的反馈程度在 10% 的显著性水平上显著，尽管目前仍然具备一定的适应性，但是伴随着基础货币内生性的日益明显以及央行对其控制力的减弱①，应当长期监测该规则在中国的适用性。

综合以上几点，我们认为当前在我国基础货币增长率仍然能够对产出、通货膨胀率及汇率等宏观经济变量作出有效、充分反馈的情况下，应当由相机抉择型的货币政策转向规则型的货币政策。然后，鉴于货币政策执行环境的日益复杂化以及 McCallum 规则威胁因素的不稳定性，当该规则不适应需要时，我们也应当加快由数量型规则向价格型规则的转变。

14.2.1.2　货币政策最终目标应当逐渐实现单一化

货币政策最终目标是货币政策效应的主要体现者，因此直接关系着货币政策效应的高低。理论与实证均表明，当货币政策的目标越复杂时，货币政策的效应越差且越不稳定。道理很明显，由于这些目标之间往往存在着冲突，货币政策的任何一项措施的出台往往不能兼顾多个目标。相机抉择的货币政策在最终目标的选择上具有任意性和偏好性，往往会根据当前经济中的突出问题对某目标施加更重的权重。因此，要想提高货币政策的效应与执行效果，最重要的是货币政策要有明确的、单一的最终目标。对泰勒利率规则的实证研究表明，模型（4.1）～模型（4.4）均无法实现对多个目标的兼顾，因此减少货币政策的最终目标有利于提高货币政策的独立性及其效应。尽管模型（4.15）中的汇率失调反馈系数符合经济学意义，但是其显著性水平为 10%，严格来说（5% 显著性水平），该参数并不太显著。因此，从长期来看，减少货币政策的最终目标是完善货币政策框架的必然选择。

但是，现实总是与理论相反，包括美国在内的许多发达国家目前仍然无法实现货币政策目标的单一化，即便严格执行通货膨胀目标制的国家也经常兼顾经济增长目标，因此充其量只是灵活的通货膨胀目标制。

我国要实现货币政策最终目标的单一化，必须遵循渐进、稳步推进的思路。根据克鲁格曼（Krugman）的"三元悖论"，固定汇率制、货币政策独立性与资本自由流动不能同时存在。当前在我国经常账户已经完全放开、资本账户也日益放松的背景下，要想提高货币政策的效应，保持其独立性，就必须坚定地推进汇率市场化改革，让其自由波动，从而使货币政策不再以其为最终目标，减

---

① 在某种程度上，这也是 McCallum 规则的潜在威胁。

少对汇率的干预。这样做既保证了货币政策的独立性，提高了货币政策的效应，也减少了频频对外汇市场进行干预而导致的不利影响。

14.2.1.3 中介目标在参考货币供给的同时也应当增加对利率的关注与使用力度

在一个有效的货币政策框架中，中介目标的选择至关重要（张纯威，2008）。尽管我国当前的货币政策中具有 McCallum 规则的成分，并且这种类型的规则成分有可能在将来会增加，但这并不等于说我国当局要永远遵从这一规则。随着市场经济体制的健全及经济一体化进程的加快，我国金融体系的深度和广度正在快速演进，金融创新日新月异，利率、汇率的市场化进程加快，各经济主体及宏观经济变量对利率、汇率的敏感性日渐提高。与此同时，货币供给外生性、货币需求结构及其稳定性都在发生急剧变化，货币流通速度的稳定下降趋势也有所转变。这使得货币供给的可测性、可控性、相关性渐趋弱化，进而会影响 McCallum 规则的有效性，而 Taylor 规则的条件逐渐成熟。我国货币当局在实际操作中已经注意到了这一点，2005 年 7 月实行以市场形成机制为基础的汇率制度。同时，越来越重视利率杠杆的运用。2006 年 4 月到 2007 年 8 月连续 6 次调高利率，2007 年 1 月 4 日正式启用上海银行间同业拆放利率（Shibor），以建立健全畅通有效的货币政策传递机制。这意味着，我国货币政策操作由 McCallum 规则向价格规则渐进转换进程已经启动，何时能够完成有待学界对现实的密切跟踪和检验（张纯威，2008）。

自夏斌（1996）认为 M2 不再适宜作为我国的中介目标以来，国内学者也对此进行了大量的研究，观点存在着较大的分歧，这里我们不细评各个观点。从这些争论及我国的货币政策操作实践来看，M2 作为货币政策中介目标的地位受到质疑（表现在其可控性上）但是并没有完全失去其价值。在这种情况下，理想的做法是在将 M2 作为中介目标的同时，适当参考其他目标。Pool（1970）认为经济波动的特定结构决定了是选择货币供给量还是选择利率作为货币政策中介目标。当经济波动来源于需求方面时（demand – side），选择利率作为中介目标；当经济的波动来自实体经济或供给方面时（supply – side），应当选择货币供给量作为中介目标。我国经济在不同的时期有不同的波动特征（王晓芳和景长新，2006；宋玉华和李泽祥，2007），按照该理论，我们应当在不同的波动时期采用不同的中介目标，即同时将两者作为中介目标，在不同的时期给予不同的权重。目前，我国的利率市场化进程已经取得了一定的成效，上海银行间同业拆放利率的公布标志着利率更富于市场化。同时，主板市场与二板市场的建立使得我国的资本市场更加完善和具有层次化。利率市场化程度的提高与资本市场的完善已经使初步利率具备了中介目标的资格。因此，尽管当前利率未完全市场化，仍然可以在参考 M2 的同时适当的参考利率的变化，从而提高货币政策的效应。

14.2.1.4　货币政策的操作应当以阶段性操作逐渐转向微调，增加货币政策的前瞻性

从货币政策操作的实践以及对货币政策相机抉择的识别可以看出，我国货币政策操作的阶段性非常明显，不同性质的政策转变非常突然，缺少政策的连续性。这样做的一个直接后果就是，治理通货膨胀的同时在一定程度上也埋下了通货紧缩的隐患，经济往往存在"硬着陆"。

由于货币政策的操作不只是停留在理论上那样简单，其操作更彰显艺术性，难点在于某项政策的执行力度及持续的时间长度。某项政策的执行长度依赖于问题的严重程度及货币政策传递机制的有效性及畅通性，因此对执行长度的判断可以通过经验观察或理论研究来决定。但是对于执行力度，却更为复杂。因为执行货币政策不是在做实验，不具有重复性，因此在执行政策时，如果力度把握不准将会造成不利影响，即便采取补救措施也会耽误货币政策的时效性。因此，在执行货币政策时应当转向微调，从而避免政策的失当与经济的大起大落。同时，货币政策的时滞性也会影响货币政策的效应，因此必须增强货币政策的前瞻性。本书通过 VAR 模型进行的脉冲响应分析为确定货币政策的时滞提供了实证依据。

14.2.1.5　加强对货币流动速度及货币需求的监测，加强金融监管，将金融创新掌握在可控的范围内

货币政策效应的提高是以货币需求稳定及货币流通速度不变为前提的。易变的货币需求及波动的货币流通速度势必会影响货币政策的执行效果。在我国开放经济条件下，金融创新、技术改革、民众偏好的改变等因素均会影响这两个变量。因此，密切监测这两个指标就显得尤其重要。只有对当前的货币流通速度及货币需求量有精确的把握，才能为货币供给量的确定提供依据，从而使得货币错配的程度达到最小，使经济体系中的流动性保持在合理水平，实现货币市场的均衡。

在做好货币需求及其流通速度监测的同时，加大金融监管力度，尤其是加大对金融衍生品的管理，加强金融立法工作的力度，确保金融市场的稳定与健康。

14.2.1.6　协调运用价格型工具与数量型工具，增强公开市场操作的灵活性，充分利用利率杠杆，将总量调整与结构调整相结合，解决流动性结构失衡的情况，从而提高货币政策效应

经济的持续稳定发展离不开合理的流动性。在经济向好的情况下，流动性结构失衡对经济的影响不易引起人们的关注，但是当经济危机出现时，流动性结构失衡会加剧经济发展的失衡。例如，在紧缩性政策下，流动性不足的行业如农业及部分中小企业的发展前景会更加恶化；在扩张性政策下，流动性富余的行业如房地产业及国有大型企业会助推经济过热，增大通胀压力。

为此，价格型货币政策工具在结构性调整方面显出独特的优势。因为"价格型工具的优势在于赋予微观主体根据宏观调控信号调整行为的权利，运用利率等价格杠杆进行微调对金融体系及实体经济可以产生渐进式影响"。[①] 因此，推动货币市场基准利率体系建设，增强基准利率体系、金融市场利率体系与存贷款利率体系之间的关联性，使存款类金融机构在参考基准利率的基础上，充分考虑不同行业的资金供求情况与企业的抗风险能力，实现差别利率，从而实现流动性在结构上的均衡。

在操作上，将工具型政策与价格型政策相协调，前者负责总量预调，后者负责结构微调，预调与微调相结合，最终实现总量与结构双均衡。在利率完全市场化后，通过 McCallum 规则来调控基础货币的增长率，通过价格型规则（如泰勒规则）科学决定利率的货币政策操作模式值得进行研究，而这将成为下一步的研究方向。

14.2.1.7　货币政策应当比以往更加重视对资产价格的调控

我国对货币政策的调控目标包括币值的稳定及经济增长。其中币值的稳定又具体分为物价的稳定与汇率的稳定，无论是物价的稳定还是汇率的稳定都没有过多地反映出对资产价格稳定的控制。众所周知，随着我国市场化进程的深入，金融深化步伐加速，当前 M2/GDP 比值在所有国家基本上处于最高的位置。虽然我国的货币化进程能够在一定程度上消化或吸收部分流动性，但是许多研究表明我国货币需求函数的收入弹性已经小于 1，这表明我国当前的货币化进程速度已经放慢（尽管货币化的空间仍然很大），这就使得经济体系消化或吸收流动性的能力趋弱。过多的流动性在短期内大量地涌入股市或房市造成了这些市场资产价格的急速上升，甚至出现泡沫。由于我国货币政策传递机制并非以资

[①]　中国人民银行货币政策分析小组：《2004 年第二季度中国货币政策执行报告》，36 页，中国金融出版社，2004。

产价格渠道为主,并且事实证明我国的价格具有相当的黏性,因此资产价格的上升并没有立刻导致 CPI、PPI 等价格指数的立刻上升。这就使得以刺激经济增长、治理通货紧缩为目的的宽松政策因缺乏前瞻性而延长实施期限,推迟退出时机。当资产价格的上升最终也带动整个物价水平的上涨时,货币当局再采取稳健的或稍紧的政策时可能已经错过了最好的政策出台与执行时机。因此,鉴于资产市场价格的重要性与复杂性以及资产价格泡沫对实体经济的强大破坏力,无论我国执行什么样的货币政策操作模式,其调控目标中必须注重对资产价格的调控。

另外,由于货币政策是需求管理政策,因此只能对需求不足进行刺激,而对供给层面导致的物价上涨(如粮食及燃料)的治理效果不但不好,还可能会起到相反的作用。因此,改革 CPI 指数的构造对于货币政策框架的完善具有重要的意义。目前,在中国物价编制中,自有住房占 CPI 的权重在 3% 左右,其中虚拟房租(贷款利率)的权重则更低。因此,首先要对 CPI 权重进行重组,将受供给因素影响严重的燃料及粮食等权重适量减小,将房价因素列入 CPI,并适度增加其权重。比如,居住类下的自有住房中的房屋贷款利率,将被贷款利率和住房价格的加权数代替,这相当于房价因素部分编入 CPI。其次建立适合中国的核心 CPI,房价 CPI,从而将资产价格列入货币政策的调控范围内。

14.2.2 货币政策效应的提高离不开配套政策的出台与执行

14.2.2.1 调整经济发展结构,扩大内需,实现经济内外需均衡发展

国际收支失衡使我国的货币政策面临着巨大的压力,严重影响了货币政策的效应。而国际收支失衡主要表现在贸易的巨额顺差,这又是由于我国的消费不足引起的。而消费不足与我国高储蓄率的现状看起来似乎是矛盾的,其实不然。我国高储蓄率的原因在于居民收入水平的增长率低于国民经济的增长率,再加上社会保障体系不健全,使得我国的储蓄率一直高居不下。在内需不足的情况下,只有依靠外需及投资拉动经济增长。因此,短时间内仅依靠货币政策实现收支平衡是很难的,必须配以其他措施。当前,在外需萎缩及贸易保护主义抬头的背景下,投资拉动与消费拉动成为经济的主要动力。高储蓄率为投资拉动提供了充裕的资金支持,但是如果投资结构不优化,势必会对资源与环境造成巨大的压力,发展不可持续。因此,增长的重任就落在了扩大内需的政策上。增长的结构也应当由投资主导型转向内需主导型,实现投资、消费与出口的和谐、科学、持续发展。

14.2.2.2　从财政政策的角度讲，增加居民收入，完善社会保障体系有利于提高货币政策效应

消费需求尤其是居民需求是经济增长最持久的推动力。为了增加居民消费，必须扫清所有阻碍居民消费增长的制度与政策因素。根据经济学常识，收入越低，消费欲望越强，边际消费倾向越大。因此，可以先增加低收入人群的收入水平，特别是农业人口及城镇低收入人口。例如，增加农业种粮补贴，提高城市最低生活保障金等。同时，要千方百计增加城镇居民的收入水平，特别是工资性收入，以防止收入差距的进一步扩大。从长远来看，建立健全社会保障体系与医疗卫生体系，缩小城乡差距与居民收入差距是保证居民乐于消费、勇于将储蓄转变为消费的根本保障。因此，国家有关部门应当加快相关政策措施的出台与实施。

我国宏观经济的波动问题可以归结为需求与供给两个方面的问题，而不仅仅是需求方面的问题。货币政策作为需求管理政策在应对由需求不足或需求过多而导致的经济波动时是有效的，凯恩斯的需求管理理论及相机抉择机制对熨平经济波动具有积极的意义。但是，当经济的波动是由需求及供给两个层面的因素交织引起时，仅凭货币政策及财政政策等需求管理政策是不能完全解决问题的。因此，一方面按照规则制定与执行货币政策以对当前的有效需求进行管理，另一方面采取其他政策对当前的供给结构进行调整，双管齐下，多种政策组合实施才是解决我国宏观经济波动的适宜策略。因此，必须改变货币政策万能论的观点与做法，在注重需求管理的同时也要重视对供给结构的管理。

附录 A HP 滤波的计算原理

Hodrick – Prescott （HP） 滤波方法就是测定序列长期趋势的一种方法，该方法在 Hodrick 和 Prescott （1997） 分析战后美国经济周期的论文中首次使用，其后应用范围不断拓展。HP 滤波法的优势在于可以将趋势要素和循环要素进行分解而又不像频谱滤波方法那样会损失序列首尾的数据，通过对惩罚因子的调整，HP 滤波相对于 Census X12 平滑法和 Tramo/Seats 等方法又更为灵活。

HP 滤波方法的基本原理：设 $\{Y_t\}$ 是包含趋势成分和波动成分的经济时间序列，$\{Y_t{}^T\}$ 是其中含有的趋势成分 （Trend），$\{Y_t{}^C\}$ 是其中包含的波动成分 （Cycle）。则

$$Y_t = Y_t^T + Y_t^c, \quad t = 1,2,3,\cdots,T$$

HP 滤波的思想就是从 $\{Y_t\}$ 中将 $Y_t{}^T$ 分离出来。一般地，时间序列 $\{Y_t\}$ 中的可观测趋势 $\{Y_t{}^C\}$ 被定义为以下最小化问题的解：$\min \sum_{t=1}^{T} \{(Y_t - Y_t^T)^2 + \lambda [c(L) \ Y_t^t]^2\}$。其中 $c(L) = (L^{-1} - 1) - (1 - L)$ 是延迟算子多项式。将延迟算子代入目标函数，则 HP 滤波的问题就归结为损失函数的最小化问题，即要使得下式最小化：$\min\{\sum_{t=1}^{T} (Y_t - Y_t^T)^2 + \lambda \sum_{t=1}^{T} [(Y_{t+1}^T - Y_t^T) - (Y_t^T - Y_{t-1}^T)]^2\}$。最小化问题由 $[c(L)Y_t^T]^2$ 来调整趋势的变化，并随着 λ 的增大而增大。HP 滤波依赖于控制平滑程度的惩罚因子 λ 的设定。当 $\lambda = 0$ 时，满足最小化条件的趋势序列即为 $\{Y_t\}$ 本身；随着 λ 的增加，估计的趋势逐渐变得光滑；当 λ 趋近无穷大时，估计的趋势将接近线性函数，HP 滤波就退化为最小二乘法。对 λ 取值存在一个权衡的问题，即要在趋势序列对实际序列的跟踪程度和趋势的光滑程度之间做一个选择。对于年度数据，$\lambda = 100$，对于月度数据，$\lambda = 14400$。

附录 B 模型 (5.11) ～模型 (5.13) 估计结果

模型 (5.11) 估计结果

	y_x	$\Delta b^* rule_t$	$\Delta b^* shock_t$
Standard errors in ( ) & t – statistics in [ ]			
y_{xt-1}	− 0. 338529	− 0. 817324	0. 178814
	(0. 10172)	(0. 00318)	(0. 06918)
	[− 3. 32803]	[− 257. 397]	[2. 58492]
y_{xt-2}	− 0. 819025	0. 348793	− 1. 582958
	(1. 33806)	(0. 04177)	(0. 90996)
	[− 0. 61210]	[8. 35050]	[− 1. 73960]
y_{xt-3}	− 0. 441336	0. 245886	− 0. 856291
	(0. 55146)	(0. 01721)	(0. 37502)
	[− 0. 80030]	[14. 2836]	[− 2. 28329]
$\Delta b^* rule_{t-1}$	− 0. 374990	1. 181363	− 2. 040617
	(1. 64264)	(0. 05128)	(1. 11709)
	[− 0. 22828]	[23. 0388]	[− 1. 82672]
$\Delta b^* rule_{t-2}$	− 0. 216023	0. 226816	0. 580248
	(0. 67190)	(0. 02097)	(0. 45693)
	[− 0. 32151]	[10. 8141]	[1. 26989]
$\Delta b^* rule_{t-3}$	0. 784260	− 0. 421628	1. 549064
	(0. 92787)	(0. 02896)	(0. 63100)
	[0. 84523]	[− 14. 5567]	[2. 45492]
$\Delta b^* shock_{t-1}$	0. 550759	0. 367874	− 0. 430275
	(0. 14308)	(0. 00447)	(0. 09730)
	[3. 84928]	[82. 3637]	[− 4. 42199]
$\Delta b^* shock_{t-2}$	0. 273467	0. 223573	0. 157802
	(0. 61138)	(0. 01909)	(0. 41577)
	[0. 44729]	[11. 7146]	[0. 37954]

续表

	y_x	$\Delta b^* rule_t$	$\Delta b^* shock_t$
$\Delta b^* shock_{t-3}$	0. 244073	− 0. 438200	0. 893941
	(0. 86649)	(0. 02705)	(0. 58927)
	[0. 28168]	[− 16. 2004]	[1. 51704]
C	− 0. 045493	0. 002928	− 0. 014504
	(0. 04057)	(0. 00127)	(0. 02759)
	[− 1. 12141]	[2. 31228]	[− 0. 52572]
R − squared	0. 454536	0. 999136	0. 347162
Adj. R − squared	0. 408223	0. 999062	0. 291733
Log likelihood	130. 3150	532. 4656	175. 0419
Akaike AIC	− 2. 074396	− 9. 008027	− 2. 845550
Schwarz SC	− 1. 837018	− 8. 770648	− 2. 608172

模型 (5.12) 估计结果

	y_p	$\Delta b^* rule_t$	$\Delta b^* shock_t$
y_{pt-1}	1. 010369	0. 025976	0. 002866
	(0. 09668)	(0. 00938)	(0. 00888)
	[10. 4506]	[2. 76947]	[0. 32286]
y_{pt-2}	0. 040149	− 0. 032134	0. 001855
	(0. 14283)	(0. 01386)	(0. 01311)
	[0. 28110]	[− 2. 31897]	[0. 14147]
y_{pt-3}	− 0. 137172	0. 008118	− 0. 005221
	(0. 09928)	(0. 00963)	(0. 00911)
	[− 1. 38170]	[0. 84289]	[− 0. 57284]
$\Delta b^* rule_{t-1}$	− 0. 157901	0. 397843	− 0. 033045
	(0. 86614)	(0. 08403)	(0. 07952)
	[− 0. 18230]	[4. 73456]	[− 0. 41558]
$\Delta b^* rule_{t-2}$	0. 310401	− 0. 050677	0. 236526
	(0. 90369)	(0. 08767)	(0. 08296)
	[0. 34348]	[− 0. 57803]	[2. 85096]
$\Delta b^* rule_{t-3}$	− 0. 743940	0. 484774	0. 100440
	(0. 85610)	(0. 08306)	(0. 07859)
	[− 0. 86899]	[5. 83677]	[1. 27795]

续表

	y_p	$\Delta b^* rule_t$	$\Delta b^* shock_t$
$\Delta b^* shock_{t-1}$	1.527567	−0.069844	−0.305134
	(1.02321)	(0.09927)	(0.09394)
	[1.49292]	[−0.70359]	[−3.24830]
$\Delta b^* shock_{t-2}$	1.254756	−0.208171	−0.406295
	(0.94672)	(0.09185)	(0.08691)
	[1.32537]	[−2.26650]	[−4.67467]
$\Delta b^* shock_{t-3}$	0.643868	−0.204889	−0.226254
	(1.00684)	(0.09768)	(0.09243)
	[0.63950]	[−2.09756]	[−2.44776]
C	0.124599	0.040270	−0.062243
	(0.21534)	(0.02089)	(0.01977)
	[0.57862]	[1.92760]	[−3.14844]
R − squared	0.877465	0.488128	0.270639
Adj. R − squared	0.867061	0.444667	0.208712
Log likelihood	−108.4044	162.2095	168.6132
Akaike AIC	2.041456	−2.624301	−2.734710
Schwarz SC	2.278834	−2.386923	−2.497331

模型 (5.13) 估计结果

	y_e	$\Delta b^* rule_t$	$\Delta b^* shock_t$
y_{et-1}	0.984963	0.384532	−0.628917
	(0.09887)	(0.39698)	(0.36133)
	[9.96226]	[0.96864]	[−1.74057]
y_{et-2}	−0.289951	−1.075914	0.379481
	(0.13409)	(0.53841)	(0.49005)
	[−2.16232]	[−1.99832]	[0.77437]
y_{et-3}	0.039023	0.661182	−0.237998
	(0.09506)	(0.38167)	(0.34739)
	[0.41052]	[1.73233]	[−0.68510]
$\Delta b^* rule_{t-1}$	−0.064771	0.353615	0.004136
	(0.02135)	(0.08571)	(0.07801)
	[−3.03424]	[4.12565]	[0.05302]

	y_e	$\Delta b^* rule_t$	$\Delta b^* shock_t$
$\Delta b^* rule_{t-2}$	0. 085014	0. 047422	0. 191433
	(0. 02395)	(0. 09616)	(0. 08752)
	[3. 54993]	[0. 49317]	[2. 18730]
$\Delta b^* rule_{t-3}$	− 0. 001156	0. 420179	0. 144106
	(0. 02288)	(0. 09189)	(0. 08363)
	[− 0. 05052]	[4. 57286]	[1. 72309]
$\Delta b^* shock_{t-1}$	− 0. 140378	− 0. 108377	− 0. 310536
	(0. 02541)	(0. 10203)	(0. 09287)
	[− 5. 52411]	[− 1. 06216]	[− 3. 34377]
$\Delta b^* shock_{t-2}$	− 0. 010430	− 0. 105307	− 0. 486255
	(0. 02618)	(0. 10511)	(0. 09567)
	[− 0. 39844]	[− 1. 00187]	[− 5. 08265]
$\Delta b^* shock_{t-3}$	− 0. 073351	− 0. 278422	− 0. 239537
	(0. 02684)	(0. 10777)	(0. 09809)
	[− 2. 73274]	[− 2. 58338]	[− 2. 44190]
C	− 0. 003373	0. 042608	− 0. 069815
	(0. 00535)	(0. 02149)	(0. 01956)
	[− 0. 63010]	[1. 98241]	[− 3. 56879]
R − squared	0. 710659	0. 471780	0. 303686
Adj. R − squared	0. 686093	0. 426931	0. 244565
Log likelihood	321. 6368	160. 3861	171. 3025
Akaike AIC	− 5. 373048	− 2. 592864	− 2. 781078
Schwarz SC	− 5. 135670	− 2. 355485	− 2. 543700

附录 C 模型（6.1）～模型（6.3）估计结果

模型（6.1）估计结果

	y_x	$\Delta b^* rule_t$	$\Delta b^* shock_t^*$
	− 0. 366982	− 0. 822393	0. 048227
y_{xt-1}	(0. 10371)	(0. 01667)	(0. 01777)
	[− 3. 53854]	[− 49. 3248]	[2. 71331]
	0. 304870	0. 070299	− 0. 053667
y_{xt-2}	(0. 41219)	(0. 06627)	(0. 07064)
	[0. 73964]	[1. 06087]	[− 0. 75970]
	0. 171996	0. 141818	− 0. 058042
y_{xt-3}	(0. 26388)	(0. 04242)	(0. 04522)
	[0. 65180]	[3. 34297]	[− 1. 28342]
	0. 982578	0. 859962	− 0. 092736
$\Delta b^* rule_{t-1}$	(0. 49945)	(0. 08029)	(0. 08560)
	[1. 96732]	[10. 7101]	[− 1. 08340]
	− 0. 541720	0. 326804	0. 026873
$\Delta b^* rule_{t-2}$	(0. 33617)	(0. 05404)	(0. 05761)
	[− 1. 61143]	[6. 04689]	[0. 46642]
	− 0. 149790	− 0. 252593	0. 132370
$\Delta b^* rule_{t-3}$	(0. 36397)	(0. 05851)	(0. 06238)
	[− 0. 41155]	[− 4. 31686]	[2. 12208]
	2. 610248	1. 577211	− 0. 400990
$\Delta b^* shock_{t-1} *$	(0. 61691)	(0. 09918)	(0. 10573)
	[4. 23118]	[15. 9029]	[− 3. 79266]
	− 1. 101971	1. 228660	− 0. 416547
$\Delta b^* shock_{t-2} *$	(0. 99843)	(0. 16051)	(0. 17111)
	[− 1. 10371]	[7. 65461]	[− 2. 43433]
	− 2. 640947	− 1. 239682	− 0. 005730
$\Delta b^* shock_{t-3} *$	(1. 20917)	(0. 19439)	(0. 20723)
	[− 2. 18409]	[− 6. 37718]	[− 0. 02765]

	y_x	$\Delta b * rule_t$	$\Delta b * shock_t^*$
	- 0.066667	0.014201	- 0.013378
C	(0.02822)	(0.00454)	(0.00484)
	[- 2.36200]	[3.12963]	[- 2.76565]
R - squared	0.491571	0.978629	0.310819
Adj. R - squared	0.448403	0.976814	0.252303
Log likelihood	134.3931	346.4188	338.9998
Akaike AIC	- 2.144708	- 5.800324	- 5.672411
Schwarz SC	- 1.907330	- 5.562945	- 5.435033

模型（6.2）估计结果

	y_p	$\Delta b * rule_t$	$\Delta b * shock_t^*$
	1.017275	0.024621	0.000194
y_{pt-1}	(0.09685)	(0.00911)	(0.00211)
	[10.5034]	[2.70238]	[0.09194]
	0.037136	- 0.031966	0.001550
y_{pt-2}	(0.14311)	(0.01346)	(0.00312)
	[0.25950]	[- 2.37448]	[0.49665]
	- 0.139793	0.008932	- 0.002157
y_{pt-3}	(0.09949)	(0.00936)	(0.00217)
	[- 1.40511]	[0.95440]	[- 0.99389]
	- 0.086706	0.375087	- 0.008586
$\Delta b * rule_{t-1}$	(0.87495)	(0.08231)	(0.01908)
	[- 0.09910]	[4.55719]	[- 0.44991]
	0.272408	- 0.052694	0.065742
$\Delta b * rule_{t-2}$	(0.90720)	(0.08534)	(0.01979)
	[0.30027]	[- 0.61746]	[3.32238]
	- 0.726163	0.538009	0.021488
$\Delta b * rule_{t-3}$	(0.87919)	(0.08271)	(0.01918)
	[- 0.82594]	[6.50511]	[1.12052]
	4.539780	- 0.632889	- 0.258525
$\Delta b * shock_{t-1} *$	(4.46378)	(0.41991)	(0.09736)
	[1.01703]	[- 1.50721]	[- 2.65528]

附录 C 模型（6.1）~模型（6.3）估计结果

	y_p	$\Delta b^* rule_t$	$\Delta b^* shock_t^*$
$\Delta b^* shock_{t-2}$ *	4.568694	−1.217490	−0.359141
	(4.08014)	(0.38382)	(0.08899)
	[1.11974]	[−3.17205]	[−4.03553]
$\Delta b^* shock_{t-3}$ *	1.858740	−0.914349	−0.219499
	(4.32011)	(0.40639)	(0.09423)
	[0.43025]	[−2.24992]	[−2.32943]
C	0.113904	0.034699	−0.016338
	(0.21863)	(0.02057)	(0.00477)
	[0.52098]	[1.68713]	[−3.42601]
R − squared	0.875948	0.512791	0.256735
Adj. R − squared	0.865416	0.471424	0.193628
Log likelihood	−109.1178	165.0736	334.6181
Akaike AIC	2.053756	−2.673683	−5.596863
Schwarz SC	2.291134	−2.436304	−5.359485

模型（6.3）估计结果

	y_e	$\Delta b^* rule_t$	$\Delta b^* shock_t^*$
y_{et-1}	1.005813	0.229231	−0.102948
	(0.09834)	(0.39233)	(0.08786)
	[10.2277]	[0.58429]	[−1.17170]
y_{et-2}	−0.292317	−0.839340	0.072284
	(0.13325)	(0.53160)	(0.11905)
	[−2.19369]	[−1.57889]	[0.60715]
y_{et-3}	0.032059	0.546301	−0.077729
	(0.09368)	(0.37374)	(0.08370)
	[0.34220]	[1.46172]	[−0.92867]
$\Delta b^* rule_{t-1}$	−0.073067	0.337049	−0.002020
	(0.02106)	(0.08402)	(0.01882)
	[−3.46910]	[4.01130]	[−0.10733]
$\Delta b^* rule_{t-2}$	0.092627	0.027721	0.055827
	(0.02364)	(0.09429)	(0.02112)
	[3.91891]	[0.29399]	[2.64369]

	y_e	$\Delta b^* rule_t$	$\Delta b^* shock_t^*$
$\Delta b^* rule_{t-3}$	0.003106	0.486502	0.032384
	(0.02327)	(0.09282)	(0.02079)
	[0.13349]	[5.24139]	[1.55789]
$\Delta b^* shock_{t-1}^*$	-0.624569	-0.770123	-0.262598
	(0.10802)	(0.43095)	(0.09651)
	[-5.78179]	[-1.78705]	[-2.72088]
$\Delta b^* shock_{t-2}^*$	0.024642	-0.899788	-0.423658
	(0.11253)	(0.44892)	(0.10054)
	[0.21898]	[-2.00432]	[-4.21392]
$\Delta b^* shock_{t-3}^*$	-0.321165	-1.216594	-0.212107
	(0.11287)	(0.45028)	(0.10084)
	[-2.84544]	[-2.70185]	[-2.10335]
C	-0.004049	0.036745	-0.017893
	(0.00532)	(0.02124)	(0.00476)
	[-0.76058]	[1.73017]	[-3.76183]
R - squared	0.718237	0.492212	0.277319
Adj. R - squared	0.694314	0.449098	0.215959
Log likelihood	323.1761	162.6741	336.2470
Akaike AIC	-5.399588	-2.632312	-5.624948
Schwarz SC	-5.162210	-2.394933	-5.387569

参考文献

[1] 卞志村、毛泽盛：《货币政策规则理论的发展回顾》，载《世界经济》，2005（12）：64－77。

[2] 卞志村、毛泽盛：《开放经济下中国货币政策操作规范研究》，载《金融研究》，2009（8）：61－74。

[3] 卞志村：《转型期的中国货币政策规则：基于拟合效果的选择》，载《南京师大学报（社会科学版）》，2007（6）：41－46。

[4] 卞志村：《转型期中国货币政策操作规范》，载《世界经济》，2007（6）：35－47。

[5] 陈成富、惠峰、王金栋：《浅论我国货币政策目标》，载《济南金融》，1997（10）。

[6] 陈涤非：《基于金融创新因素的中国货币需求函数模型验证》载《上海金融》，2006（3）：32－35。

[7] 陈浩、唐吉平：《货币供给性质的重新认识——基于修正的 IS－LM 模型的理论思考》，载《金融研究》，2004（3）。

[8] 陈军、李慧敏、陈金贤：《现阶段我国货币供给机制及内生性分析》，载《中国软科学》，1999（11）：11－13。

[9] 陈敏：《我国货币供给内生性的理论分析和计量检验》，载《浙江金融》，2007（4）：17－18。

[10] 陈宇峰：《中国货币供给内生性的实证检验》，载《统计与决策》，2006（6）：72－74。

[11] 陈昭：《中国内生货币供给理论函数与计量检验（1927—1935）》，载《中国经济史研究》，2007（1）：68－76。

[12] 楚尔鸣、石华军、肖珑：《我国外汇储备变动与货币内生性实证分析：2000—2005》，载《开发研究》，2007（1）：27－30。

[13] 楚尔鸣：《基于季节波动的货币供给量内生性分析》，载《湘潭大学学报（哲学社会科学版）》，2005，29（3）：25－31。

［14］董庆生：《对中国货币需求函数及其稳定性的实证分析》，载《求索》，2006（10）：34－36。

［15］范从来、卞志村：《中国货币替代影响因素的实证研究》，载《国际金融研究》，2002（8）：53－58。

［16］冯慧芳：《利率与货币需求关系的理论与实证研究》，载《科技情报开发与经济》，2008，17（8）：138－139。

［17］高海虹：《我国货币供给机制的发展历程及完善思路》，载《南方金融》，2006（11）：18－19。

［18］高铁梅：《计量经济分析与建模：EVIEWS实例与应用》，北京，清华大学出版社，2005。

［19］郭万山：《通货膨胀盯住制度下的最优货币政策规则研究》，辽宁大学，2004。

［20］郝雁：《国内信贷、外汇储备与货币供给关系的研究——中国货币供给内生性的逻辑与实证》，载《生产力研究》，2008（2）：35－37。

［21］何晓晴、钟羽：《货币政策规则：理论、模型与应用》，载《金融经济》，2007（12）：103－104。

［22］胡新智：《论金融创新对货币需求的影响》，载《上海金融》，2004（1）：16－19。

［23］胡智、邱念坤：《中国"超额货币"成因的进一步检验》，载《当代财经》，2005（7）：19－23。

［24］黄伟力：《我国货币需求的协整和向量误差修正解析》，载《上海金融学院学报》，2007（2）：15－20。

［25］黄先开、邓述慧：《货币供给效用与最优货币供给规则》，载《管理科学学报》，1999，2（1）：16－24。

［26］贾德奎、胡海欧、黄燕：《西方经济学界货币政策规则理论述评》，载《财经理论与实践》，2007，25（127）：32－36。

［27］贾凯威、马树才：《产出、通货膨胀、汇率及货币政策的互动关系的实证检验》，载《统计与决策》，2009（9）。

［28］贾凯威、马树才：《基于购买力平价的人民币汇率协整研究》，载《数据分析（Journal of Data Analysis）》，2008（10）。

［29］江春、李征：《中国货币内生化原因新探——基于修正的IS－LM模型的理论思考》，载《经济评论》，2007（1）：84－88。

［30］江春：《中国超额货币问题的制度分析》，载《贵州财经学院学报》，2004（4）：1–4。

［31］江曙霞、江日初、吉鹏：《麦克勒姆规则及其中国货币政策有效性》，载《金融研究》，2008（5）：35–47。

［32］江武成：《中西货币政策目标及中间目标选择之异同》，载《广西民族学院学报（哲学社会科学版）》，2003，25（6）：105–107。

［33］靳军会、付亚斌、邱长溶：《我国货币需求与总支出构成因素之间关系的实证研究》，载《大连理工大学学报（社会科学版）》，2008，29（2）：43–48。

［34］李成、姜柳：《当前汇率制度对货币政策影响的效应分析》，载《上海金融》，2007（3）：4–8。

［35］李思敏：《开放经济条件下我国货币内生性问题研究》，载《南方金融》，2008（1）：21–25。

［36］林艳丽、田树喜：《央行票据对冲外汇占款的长期效应分析及政策建议》，载《东北大学学报（社会科学版）》，2008，10（5）：410–416。

［37］刘斌：《货币政策相机抉择的识别及我国货币政策有效性的实证分析》，载《金融研究》，2001（7）：1–9。

［38］刘金全、刘志刚：《我国货币政策中规则成分与随机成分的识别与检验》，载《财贸研究》，2005（3）：50–49。

［39］刘金全、张文刚、于冬：《中国短期和长期货币需求函数稳定性的实证分析》，载《管理科学》，2006，19（4）：62–67。

［40］刘静、戴建兵：《货币供给内生外生辨析》，载《经济与管理》，2005（3）：80–82。

［41］刘兰凤：《中国金融创新对货币需求影响的实证分析》，载《特区经济》，2008（6）：75–77。

［42］刘璞：《货币政策目标规则在中国的适用性》，载《南开经济学刊》，2004（1）：35–44。

［43］刘骞：《对我国超额货币的思考——边际消费倾向说》，载《上海财经大学学报》，2003，5（6）：32–39。

［44］卢卉：《泰勒规则在我国的适用性评析及其修正》，载《上海金融》，2005（4）：24–26。

［45］卢庆杰：《中国货币政策工具有效性分析》，载《复旦大学学报（社

会科学版）》，2007（1）：47－56。

［46］鲁国强、曹龙骐：《当前我国货币供给内外生性辨析及政策启示》，载《中央财经大学学报》，2007（10）：32－37。

［47］陆军、钟丹：《泰勒规则在中国的协整检验》，载《经济研究》，2003（8）：76－86。

［48］马树才、郭万山、王青等：《宏观经济计量分析方法与模型》，233－245页，北京，经济科学出版社，2005。

［49］马树才、贾凯威：《货币政策对通货膨胀治理与国民经济增长的效应研究——基于非约束性VAR模型的分析》，载《统计与决策》，2009（14）。

［50］马树才、贾凯威：《人民币汇率的决定、失衡与调整的实证研究》，载《统计与决策》，2009（8）。

［51］马树才：《经济计量学——模型、方法与应用》，35－46页，沈阳，辽宁大学出版社，2000。

［52］齐稚平、刘广伟：《泰勒规则在中国的实证检验》，载《经济纵横》，2007（2）：104－105。

［53］秦朵：《改革以来的货币需求关系》，载《经济研究》，1997（10）：16－25。

［54］尚铁力、王善华：《中国货币需求函数的协整分析》，载《统计与决策》，2005（10）：76－79。

［55］申建文：《中国股票市场对货币需求相机抉择的实证研究》，载《甘肃金融》，2008（8）：52－55。

［56］史永东：《我国货币供给内生性和外生性的实证研究》，载《统计研究》，1998（1）：28－30。

［57］宋玉华、李泽祥：《麦克勒姆规则有效性在中国的实证研究》，载《金融研究》，2007（5）：49－61。

［58］唐彬：《中国货币供给内生性分析》，载《统计与决策》，2006（6）：69－72。

［59］唐海凤：《中国货币政策的规则估测与效果评价：1998—2008》，载《硕士学位论文》，长沙理工大学，2009。

［60］唐平：《基于多变量的中国货币需求函数实证分析》，载《财经科学》，2007，231（6）：9－14。

［61］万解秋、徐涛：《货币供给的内生性与货币政策的效率——兼评我国

当前货币政策的有效性》，载《经济研究》，2001（3）：40-47。

[62] 王国松：《货币供给的制度内生与需求内生实证研究》，载《财经研究》，2008，34（6）：51-61。

[63] 王建国：《泰勒规则与我国货币政策反应函数的实证研究》，载《数量经济与技术经济研究》，2006（1）：43-49。

[64] 王晶、邢慧敏：《对中国货币需求的实证分析》，载《经济论坛》，2008（11）：54-56。

[65] 王倩、杜莉：《电子支付科技影响货币乘数的实证分析》，载《社会科学战线》，2008（12）：225-228。

[66] 王清涛：《引入全社会固定资产投资总额的长期货币需求模型》，载《统计与决策》，2008，263（11）：163-164。

[67] 王胜、邹恒甫：《开放经济中的泰勒规则——对中国货币政策的检验》，载《统计研究》，2006（3）：42-46。

[68] 王晓芳、景长新：《普勒规则视角下的我国货币政策中介目标评价》，载《上海金融》，2006（9）：33-36。

[69] 王晓芳、王学伟：《我国货币需求的协整与误差修正模型》，载《统计与决策》，2008，259（7）：21-23。

[70] 王学伟、谭林：《我国货币需求函数的估计与稳定性研究》，载《统计与决策》，2008，266（14）：23-25。

[71] 王玉平：《货币供给内生性与外生性的多种界定及其关系》，载《成人高教学刊》，2008（1）：8-10。

[72] 吴丹、朱海洋：《央行票据冲销外汇占款的长期性效应评析》，载《武汉理工大学学报（信息与科学工程版）》，2007，29（7）：140-143。

[73] 吴永兴：《中国货币需求函数的实证研究》，载 *Journal of Yunnan Finance & Economics University*，2005，20（1）：64-66。

[74] 伍志文：《货币供应量与物价反常规关系理论及基于中国的经验分析》，载《管理世界》，2002（12）：12-26。

[75] 谢富胜、戴春平：《中国货币需求函数的实证分析》，载《金融与保险》，2000（4）：33-36。

[76] 谢罗奇：《论我国货币供给的内生性与货币供应量中介目标的弱有效性》，载《生产力研究》，2005（5）：22-24。

[77] 谢平、廖强：《当代西方货币政策有效性理论述评》，载《金融研

究》，1998（4）：7－12。

[78] 许冬玲、许先普：《我国外汇储备变动对货币政策的影响研究》，载《经济研究》，2008（6）：80－83。

[79] 杨军：《中国货币替代弹性的实证研究》，载《金融研究》，2002，262（4）：40－45。

[80] 杨英杰：《泰勒规则与麦克勒姆规则在中国货币政策中的检验》，载《数量经济与技术经济研究》，2002（12）：97－100。

[81] 易丹辉：《数据分析与 EVIEWS 应用》，北京，中国统计出版社，2002。

[82] 岳意定、张璇：《我国外汇储备对基础货币影响的实证研究》，载《世界经济研究》，2007（1）：48－54。

[83] 曾秋根：《央行票据对冲外汇占款的成本、经济后果分析——兼评冲销干预的可持续性》，载《财经研究》，2005（3）：63－72。

[84] 张纯威：《开放经济条件下我国货币政策操作规则检验》，载《上海金融，2008（4）：40－45。

[85] 张晓峒：《计量经济学软件 EVIEWS 使用指南》，天津，南开大学出版社，2003。

[86] 张晓朴：《入世后中国应对国际资本流动的政策选择（上篇)》，载《经济社会体制比较》，2002，102（4）：48－54。

[87] 张晓朴：《入世后中国应对国际资本流动的政策选择（下篇)》，载《经济社会体制比较》，2002，103（5）：52－61。

[88] 赵慈拉：《合作博弈机制：央行货币政策操作有效性的基础》，载《上海金融》，2009（1）：43－47。

[89] 郑小胡：《中国超额货币成因综合分析》，载《上海金融》，2003（9）：16－18 。

[90] 钟平：《货币供给内生性与央行宏观调控》，载《南方金融》，2003（12）：24－26。

[91] 夏斌、廖强：《货币供给量不宜作为当前我国货币政策的中介目标》，载《经济研究》，2001（8）。

[92] 刘维奇、邢红卫、张云：《利率调整对股票市场的传导效应分析》，载《山西大学学报》，2012（1）。

[93] 刘崴、高广智：《中国股票市场对利率调整的反应机制研究》，载

《统计与决策》，2012（13）。

[94] 李明扬、唐建伟：《我国利率变动对股票价格影响效应的实证分析》，载《经济经纬》，2007（4）。

[95] Akinlo, A. E. The stability of money demand in Nigeria: An Autoregressive Distributed Lag Approach [J]. Journal of Policy Modeling, 2006（28）：445 - 452.

[96] Austin, D., Ward, B & Dalzile, P. The Demand for Money in China 1987 - 2004: A Non - linear Modeling Approach [J]. China Economic Review, 2007（18）：190 - 204.

[97] Ball, L. Short - run Money Deman [J]. NBER Working Paper, 2002（10）, No. 9235.

[98] Barro, R. J. Rational Expectation and the Role of Monetary policy [J]. Journal of Economics, 1976（2）：1 - 32.

[99] Barro, R. J. Long - Term Contracts, Sticky Prices and Monetary Policy [J]. Journal of Economics, 1977（3）：305 - 316.

[100] Barro, R. J. The Unanticipated Monetary Growth and Unemployment in the United States [J]. American Economic Review, 1977, 67（3）：101 - 115.

[101] Barro, R. J. Inflationary Finance under Discretion and Rules [J]. Canadian Journal of Economics, 1983（1）.

[102] Barro, R. J. & D. B. Gordon. A Positive Theory of Monetary Policy in Natural Rate Model [J]. The Journal of Political Economy, August, 1983, 91（4）：589 - 610.

[103] Barro, R. J. & D. B. Gordon. Rules, Discretion and Reputation in a Model of Monetary Policy [C]. NBER Working Paper, 1983, No. 1079.

[104] Bartosz Mac'kowiak. External Shocks, U. S. Monetary Policy and Macroeconomic Fluctuations in Emerging Markets [J]. Journal of Monetary Economics, 2007, 54（5）：2512 - 2520.

[105] Benhabib, J. & Eusepi. The Design of Monetary and Fiscal Policy: A Global Perspective [J]. Econ. Theory, 2005（123）：40 - 73.

[106] Bernanke, B. & Blinder, A. The Federal Funds Rate and the Channels of Monetary Transmission [J]. American Economic Review, 1992, 82：901 - 921.

[107] Bernanke, B. S. & Mihov, I. Measuring Monetary Policy [C]. NBER

Working Paper, 1995, No. 5145.

[108] Bernanke, Ben S. & Ilian Mihov. Measuring Monetary Policy [J]. NBER Working Paper, 1995 (6), No. 5145.

[109] Bernanker & Mihov. Measuring Monetary Policy [J]. The Quarterly Journal of Economics, 1998 (8): 869 – 901.

[110] Blevins, Vagassky & Wong. Financial Liberalization and Money Demand in Peru: Implications for Monetary Policy [J]. Intereconomics, 1999 (3): 91 – 100.

[111] Brfiggemann, I & Nautz, D. Money Growth Volatility and the Demand for Money in Germany: Friedman's Volatility Hypothesis Revisited [J]. Weltwirtschaftliches Archiv 1997, 133 (3): 523 – 537.

[112] Burdekin, R. C. K. China's Monetary Challenges: Past Experiments and Future Prospect [M]. 2008, Published in the United States of America by Cambridge University Press, New York.

[113] Calvo, G. On the Time Consistence of Optimal Policy in Monetary Economy [J]. Journal of Political Economy, 1977, 85 (2): 191 – 205.

[114] Carlstrom, C. & Fuerst, T. Investment and Interest Rate Policy: a Discrete time Analysis [J]. Econ. Theory, 2005 (123): 4 – 20.

[115] Celasun, O & Goswami, M. An Analysis of Money Demand and Inflation in Islamic Republic of Iran [J]. IMF Working Paper, 2002 (12).

[116] Chen, S. L. & Wu, J. L. Long – run Money Demand Revisited: Evidence from a Non – linear Approach [J]. Journal of International Money and Finance, 2005 (24): 19 – 37.

[117] Choi, D & Oxley, L. Modeling the Demand for Money in New Zealand [J]. Mathematics and Computers in Simulation, 2004 (64): 185 – 191.

[118] Clarida, R., Gali, J. & Gertler, M. Monetary Policy Rules in Practice: Some International Evidence [J]. European Economic Review, 1998, 42 (6): 1033 – 1067.

[119] Clarida, R., Gali, J. & Gertler, M. Monetary Policy Rules and Macroeconomic Stability: Evidence and Some Theory [J]. The Quarterly Journal of Economics, 2000 (2): 147 – 180.

[120] Cochrane, J. H. Money as Shock: Price Level Determination with No

Money Demand [J] . NBER Working Paper, 2000 (1), No. 7498.

[121] Kydland, F. E. & Prescott, E. C. Rules Rather than Discretion: the Inconsistency of Optimal Plans [J] . Journal of Political Economy, 1977, 85 (6): 473 –491.

[122] Lucas, R. E. Expectations and the Neutrality of Money [J] . Journal of Economic Theory, 1972, 4 (4): 103 – 124.

[123] Lucas, R. E. Some International Evidence on Output – Inflation Tradeoffs [J] . American Economic Review, 1973, 63 (6): 326 – 334.

[124] Bennett T. Mccallum & Edward Nelson. An Optimizing IS – LM Specification for Monetary Policy and Business Cycle Analysis [J] . Journal of Money, Credit and Banking, 1999, 31 (3), Part 1: 296 – 316.

[125] Ball & Mankiw. Asymmetric Price Adjustment and Economic Fluctuations [M] . Harvard University, 1992, May.

[126] Bernanke & Gertler. Agency Costs, Net Worth and Business Fluctuations [J] . The American Economic Review, 1989, March: 14 – 31.

[127] Caballero & Engel. Price Rigidities, Asymmetries, and Output Fluctuations [J] . National Bureau of Economic Research Working Paper, 1992 (6), No. 4091.

[128] Christiano, L. J, & M. Eichenbaum. Liquidity Effects and the Monetary Transmission Mechanism [J] . American Economic Review, 1992, (82): 346 – 353.

[129] Chrisitano, L. J. , M. Eichenbaum and C. Evans. The Effects of Monetary Policy Shocks: Evidence from the Flow of Funds [J] . Review of Economics and Statistics, 1996, 78 (2): 16 – 34.

[130] Chrisitano, L. J. , M. Eichenbaum and C. Evans. Sticky Price and Limited Participation Models of Money: A Comparison [J] . European Economic Review, 1997a, 41 (12): 1201 – 1249.

[131] Christinao, L. J. , Martin Eichenbaum & Evans, C. L. Monetary Policy Shocks: What Have We Learned and To What End? [A] (Taylor, J. B. & Michael Woodford. Handbook of Macroeconomics [C], Amsterdan: Elsivier/ North Holland), 1997b.

[132] Dahalana, J. , Sharmab, S. C & Sylwester, K. Divisia Monetary Aggre-

gates and Money Demand for Malaysia [J] . Journal of Asian Economics, 2005 (15) 1137 – 1153.

[133] Dean, C. & Evans, C. L. , 2006. Data Revisions and the Identification of Monetary Policy Shocks [J] . Journal of Monetary Economics, 2006, 53 (5): 1135 – 1160.

[134] Dupor, D. Investment and Interest Rate Policy, J. Econ. Theory [J] . 2001 (98): 85 – 113.

[135] Duca, J. V. , & VanHoose, D. D. Recent Developments in Understanding the Demand for Money [J] . Journal of Economics and Business, 56, 247 – 272.

[136] Eichenbaum, M. & Evans, C. L. Some Empirical Evidence on the Effects of Shocks to Monetary Policy on Exchange Rates [J] . Quarterly Journal of Economics, 1995 (110): 975 – 1010.

[137] Ericsson, N. R. , David F. Hendry & Kevin M. Prestwich. Friedman and Schwartz (1982) revisited: Assessing annual and phase – average models of money demand in the United Kingdom [J] . Empirical Economics, 1998 (23): 401 – 415.

[138] Esanov, Christian Merkl & Lúcio Vinhas de Souza. Monetary policy rules for Russia [J] . Journal of Comparative Economics, 2005 (33): 484 – 499.

[139] Frank Smets. Measuring Monetary Policy Shocks In France, Germany and Italy: The Role of the Exchange Rate [C], BIS Working Paper, 1997 (6), No. 42.

[140] Frederic S. Mishkin. Is Monetary Policy Effective During Financial Crises? [J] . NBER Working Paper, 2009 (1), No. 14678.

[141] Friedman, B. F. & Kuttner, K. N. , Money, Income, Prices, and Interest Rates [J] . American Economic Review, 1995, 82 (6): 472 – 492.

[142] Friedman, M. & Schwartz, A. A Monetary Historical of the United States [M] . Princeton: Princeton University Press.

[143] Gertler & Gilchrist. Monetary Policy, Business Cycles, and the Behavior of Small Manufacturing Firms [M] . Mimeo, New York University, December, 1992.

[144] Gabriel Fagan & Jeorme Henry. Long run money demand in the EU: Evidence for area – wide aggregates [J] . Empirical Economics, 1998 (23): 483 – 506.

[145] Georgopoulos, G. J. Estimating the Demand for Money in Canada: Does Including an Own Rate of Return Matter? [J] . The Quarterly Review of Economics and Finance, 2006 (46) 513 – 529.

[146] Goldfeld, S. M. The Demand for Money Revisited [J]. Brooking Papers on Economic Activity, 1973, 3: 577 – 638.

[147] Goodfriend, M. An Alternative Method of Estimation the Cagan Money Demand Function in Hyperinflation under Rational Expectations [J]. Federal Reserve Bank of Richmond Working Paper, 1979, 9 (5): 1 – 28.

[148] Goodfriend, M. Measurement Error and Reinterpretation of the Conventional Money Demand Regression [J]. Federal Reserve Bank of Richmond Working Paper, 1983, (3): 1 – 32.

[149] Gordon, R. J. New Evidence that Fully Anticipated Monetary Changes Influence Real Output After All [C]. Discussion Paper, 1979 (3), No. 369, the Center for Mathematical Studies in Economics and Management Science, Northwestern University.

[150] Granger, C. W. J. Investigating Causal Relations by Econometric Models and Cross – spectral Methods [J]. Econometrica, 1969, 37 (7): 424 – 438.

[151] Granger, C. W. J. & Newbold, P. Spurious Regressions in Econometrics [J]. Journal of Econometrics, 1974 (2): 111 – 120.

[152] Hall, R. E., & Mankiw, G. N. Nominal Income Targeting [A] (Mankiw, G. N., Monetary Policy [C]), 1994.

[153] Hamilton, J. D. Time Series Analysis [M]. 1994, Princeton: Princeton University Press.

[154] Hamori, S & Hamori, N. Demand for Money in the Euro Aarea [J]. Economic Systems, 2008 (32) 274 – 284.

[155] Hassler, U. (When) Should Cointegrating Regressions Be Detrended? [J]. Empirical Economics, 1999 (24): 155 – 172.

[156] Hayo, B. The Money Demand in Austria [J]. Empirical Economics, 2000, 25 (3): 581 – 603.

[157] Hetzel, R. L. Monetarist Money Demand: Function [J]. Economic Review, 1984 (11): 15 – 19.

[158] Hodrick, R. J., & Prescott. E. C. Postwar U. S. Business Cycles: An Empirical Investigation [J]. Journal of Money, Credit, and Banking, 1997, 29 (2): 1 – 16.

[159] Hoffman, D & Rasche, R. H. Long – run Income and Interest Elasticity

of Money Demand [J]. NBER Working Paper, 1989, (4), No. 2949.

[160] Hromcova, J. On Income Velocity of Money, Precautionary Money Demand and Growth [J]. Journal of Economics, 2007, 90 (2): 143 – 166.

[161] Hueng, C. J. The Impact of Foreign Variables on Domestic Money Demand: Evidence from the United Kingdom [J]. Journal of Economics and Finance, 2000, 24 (2): 97 – 109.

[162] Hwang Jae – Kwang. The Demand from for Money in Korea: Evidence from the Cointegration Test [J]. IAER, 2002, 8 (3): 188 – 195.

[163] Ireland, N. P. Endogenous Financial Innovation and the Demand for Money [J]. Federal Reserve Bank Working Paper, 1992 (3): 1 – 46.

[164] Ireland, N. P. On The Welfare Cost of Inflation and the Recent Behavior of Money Demand [J]. NBER Working Paper, 2008 (7), No. 14098.

[165] Jackman & Sutton. Imperfect Capital Markets and the Monetarist Black Box: Liquidity Constraints, Inflation and the Asymmetric Effects of Interest Rate Policy [J]. The Economic Journal, 1992, 3: 108 – 128.

[166] James, G. A. Money Demand and Financial Liberalization in Indonesia [J]. Journal of Asian Economics, 2005 (16) 817 – 829.

[167] Jennifer E. Roush. The expectations theory works for monetary policy shocks [J]. Journal of Monetary Economics, 2007 (54): 1631 – 1643.

[168] Joao, M. S. & Zaghini, A. Global Monetary Policy Shocks in the G5: A SVAR Approach [J]. Journal of International Financial Markets Institutions and Money, 2007, 17 (4): 403 – 419.

[169] Johann Scharler. Bank lending and the stock market's response to monetary policy shocks [J]. International Review of Economics and Finance, 2008, 17 (6): 425 – 435.

[170] Johnson, L. E., Ley, R & Cate, T. Keynes' Theory of Money and His Attack on the Classical Model [J]. IAER, 2001, 7 (4): 409 – 418.

[171] Jon, F., Rogers, J & Wright, J. H. Identifying the Effects of Monetary Policy Shocks on Exchange Rate Using High Frequency Data [J]. ECB Working Paper, 2002 (8), No. 167.

[172] Joseph Atta – Mensah & Ali Dib. Bank lending, credit shocks and the transmission of Canadian monetary policy [J]. International Review of Economics and

Finance, 2008 (17): 159 – 176.

[173] Judd, J. F. & Rudebusch, G. D. Taylor's Rule and the Fed: A Tale of Three Chairman [J] . Economic Review, 1997.

[174] Judd, J. F. & Rudebusch, G. D. Taylor's Rule and the Fed: 1970 – 1997 [J] . Federal Reserve Bank of San Francisco Economic Review, 1998 (3): 3 – 16.

[175] Kashyip, Lamont & Stein. Credit Conditions and the Cyclical Behavior of Inventories: A Case Study of the 1981 – 1982 Recession [M] . Mimeo, University of Chicago School of Business, August, 1992.

[176] Kim, C. J. & Nelson, C. R. Estimation of a Forward – looking Monetary Policy Rule: A Time – varying Parameter Model Using Ex post Data [J] . Journal of Monetary Economics, 2006 (53): 1949 – 1966.

[177] Kim, S. International transmission of U. S. monetary policy shocks: evidence fromVARs [J] . Journal of Monetary Economics, 2001.

[178] Kim, S. & N. Roubini. Exchange Rate Anomalies in the Industrial Countries: a Solution with a Structural VAR Approach [J] . Journal of Monetary Economics, 2000 (45): 561 – 586.

[179] Kuniho, S. , Nakajima, Z. & Taguchi, H. Financial Stability in a Changing Environment [C] . 1995, New York: St. Martin's Press.

[180] Kydland, F. E & Prescott. Rules Rather than Discretion: The Inconsistency of Optimal Plans [J] . The Journal of Political Economy, 1977, 85 (3): 473 – 492.

[181] Kyungho Jang & Masao Ogaki. The Effects of Monetary Policy Shocks on Exchange Rates: A Structural Vector Error Correction Model Approach [J] . Journal of the Japanese and International Economics, 2004, 99 – 114.

[182] Lee Chien – Chiang, Chen Pei – Fen & Chang Chun – Ping. Testing Linearity in a Cointegrating STR Model for the Money Demand Function: International Evidence from G – 7 countries [J] . Mathematics and Computers in Simulation, 2007 (76): 293 – 302.

[183] Leeper, E. M, Sims, C. A. & Zha, T. What Monetary Policy does? [C] . Brookings Papers on Economic Activity, 1996 (2): 1 – 63.

[184] Lütkepoh, H. The Sources of the U. S. Money Demand Instability [J] .

Empirical Economics, 1993 (18): 729 – 743.

[185] Lütkepoh, H. New Introduction to Multiple Time Series Analysis [M]. 2005, Berlin: Springer – Verlag Berlin Heidelberg.

[186] Mark, Nelson C & Donggyu Sul. Cointegration Vector Estimation by Panel Dolls and Long – Run Money Demand [J]. NBER Working Paper, 2002, 12 (0287): 1 – 26.

[187] Martin B. Schmidt. M1 demand and volatility [J]. Empirical Economics (2007) 32: 85 – 104.

[188] Mankiw, G. N., Monetary Policy [C], 1994, Chicago: University of Chicago Press.

[189] McCallum, B. T. The Case for Rules in the Conduct of Monetary Policy: A Concrete Example [J]. Federal Reserve Bank of Richmond Economic Review, 1987, 73 (10): 10 – 18.

[190] McCallum, B. T. Robustness Properties of a Rule for Monetary Policy [J]. Carnegie – Rochester Conference Series on Public Policy, 1988, 29 (3): 173 – 203.

[191] McCallum, B. T. Specification and Analysis of a Monetary Policy Rule for Japan [J]. Bank of Japan Monetary and Economic Studies, 1993, 11 (11): 1 – 45.

[192] McCallum, B. T. Monetary Policy Rules and Financial Stability [A] (Kuniho, S., Nakajima, Z. & Taguchi, H. Financial Stability in a Changing Environment [C]), 1995.

[193] McCallum, B. T. Alternative Monetary Policy Rules: A Comparison with Historical Settings for the United States, the United Kingdom and Japan [C]. NBER Working Paper, 2000 (6), No. 7725.

[194] McCallum, B. T. Issues in the Design of Monetary Policy Rules [A] (John B. Taylor and Michael Woodford. Handbook of Macroeconomics [C]), 1999.

[195] McCallum, B. T. & Goodfriend, M. S. Money: Theoretical Analysis of the Demand for Money [J]. NBER Working Paper, 1987 (2), No. 2157.

[196] McCallum, B. T. & Nelson, E. Performance of Operational Policy Rules in an Estimated Semi classical Structural Model [A] (John B. Taylor. Monetary Policy Rules [C]), 1999.

[197] McCallum, B. T. & Nelson, E. Nominal Income Targeting in an Open –

Economy Optimizing Model [J]. Journal of Monetary Economics, 1999, 43 (6): 553 –578.

[198] Mehra, Y. P. An Error – Correction Model of U. S. M2 Demand [J]. Economi Review, 1991 (5): 1 –10.

[199] Mehra, Y. P. A Review of the Recent Behavior of M2 Demand [J]. Federal Reserve Bank of Richmond Economic Quarterly, 1997, 83 (3): 27 –43.

[200] Mehra, Y. P. Recent Financial Deregulation and the Interest Elasticity of M1 Demand [J]. Economic Review, 1982 (7): 12 –24.

[201] Mehra, Y. P. In Search of a Stable, Short – Run Ml Demand Function [J]. Economic Review, 1992 (5): 9 –23.

[202] Mehra, Y. P. Has M2 Demand Become Unstable? [J]. Economic Review, 1992 (9): 27 –35.

[203] Mehrotra, A. E. Demand for Money in Transition: Evidence from China's Disinflation [J]. Int Adv Econ Res (2008) 14: 36 –47.

[204] Meltzer, A. H. Limits of Short – run Stabilization Policy [J]. Economic Inquiry, 1987, Vol. 25: 1 –14.

[205] Mishkin, F. S. Does Anticipated Monetary Policy Matter? An Econometric Analysis [J]. NBER Working Paper, 1980 (7), No. 506.

[206] Moghaddam, M. Financial Innovations and the Interest Elasticity of Money Demand: Evidence from an Error Correction Model [J]. AEJ, 1997, 25 (2): 155 –163.

[207] Mohsen Bahmani – Oskooee & Altin Tanku. Black Market Exchange Rate, Currency Substitution and the Demand for Money in LDCs [J]. Economic Systems, 2006 (30): 249 –263.

[208] Nachega, J. L. A Cointegration Analysis of Broad Money Demand in Cameroon [J]. IMF Working Paper, 2001 (3), No. 26.

[209] Nielsen, Tullio & Wolters. Currency Substitution and the Stability of the Italian Demand for Money before the Entry into the Monetary Union, 1972 –1998 [J]. International Economics and Economic Policy, 2004 (1): 73 –85.

[210] Nielsen. UK money demand 1873 –2001: A Long – run Time Series Analysis and Event Study [J]. Cliometrica, 2007 (1): 45 –61.

[211] Orphanides, Athanasios. Monetary Policy Rules Based on Real – Time

Data [J]. Finance and Economics Discussion Series, 1998 (3).

[212] Orphanides, Athanasios. The Quest for Prosperity without Inflation [C]. Federal Reserve Board Working Paper, 1999 (5).

[213] Pelipas, P. Money Demand and Inflation in Belarus: Evidence from Cointegrated VAR [J]. Research in International Business and Finance, 2006 (20): 200 – 214.

[214] Ramachandran, M. Do Broad Money, Output, and Prices Stand for a Stable Relationship in India? [J]. Journal of Policy Modeling, 2004 (26) 983 – 1001.

[215] Razzak, Weshah A. Is the Taylor Rule Really Different from the McCallum Rule? [J]. Reserve Bank of New Zealand Working Paper, 2001, 7 (10).

[216] Rhine, H. Rational Expectations and M2 Demand [J]. IAER, 2003, 9 (2): 163 – 166.

[217] Ripatti, P. Stability of the demand for M1 and harmonized M3 in Finland [J]. Empirical Economics, 1998, (23): 317 – 337.

[218] Rotemberg, J. J & Woodford, M. Interest Rules in an Estimated Price Sticky Model [J]. NBER Working Paper, 1998 (6), No. 6618.

[219] Roush, J. E. Expectation Theory Works for Monetary Policy Shocks [J]. Journal of Monetary Economics, 2007, 54 (1): 1631 – 1643.

[220] Sichel. 1989. "Business Cycle Asymmetry: A Deeper Look," Federal Reserve Board Working Paper No. 93, April.

[221] Sims, C. A. Money, Income and Causality [J]. American Economic Review, 1972 (9).

[222] Sargent, T. J. & Wallace, N. Rational Expectations, the Optimal Monetary Instrument and the Optimal Money Supply Rule [J]. Journal of Political Economy, 1975, 83 (10): 241 – 254.

[223] Sims, C. A. Comparison of Interwar and Postwar Business Cycles: Monetarism Reconsidered [J]. American Economic Review, 1980a (5): 250 – 257.

[224] Sims, C. A. Macroeconomics and Reality [J]. Econometrica, 1980b, 48, pp. 1 – 48.

[225] Sims, C. A. Are Forecasting Models Usable for Policy Analysis? [J]. Minneapolis Federal Reserve Bank Quarterly Review, 1986 (4): pp. 2 – 16.

[226] Sims, C. A. Interpreting the Macroeconomic Time Series Facts: The

Effects of Monetary Policy [J]. European Economic Review, 1992 (36): 975 – 1011.

[227] Sims, C. A. & Tao Zha. Error Bands for Impulse Responses [M]. 1995, Yale University, Yale University Press.

[228] Sims, C. A. and Tao Zha. System Methods for Bayesian Forecasting Models, mimeo, 1996 October.

[229] Sriram, S. S.. Survey of Literature on Demand for Money: Theoretical and Empirical Work with Special Reference to Error – Correction – Models. IMF Working Paper WP/99/64, Washington, DC.

[230] Sveen, T &Weinke, L. New Perspectives on Capital, Sticky prices, and the Taylor principle [J]. J. Econ. Theory, 2005 (123): 21 – 39.

[231] Svensson, Lars E. O. Inflation Targeting as a Monetary Policy Rule [J]. Journal of Monetary Economics, 1999, 43 (6): 607 – 654.

[232] Sylvia Kaufmann & Johann Scharler. Financial systems and the cost channel transmission of monetary policy shocks [J]. Economic Modeling, 2009, 26 (5): 40 – 46.

[233] Tang, T. C. Demand for Broad Money and Expenditure Components in Japan: an Empirical Study [J]. Japan and the World Economy, 2004 (16) 487 – 502.

[234] Taylor, John. Macroeconomic Policy in a World Economy: From Econometric Design to Practical Operation [M]. 1993a, New York: W. W. Norton.

[235] Taylor, John. B. Discretion versus Policy Rules in Practice [J]. Carnegie – Rochester Conference Series on Public Policy, 1993b, 39 (11): 195 – 214.

[236] Taylor, J. B. Monetary Policy Rules [C]. 1999a, Chicago: University of Chicago Press for NBER.

[237] Taylor, J. B. An Historical Analysis of Monetary Policy Rules [C]. NBER Working Paper, 1999b, No. 6768.

[238] Taylor, J. B. & Woodford, M. Handbook of Macroeconomics [C], 1999, Amsterdam: North – Holland Publishing Co.

[239] Thomas I. P. Endogenous Money and the Business Cycle [J]. Journal of Economics, 1997, 65 (2): 133 – 149.

[240] Tsiddon. On the Stubborness of Sticky Prices [J]. International Econom-

ic Review, 1991, 2: 69 – 75.

[241] Volker Clausen. Money Demand and Monetary Policy in Europe Weltwirtschaftliches Archiv 1998, 134 (4): 712 – 740.

[242] Woodford, M. Interest and Prices [M] . Princeton University Press, Princeton, NJ, 2003.

[243] Wu Chung – Shu, Lina Jin – Lung & Tiao, G. C. et al. Is money demand in Taiwan stable? [J] . Economic Modeling, 2005 (22): 327 – 346.

[244] Wu Ge. Broad Money Demand and Asset Substitution in China [J] . IMF Working Paper, 2009, 9 (131): 1 – 31.

[245] Yi Gang. Towards Estimating the Demand for Money in China [J] . Economics of Planning , 1993 (26): 243 – 270.

[246] Yu Hsing. Roles of Stock Price and Exchange Rate in Slovakia's Money Demand Function and Policy Implications [J] . Transition Studies Review, 2007, 14 (2): 274 – 282.

[247] Laurens & Maino. China: Strengthening Monetary Policy Implementation [Z] . IMF Working Paper, 2007 (14) .

[248] Gerlach & Kong. Monetary policy in China (1994—2004): Targets, instruments and their effectiveness [Z] . Wurzburg Economic Papers, 2006 – 68.

[249] Goodfriend & Prasad. A Framework for Independent Monetary Policy in China [Z] . IMF Working Paper, 2006.

[250] Liu & Zhang. A New Keynesian Model for Analyzing Monetary Policy in Mainland China [Z] . HKMA Working Paper, 2007 (18) .

[251] Mahotra & Jose. China's monetary policy and the exchange rate [Z] . BOFIT Discussion Paper, 2010.

[252] Fan et al. An empirical evaluation of China's monetary policy [J] . Journal of Macroeconomics, 2011 (2) .

[253] Burdekin & Siklos. What has driven Chinese monetary policy sine 1990? [Z] , Working Paper, 2006.

[254] Chen & Huo. A conjecture of Chinese Monetary policy rule: evidence from survey data, markov regime switching and drifting coefficients [J] . Annal of economics and finance, 2009 (10) .

[255] Kong. Monetary policy rule for China: 1994 ~ 2006 [Z] . EAERG dis-

cussion paper, 2008.

[256] Fama, E. Stock returns real activity, inflation and money [J]. American Economic Review, 1981, Vol. , 71, 545 – 564.

[257] Abdullah, D. A. , & Hayworth, S. C. Macro econometrics of stock price fluctuations. Quarterly [J]. Journal of Business and Economics, 1993, Vol. , 32, 50 – 68.

[258] Zordan, D. J. Stock prices, interest rates, investment survival [M]. Econometrica, 2005, USA, Illinois.

[259] Bernanke, B. S. , & Kuttner, K. N. What explains the stock market's reaction to Federal Reserve policy? [J]. Journal of Finance, 2005, Vol. , 60, 1221 – 1257.

[260] Titman, S. , & Warga, A. Stock returns as predictors of interest rates and inflation [J]. Journal of Financial and Quantitative Analysis, 1989, Vol. , 24, 47 – 58.

[261] Apergis, N. , & Eleftheriou, S. Interest rates, inflation, and stock prices: The case of the Athens stock exchange [J]. Journal of Policy Modeling, 2002, Vol. , 24, 231 – 236.

[262] Bohl, M. T. , Siklos, P. L. , & Werner, T. Do central banks react to the stock market? The case of the bundesbank [J]. Journal of Banking and Finance, 2007, Vol. , 31, 719 – 733.

[263] Davig, T. , & Gerlach, J. R. . State – dependent stock market reactions to monetary policy [J]. International Journal of Central Banking, 2006 (2), 65 – 83.

[264] Hansen, B. E. Inference when a nuisance parameter is not identified under the null hypothesis [J]. Econometrica, 1996, Vol. , 64, 413 – 430.

[265] Hansen, B. E. Sample splitting and threshold estimation [J]. Econometrica, 2000, Vol. , 68, 575 – 603.